T V Z Theologischer Verlag Zürich

Vom Avatar bis zur Zauberei
Religion im Spiel

Daria Pezzoli-Olgiati, Thomas Schlag (Hg.)
mit Fotos von Ursula Markus

unter Mitwirkung von Anna-Katharina Höpflinger,
Christian Metzenthin, Fabian Perlini-Pfister

TVZ

Diese Veröffentlichung wurde von folgenden Institutionen unterstützt:
Baugeologie und Geo-Bau-Labor Chur
Eglise évangélique réformée zurichoise de langue française
Fachverein der Theologischen Fakultät der Universität Zürich
Universität Zürich
Verband der stadtzürcherischen evangelisch-reformierten Kirchgemeinden
Zürcher Universitätsverein

Parallel zu diesem Band ist erschienen:
VERSPIELT, Fotolangage, 50 Bilder für die Arbeit mit Jugendlichen und Erwachsenen
herausgegeben von den Reformierte Medien

Bibliografische Informationen der Deutschen Nationalbibliothek
Die Deutsche Nationalbibliothek verzeichnet diese Publikation in der
Deutschen Nationalbibliografie; detaillierte bibliografische Daten sind
im Internet über http://dnb.d-nb.de abrufbar.

Umschlaggestaltung, Satz und Layout
Rogerio Franco, Zürich

Druck
AZ Druck und Datentechnik, Kempten

ISBN 978-3-290-17584-9
© 2011 Theologischer Verlag Zürich
www.tvz-verlag.ch

Alle Rechte vorbehalten

Inhalt

Vorwort	Daria Pezzoli-Olgiati, Thomas Schlag	8

Spiele

«Ich spielte vor Gott auf dem Erdenrund»
Spiel und Spielzeug in der Bibel — Christian Metzenthin — 14

Die Zukunft in der Tasche
Der historische Wandel der Tarotkarten und ihre heutige Rezeption — Raoul Abea — 22

Spiel zum Sonntag
Biblische Geschichten anders erfahren — Tatjana Cárpino — 34

Weltreligionen spielerisch entdecken
Zwei Kartenspiele im Spiegel des Fachs «Religion und Kultur» — Nils Wachter — 40

Von der Mönchskutte zur Jeans und wieder zurück
Die Bedeutung von Kleidern im Reenactment — Regula Zwicky — 48

Spielende

«Also mein Lieblingsgott hat auch diesen Tanz gemacht»
Göttliches Spiel – Tanzen für Parvati — Rebekka Wild — 64

«Der Teufel wohnet bey den Spielern»
Ein protestantisches Beispiel für Spielverbot — Anna-Katharina Höpflinger — 76

Orgelspiel
Heiliger Ernst oder unterhaltende Kunst? — Jürg Hauswirth — 84

«Mit dem Gottesdienst verbunden»
Ausdruckskräfte spielerischer Konfirmationsarbeit — Thomas Schlag — 94

Kainskinder der Nacht
Die Betrachtung eines
Live-Rollenspiels bei Tag — Denise Perlini-Pfister — 104

Spielentwickler
Die Götter von
Computerspielwelten? — Anina Veronica Schneider — 116

Spielräume

Geocaching – die moderne
Schatzsuche
**Ein Spiel lässt uns
die Welt neu sehen** — Fabian Perlini-Pfister — 128

**Der Mythos schafft die
Wirklichkeit des Spiels**
Mythen in Magic:
The Gathering — Christoph A. Staub — 140

**Suchende Spieler und
verwirrte Zuschauer**
Parallelwelten im
filmischen Labyrinth — Daria Pezzoli-Olgiati — 152

**Der Professor spielt
Jesus am Fluss**
Religiöse Inszenierungen
im Film CENTOCHIODI
von Ermanno Olmi — Baldassare Scolari — 164

Sprache als Spiel
Zur Spannung zwischen
Wissenschaft und Religion — Carina Kirsch — 172

Nachwort
Die Wissenschaft zwischen
Spiel und Religion — Natalie Pieper — 180

Autorinnen und Autoren — 186

Vorwort

Religion und Spiel weisen in ihren aktuellen Erscheinungsformen und Tendenzen erhebliche Wechselwirkungen auf: Computerspielwelten sind voller Anspielungen auf alte Mythen und Figuren aus der Religionsgeschichte. Fussballspieler, -stars und -fans drücken die Leichtigkeit und die Freude am Spiel mit Worten und Handlungen aus, die häufig direkt an religiöse Sprache, Symbole und Praktiken anknüpfen. Um beim Sport zu bleiben: Die Verbindung zwischen Olympischen Spielen und griechischer Religionsgeschichte ist offenkundig und im kulturellen Bewusstsein fest verankert.

In vielen religiösen Gemeinschaften dienen allerlei Formen des Spiels dazu, religiöse Erzählungen und Praktiken zu vergegenwärtigen: Sie sind grundlegende Momente der Aktualisierung und Weitergabe im religiösen Symbolsystem. Spiele können dabei als didaktische Mittel eingesetzt werden, um Wissen über Religion zu vermitteln, oder sie bestehen aus Performances, in denen Glaube und Offenbarung neu erfahren werden können. Ein Spielbrett, auf dem der Pilgerweg nach Santiago nachvollzogen werden kann, der Tempeltanz im indischen Kontext oder die Passionsspiele des christlichen Mittelalters sind historisch, geografisch und kulturell ganz unterschiedliche Beispiele, die eine Wechselwirkung zwischen Religion und Spiel in geschichtlicher oder gegenwartsbezogener Perspektive aufzeigen.

Die Vielfalt der Schnittstellen zwischen Spiel und Religion korrespondiert jedoch erstaunlicherweise nicht mit einer intensiven Erforschung dieses Gebiets. Vielmehr ist dieses Feld immer noch sehr offen. Keine eindeutigen Definitionsversuche – weder von Religion noch von Spiel – können dabei diese komplexe Breite erfassen. Vielmehr geht es um ein Sich-Herantasten an ein faszinierendes, aber wegen seiner Offenheit schwieriges Kapitel, das nur langsam Konturen annimmt.

Das vorliegende Buch geht auf eine Lehrveranstaltung an der Universität Zürich im Herbstsemester 2009 zurück, in der die möglichen Wechselwirkungen zwischen Spiel und Religion untersucht wurden. Ausgangspunkt war die Beobachtung, dass beides mehr miteinander zu tun hat, als es auf den ersten Blick erscheint. Unverkennbar lassen sich Menschen vom Spiel wie von Religion begeistern, nicht selten auch bestimmen und beherrschen. Die Teilhabe am Spiel und an religiöser Praxis lässt selten kalt und unberührt. Spielerische und religiöse Vollzüge werden mit erheblicher persönlicher Beteiligung, intensiven Erlebnissen und Gefühlen verbunden. Offenkundig gibt es vielstimmige kulturelle Praktiken in der Gegenwart, in der beide Dimensionen geradezu programmatisch als Ausdruck existentieller Orientierung miteinander in Einklang kommen und sich in ästhetischer und performativer Weise inmitten unterschiedlicher Alltagswelten manifestieren.

Das Lehr- und Buchprojekt wurde von Anfang an interdisziplinär konzipiert, als Austausch zwischen Religionswissenschaft und Theologie. Einerseits setzten wir uns mit leitenden theoretischen Ansätzen auseinander, andererseits versuchten wir anhand von konkreten Fallbeispielen mögliche Zugänge zu Religion und Spiel zu reflektieren. Die Studierenden hatten die freie Wahl des Themas, was zu einem breiten Spektrum an Beispielen geführt hat. Die hier vorgestellten Fallstudien beanspruchen somit keine Vollständigkeit oder Repräsentativität. Vielmehr dokumentieren sie einen Annäherungsprozess, in dem unterschiedliche Fachhorizonte, Methoden und Interessen zum Ausdruck kommen. Der Haupttitel *Vom Avatar bis zur Zauberei* bezieht sich auf diese bunte Palette an Herangehensweisen und Themen und spannt sie unter einem grossen, vom Alphabet inspirierten Bogen zusammen.

Um der hier versammelten Vielfalt an Fallstudien und Phänomenen eine sicht- und lesbare Struktur zu geben, wurden die einzelnen Beiträge in die drei Teile «Spiele», «Spielende» und Spielräume» unterteilt.

Die Untersuchungen in der Rubrik «Spiele» sind auf konkrete Formen von Spielen fokussiert: Die Darstellungen reichen von der archäologisch-biblischen und zugleich weisheitlichen Annäherung an den Zusammenhang von Spiel und Kult (*Christian Metzenthin*), der Kartenauslegung des Tarot als Ausdruck individueller Kontingenzbewältigung (*Raoul Abea*) über die emotionale Erfahrung religiöser Inhalte durch spielerische Gestaltung (*Tatjana Càrpino*) und zwei sehr unterschiedliche wissensorientierte Kartenspiele (*Nils Wachter*) bis hin zur inszenatorischen Verwandlung des Alltags ins Rollenspiel durch das Anziehen eines neuen Kleides (*Regula Zwicky*).

In der Rubrik «Spielende» richtet sich der forschende Blick vornehmlich auf einzelne Akteure. Den Anfang machen tamilische Mädchen auf der tanzenden Suche nach religiöser und kultureller Identität (*Rebekka Wild*). Es folgen der reformierte Spielkritiker des 17. Jahrhunderts, der im Spiel nichts weniger als Hexen und Teufel am Werk sieht (*Anna-Katharina Höpflinger*), der Organist, bei dem der Unterschied zwischen Spiel und Ernst im Kult ganz aufgeht (*Jürg Hauswirth*), dann Jugendliche, die trommelnd neue Ausdrucksformen der Konfirmationsarbeit inszenieren (*Thomas Schlag*), Rollenspieler, die Fiktion und Historie in eine mythische Gegenwelt verwandeln (*Denise Perlini-Pfister*), und schliesslich Spielentwickler, die als heimliche Götter in religiös versprachlichten Computerspielwelten auftauchen (*Anina Veronica Schneider*).

In der Rubrik «Spielräume» erscheinen Welten, in denen gespielt, inszeniert und konstruiert wird, und dies vielleicht nicht immer aus, aber doch mit Religion oder mindestens in religiöser Semantik und Symbolik: So erschliessen sich im *Geocaching* neue geheimnisvolle Wahrnehmungen der gewöhnlichen Welt (*Fabian Perlini-Pfister*), mythisch aufgeladene Sammelkarten transformieren die paradiesische Utopie in die realen Weltverhältnisse (*Christoph A. Staub*), die im Film aufscheinenden virtuellen, transzendenzoffenen Spielwelten machen das Sehen zur existentiellen Herausforderung (*Daria Pezzoli-Olgiati*) und weisen damit über sich hinaus auf die zuschauend

Teilhabenden (*Baldassare Scolari*) – so dass der ganz eigene Charakter religiösen Sprach- und Gewissheitsspiels unverkennbar vor Augen tritt (*Carina Kirsch*).

Die Übergänge sowohl zwischen den Rubriken als auch in den Beiträgen selbst sind an vielen Stellen fliessend, was in der Dynamik der analysierten Phänomene gründet. In jedem Fall zeigt sich, dass in den vorgestellten Spielerlebnissen jeweils Religiöses oder religiöse Bezüge eine erhebliche Rolle spielen.

Dabei wird in den einzelnen Annäherungen und Interpretationen selbst ein vermittelndes und verantwortliches Element sichtbar: Einerseits kann das, was die einen als Spiel betrachten, für andere das Ernsteste überhaupt sein; andererseits kann und soll eine ernste Weltsicht auch einmal spielerisch und aus der Distanz betrachtet werden.

Die hier versammelten Beiträge sollen gerade in ihrer sichtbaren Vielfalt anschaulich machen, dass nur ein offener Umgang mit den unterschiedlichen religiösen und spielerischen Ausdrucksformen individueller und gemeinschaftlicher Orientierungssuche deren ernsthaftem, existentiellem Charakter gerecht werden kann. Zu dieser Offenheit gehört auch ein selbstkritisches Nachdenken über den erarbeiteten Beitrag sowie über die Stellung der Forschenden, die manchmal auch mitspielen mussten, um ein Spielgeschehen überhaupt nachvollziehen zu können. Dieses selbstreflexive Moment ist einerseits im Nachwort (*Natalie Pieper*), andererseits im visuellen Teil des Buches sichtbar, in dem die Autoren und Autorinnen jeweils im Bild erscheinen.

Die Fotografin Ursula Markus hat die einzelnen Studien mit der ihr eigenen kreativen Professionalität begleitet. Sie ist den Forscherinnen und Forschern auf ihren Entdeckungsreisen gefolgt und hat dabei nicht nur die Phänomene, sondern die Forschenden selbst in ihren wissenschaftlichen Suchbewegungen ins Bild gerückt. Dafür möchten wir ihr im Namen aller Beteiligten ganz herzlich danken.

Dieser Band konnte dank einer intensiven Zusammenarbeit aller Mitwirkenden realisiert und in der vorliegenden Form präsentiert werden. Insbesondere möchten wir das grosse Engagement von Anna-Katharina Höpflinger, Christian Metzenthin und Fabian Perlini-Pfister bei der Mitbetreuung der Studierenden, von Monika Glavac beim Gegenlesen der Beiträge und von Denise Perlini-Pfister und Regula Zwicky für die zuverlässige Koordinationsarbeit verdanken. Rogerio Francos Graphik verbindet Text und Bild und macht damit unterschiedliche Aspekte der geleisteten Arbeit auf eine wörtlich spielerische Weise zugänglich. Auch ihm möchten wir ein starkes Dankeswort aussprechen.

Diese Veröffentlichung wurde von zahlreichen Institutionen grosszügig unterstützt: Wir möchten der Firma Baugeologie und Geo-Bau-Labor Chur, der Eglise évangélique réformée zurichoise de langue française, dem Fachverein der Theologischen Fakultät der Universität Zürich, der Universität Zürich, dem Verband der stadtzürcherischen evangelisch-reformierten Kirchgemeinden und dem Zürcher Universitätsverein sehr herzlich dafür danken.

Zu danken ist auch dem Theologischen Verlag Zürich für die Bereitschaft, dieses unkonventionelle Vorhaben zu fördern und zu unterstützen, vor allem Marianne Stauffacher für ihre geduldige Beratung und Unterstützung.

Schliesslich möchten wir uns bei den Studierenden bedanken, die aktiv an diesem Projekt teilgenommen und die zahlreichen Rückmeldungen geduldig aufgenommen und umgesetzt haben. Für viele stellt dieses Buch die erste Erfahrung in der Veröffentlichung eigener Resultate dar. Wir hoffen, dass die Leserinnen und Leser sich auf dieses Experiment einlassen und dabei spannende Aspekte der Erforschung von Religion, Spiel und deren vielfältigen Bezügen zueinander entdecken.

Daria Pezzoli-Olgiati, Thomas Schlag
Im Dezember 2010

Spiele

«Ich spielte vor Gott auf dem Erdenrund»
Spiel und Spielzeug in der Bibel

Christian Metzenthin

Spielen gehört seit je zum Menschen. Spielzeuge sind in Palästina archäologisch bereits seit der Jungsteinzeit belegt. In der Bibel findet sich dieser Aspekt des Menschseins allerdings nur selten; Spiel und Spielzeug sind darin bloss ein Randthema. Da sich die Verfasser und manchmal auch Verfasserinnen der biblischen Schriften hauptsächlich mit «wichtigeren Dingen» befassten, sind alltägliche Verrichtungen wie essen, trinken, aber eben auch spielen oft nur beiläufig erwähnt. Aus der geringen Bezeugung von Spiel und Spielzeug in der Bibel darf aber nicht geschlossen werden, dass man in biblischen Zeiten nicht gespielt hätte. Wie die Forschung gezeigt hat, gibt die Bibel keine unmittelbare Einsicht in die Religionsgeschichte der von ihr erzählten Zeit, vielmehr ist sie als eine (zumeist orthodoxe) theologische Deutung dieser Geschichte zu betrachten. Der geringen Beachtung von Spiel und Spielzeug in der Bibel liegt aber auch kein Desinteresse zugrunde; sie erklärt sich schlicht dadurch, dass spielen wie essen und trinken für die jeweiligen Verfasserinnen und Verfasser eine Selbstverständlichkeit darstellte, die keiner besonderen Erwähnung bedurfte.

Um etwas über die Bedeutung von Spiel und Spielzeug in der von der Bibel erzählten Zeit und Gesellschaft zu erfahren, können wir uns daher nicht allein auf das biblische Zeugnis stützen, sondern müssen archäologische Funde mit einbeziehen. Spielzeug ist in Palästina in der Bronze- und Eisenzeit archäologisch gut belegt und gehört häufig zum Grabinventar. Allerdings wird hier gleich ein nicht unbedeutendes Problem archäologischer Arbeit sichtbar: Vom Fundkontext der als Spielzeuge gedeuteten Gegenstände her, als Grabbeigaben, ist auch eine religiöse Deutung denkbar. Der genaue Verwendungszweck der durch die Archäologie ans Licht gebrachten Gegenstände lässt sich oft nicht eindeutig bestimmen. In unserem Fall bedeutet dies, dass die Frage, ob ein Artefakt Spielzeug oder Kultgegenstand ist, nicht immer mit letzter Sicherheit beantwortet werden kann. Manchmal sind bei einem Fundgegenstand auch beide Deutungen möglich, wie das folgende Beispiel aus dem alten Ägypten zeigt.

Das blaue Nilpferd: Spielzeug oder Kultgegenstand? Eine erste Annäherung

Im Shop des British Museum habe ich eine Replik des blauen Nilpferds gekauft. Sein Vorbild ist ein altägyptisches Fayence-Nilpferd aus der 12. Dynastie (ca. 1981–1885 v. Chr.), das 1910 im Grab des Senebi in Mair (Mittelägypten) gefunden wurde. Bei der ägyptischen Fayence-Technik wurde keramisches Material aus Quarzsplitt oder Quarzsand in einem zweiten Brand mit einer blaugrünen Glasur überzogen. Betrachtet man die Schönheit ägyptischer Fayence-Artefakte, so erstaunt nicht, dass sie einst einen bedeutenden Handelsartikel darstellten. Fayence-Nilpferde waren im alten Ägypten, vom späten Mittleren Reich (2707–2216 v. Chr.) bis in die Zweite Zwischenzeit (2216–2137 v. Chr.), eine beliebte Grabbeigabe. Insgesamt sind mehrere Hundert solcher Nilpferdfiguren erhalten. Der Fundkontext der blauen Nilpferdfiguren scheint auf den ersten Blick für eine kultische Bedeutung zu sprechen. Das Nilpferd kann zudem mit der Göttin Taweret oder mit dem Gott Seth in Zusammenhang gebracht werden, weshalb kleinere Nilpferd-Figuren üblicherweise als Amulette gedeutet werden.

Mich hat diese verhältnismässig grosse Eindeutigkeit, mit der diesen künstlerisch gestalteten Figuren rein kultischer Charakter zugesprochen wird, nie recht überzeugt. Wenn ich das blaue Nilpferd meinem zweijährigen Sohn zeige, ist zwar auch er von der kunstvollen Figur verzaubert, in seiner Hand wird das blaue Nilpferd jedoch zum gewöhnlichen Spielzeug. Spricht der Fundkontext als Grabbeigabe gegen die Verwendung des blauen Nilpferds (auch) als Spielzeug? Keineswegs. Neben Ess- und Trinkgefässen sind mit relativ grosser Sicherheit als Spielzeug identifizierbare Gegenstände als Grabbeigaben im Alten Orient breit bezeugt. Es bestand die Erwartung, dass die Verstorbenen auch nach ihrem Tod weiterhin essen, trinken und spielen können sollten wie im Leben zuvor.

Ähnlich ist bei den in Palästina häufig gefundenen Terrakotta-Figurinen, die eindeutig Götterbilder repräsentieren, durchaus denkbar, dass sie auch als Kinderspielzeug verwendet wurden. Mit Sicherheit kann man jedenfalls davon ausgehen, dass die Amulette, die Kinder zur Geburt bekamen, in deren Händen zum ersten Spielzeug wurden.

Die Beispiele zeigen deutlich die Unsicherheit archäologischer Identifizierung. Die Abgrenzung von Kultgegenstand und Spielzeug ist nicht immer eindeutig zu leisten. Doch wenden wir uns nun den biblischen Belegen zu.

Biblischer Befund

Spielen ist in der Hebräischen Bibel mit dem Verb ṣiḥeq (auch ṣiḥeq geschrieben) mit der Bedeutung «Scherze machen, scherzen, spielen» verbunden. In dieser Bedeutung begegnet es erstmals in Genesis 21,9: «Sara aber sah, wie der Sohn der Ägypterin Hagar, den diese Abraham geboren hatte, spielte.» In der biblischen Geschichte ist die Beobachtung dieses Kinderspiels allerdings gerade der Auslöser einer ernsthaften Auseinandersetzung, die in der tragischen Vertreibung Hagars und ihres Sohnes endet. Manche möchten die auf Saras Eifersucht zurückgehende Tat entschuldigen, indem sie die Stelle so verstehen, dass Hagars Sohn, Ismael, mit demjenigen Saras,

Isaak, ein mutwilliges Spiel getrieben habe – eine Interpretation die das breite Bedeutungsspektrum von ṣiḥeq durchaus zulässt. Gut begründet ist jedoch auch die Annahme, dass das unbekümmerte Spielen/Scherzen Ismaels in der Gegenwart des Vaters, dessen Zugehörigkeit zur Familie dokumentiert und dass genau dies Sara stört, weshalb sie Abraham bittet: «Vertreibe diese Magd und ihren Sohn, denn der Sohn dieser Magd soll nicht zusammen mit meinem Sohn Isaak Erbe werden.» (Gen 21,10)

Spielende Kinder gehörten damals zum üblichen Bild eines Dorfes oder einer Stadt in Friedenszeiten, wie die prophetische Verheissung in Sacharja 8,5 zeigt: «Und die Plätze der Stadt werden voller Knaben und Mädchen sein, die fröhlich spielen auf ihren Plätzen.» Womit die Kinder spielen, wird in der Verheissung nicht erwähnt. Archäologisch sind jedoch Terrakotta-Tierchen mit Rädern und Wägelchen als Kinderspielzeug belegt. Aus dem prophetischen Drohwort in Jesaja 22,18 «Wie ein Knäuel wird er dich fortschleudern …» lässt sich zudem schliessen, dass Wollknäuel als Bälle für diverse Ballspiele verwendet wurden, wie dies zum Teil heute noch in Afrika beobachtet werden kann.

Erwachsene konnten sich des vermutlich von der griechischen Kultur übernommenen Kampfspiels erfreuen. Ein solches ist in 2. Samuel 2,14–16 dokumentiert, wo der Heerführer Abner junge Männer zum Zweikampf zwecks Belustigung der Zuschauenden auffordert; die Gefährlichkeit solcher Spiele wird aber sogleich durch den tragischen Ausgang der Geschichte mahnend festgehalten. Dass im antiken Palästina wie anderswo Erwachsene als Spassmacher aufspielten und Leute unterhielten, zeigt – wenn auch unfreiwillig – Simson (Richter 16,25–27), dessen Schicksal es war, als Gefangener zur Volksbelustigung im Tempel auftreten zu müssen.

Spiele sind in der Hebräischen Bibel natürlich nicht bloss mit dem besagten Verb «spielen», eben ṣiḥeq, verbunden, sie können auch hinter weiteren Verben vermutet werden. Im prophetischen Wort in Jesaja 66,12 werden beispielsweise die Jerusalemer mit Kindern verglichen, die «auf Knien geschaukelt» werden. Das hier mit «auf Knien schaukeln» übersetzte Verb hat auch noch die Bedeutungen «erfreuen» und «sich vergnügen», weshalb hier möglicherweise an ein Schaukel- oder Kniereiterspiel ähnlich unserem «Hoppe, hoppe Reiter» zu denken ist. Und Hiob 21,11b, «Und ihre Kinder tanzen und springen», könnte auf Hüpf- und Tanzspiele von Kindern hinweisen.

Archäologisch breit bezeugt sind Astragale (aus Knochen gefertigte vierkantige Würfel) und sechskantige Würfel aus Materialien wie Ton, Stein, Fayence oder gar Elfenbein, die in Wohnhäusern, aber auch in Gräbern gefunden wurden. Würfel wurden aber nicht nur im Spiel, sondern auch beim Orakel eingesetzt, ähnlich wie die biblisch bezeugten priesterlichen Losorakel «Urim und Tummim» (genannt in Levitikus 8,8 und Numeri 27,21). Aus der Umwelt Israels sind sogar Traumdeutungen mittels Würfel sowie Astragale und Würfel mit Beschwörungen oder Gebeten belegt. Dies darf nun umgekehrt aber nicht zur Annahme verleiten, im Tempelbereich gefundene Würfel seien nur kultisch gebraucht worden. Es ist nicht undenkbar, dass am Heiligtum – selbst mit rein kultischen Astragalen oder Würfeln – auch einfach nur gespielt wurde, zumal das Losorakel selbst etwas Spielerisches hat.

Im Neuen Testament wird berichtet, dass die Soldaten die Kleider Jesu mittels Los unter sich verteilt hätten. Dass sie dazu allerdings Würfel verwendet hätten, ist eine spätere Interpretation, die erst in den künstlerischen Darstellungen der Kreuzigungsszene auftritt.

Darf man vor Gott spielen?

Die mehrfach festgestellte Uneindeutigkeit in der Bestimmung, ob ein Gegenstand ein Spielzeug darstellte oder kultische Funktion hatte, führt uns dazu, den Zusammenhang von Spiel und Kult noch genauer anzuschauen. Aufgrund der Beobachtung, dass viele Kulte einen spielerischen Charakter haben, hat der niederländische Kulturhistoriker Johan Huizinga das Spiel gar als Ursprung des Kults postuliert. Auch wenn Huizinga für seine These wenig Gefolgschaft gefunden hat, so ist seine Beobachtung für die Kulturwissenschaften grundlegend geworden: Spiel und Kult sind nicht so weit voneinander entfernt, wie gemeinhin angenommen wird.

Überträgt man diesen Zusammenhang auf unsere Untersuchung, wird deutlich: Die bei unserem Streifzug durch die biblischen Spielwelten mehrfach festgestellte Problematik der Abgrenzung zwischen Spielzeug und Kultgegenstand ist nicht das Resultat mangelnder Erkenntnis oder fehlender Daten, sondern ergibt sich aus eben dieser feststellbaren Nähe von Spiel und Kult.

Wird diese Nähe von Kult und Spiel auch in der Bibel bedacht? Ja – allerdings wird Spielerisches im Kult oft negativ beurteilt.

Ein Beispiel einer solchen negativen Wertung von Spielerischem im Kult findet sich in der Exodusgeschichte. Gegen Ende des Tanzes um das Goldene Kalb (Exodus 32,1–6) ist zu lesen: «Dann standen sie auf, um sich zu vergnügen». Es existieren verschiedene Vorschläge, wie das Verb ṣiḥeq, das in der Zürcher Bibel hier mit «sich vergnügen», andernorts aber auch mit «spielen» wiedergegeben ist, zu verstehen sei. In jedem Fall beinhaltete es für den Verfasser eine verwerfliche Tätigkeit, die er den Kulten mit fremden Göttern unterstellte. Beim eigenen Kult hätten derart absonderliche Dinge natürlich nichts zu suchen.

Als David bei der feierlichen Prozession für die Bundeslade tanzt, zieht er den Zorn seiner Frau Michal auf sich. Liest man 2. Samuel 6,12–16, so vermag man an der Sache nichts Schlimmes zu finden: «Und David tanzte voller Hingabe vor dem HERRN, und David war umgürtet mit einem linnenen Efod.» Erst wenn man «tanzen» im Kontext von ägyptischen Darstellungen, worauf nur mit Leinenschurz bekleidete Männer akrobatische Kunststücke vorführen, als «das Rad schlagen» interpretiert, wird die in Vers 20 berichtete Reaktion

Michals verständlich: «Wie würdevoll hat sich heute der König von Israel benommen, da er sich heute vor den Augen der Mägde seiner Diener entblösst hat, wie sich wirklich nur einer vom Gesindel entblösst!» Und sie zeigt, dass spielerisches Possenreissen nach traditionell israelitischem Verständnis im Kult nichts zu suchen hat.

Eine ganz andere Sicht findet sich in Sprüche 8,22–31. Danach ist vor Gott zu spielen nichts Schlimmes – im Gegenteil. Die Sprecherin der Worte, die Weisheit, gibt sich in diesen Versen nicht nur als diejenige zu erkennen, die Gott in seiner Schöpfung als Werkmeisterin beistand, sondern auch als Spielende vor ihm.

²² Der HERR hat mich geschaffen am Anfang seines Wegs,
vor seinen anderen Werken, vor aller Zeit.
²³ In fernster Zeit wurde ich gebildet,
am Anfang, in den Urzeiten der Erde.
²⁴ Als es noch keine Fluten gab, wurde ich geboren,
als es noch keine wasserreichen Quellen gab.
²⁵ Bevor die Berge eingesenkt wurden,
vor den Hügeln wurde ich geboren,
²⁶ als er die Erde noch nicht geschaffen hatte und die Fluren
und die ersten Schollen des Erdkreises.
²⁷ Als er den Himmel befestigte, war ich dabei,
als er den Horizont festsetzte über der Flut,
²⁸ als er die Wolken droben befestigte,
als die Quellen der Flut mächtig waren,
²⁹ als er dem Meer seine Grenze setzte,
und die Wasser seinen Befehl nicht übertraten,
als er die Grundfesten der Erde festsetzte,
³⁰ da stand ich als Werkmeisterin ihm zur Seite
und war seine Freude Tag für Tag,
spielte vor ihm allezeit.
³¹ Ich spielte auf seinem Erdkreis
und hatte meine Freude an den Menschen.

Wie im Fall von Ismael dokumentiert das Spielen der Weisheit zuerst einmal ihre Zugehörigkeit zu Gott. Hierbei scheint die Weisheit als spielendes Kind Gott zu erfreuen. Kinder, die vor den Göttern spielen, aber auch die Weisheit als Tochter des Schöpfergottes sind von Ägypten her bekannt. Das Spielen der Weisheit ist nicht bloss als übermütige Freude über die grossen Taten Gottes zu begreifen, sondern – indem das Spielen vor Gott und zu seiner Freude stattfindet – auch als gottesdienstliche Handlung. In der Darstellung der Weisheit in Sprüche 8 wird Spielen zur angemessenen Reaktion in der Begegnung mit Gott erhoben. Dem kindlichen Spielen wird damit dieselbe Würde wie der priesterlichen Handlung zugesprochen – gegenüber der oben dargestellten traditionellen Sichtweise ist dies sicher eine Bereicherung. Die in Sprüche 8 vermittelte Sicht ist somit ein Beispiel dafür, dass gute theologische Gedanken nicht immer aus der eigenen Tradition stammen müssen, sondern manchmal auch von fremden Religionen und Kulturen übernommen wurden – im Fall des Spielens vor Gott aus Ägypten.

Literatur
Bartelmus, Rüdiger, Art. *śāḥaq/ṣāḥaq*, in: Botterweck, Gerhard Johannes/Ringgren, Helmer (Hg.), *Theologisches Wörterbuch zum Alten Testament*, Band VII, Stuttgart/Berlin/Köln 1993, 730–744.
Berlejung, Angelika, *Geschichte und Religionsgeschichte des antiken Israel*, in: Gertz, Jan Christian (Hg.), *Grundinformation Altes Testament. Eine Einführung in Literatur, Religion und Geschichte des Alten Testaments*, UTB 2745, Göttingen ³2009, 59–192.
Berlejung, Angelika, *Quellen und Methoden*, in: Gertz, Jan Christian (Hg.), *Grundinformation Altes Testament. Eine Einführung in Literatur, Religion und Geschichte des Alten Testaments*, Göttingen ³2009, 21–58.
Hausmann, Jutta, Art. *śāʿaʿ*, in: Botterweck, Gerhard Johannes/Ringgren, Helmer (Hg.), *Theologisches Wörterbuch zum Alten Testament*, Band VIII, Stuttgart/Berlin/Köln 1995, 356–358.
Hübner, Ulrich, Art. «*Spiel. II. Archäologisch: Spiele/Spielzeug*», in: Religion in Geschichte und Gegenwart, Band VII, Tübingen ⁴2004, 1572f.
Hübner, Ulrich, *Spiel und Spielzeug im antiken Palästina*, Fribourg 2001.
Huizinga, Johan, *Homo Ludens. Vom Ursprung der Kultur im Spiel* [1938], Reinbek bei Hamburg 1956.
Keel, Othmar, *Die Weisheit spielt vor Gott. Ein ikonographischer Beitrag zur Deutung des meṣaḥäqät in Sprüche 8,30f*, Freiburg i. Ue. 1974.
Kirchenrat der evangelisch-reformierten Landeskirche des Kantons Zürich (Hg.), *Zürcher Bibel*, Zürich 2007 (sämtliche Übersetzungen in diesem Artikel sind daraus entnommen).
Lurker, Manfred, *Lexikon der Götter und Symbole der alten Ägypter*, Frankfurt am Main ²2006

Die Zukunft in der Tasche
Der historische Wandel der Tarotkarten und ihre heutige Rezeption

Raoul Abea

In Amanda Odehs Küche verliert man schnell jegliches Zeitgefühl. Schwere, rubinrote Vorhänge fangen das Tageslicht ab. Kerzen und die Neonbeleuchtung über dem Waschbecken tauchen den rosa gestrichenen Raum in lauwarmes Licht. Auf dem runden Glastisch im hinteren Teil der Küche liegen Zigaretten, Süssigkeiten und ein Tarotdeck, bestehend aus 78 Karten. Odeh ist professionelle Kartenlegerin und empfängt ihre Kundschaft in ihrer Küche. Die heutige Kundin ist eine 59-jährige St. Gallerin. Während im Hintergrund Wasser auf dem Herd kocht, lässt Odeh routiniert die Karten ineinander gleiten und plaudert während des Mischens mit ihrer Kundin. «Wusstest Du, dass das Tarot ägyptischen Ursprungs ist?», fragt sie, ohne eine Antwort zu erwarten. «Der ägyptische, ibisköpfige Gott des Mondes hat das Tarot erschaffen. Er war der Herr der Zeit, Hüter der Magie und der Weisheit. Vor unbestimmter Zeit gab er sein gesamtes Wissen seinen Anhängern weiter, auf dass sie es schützen und bewahren. Das taten sie, indem sie das Wissen in 22 – manche sagen 78 – Bildern verschlüsselten. Dieses auf einzelne Blätter gemalte Buch ergab das magische Buch *Thoth*, das uns in Form des Tarot erhalten geblieben ist.»

Um den Ursprung des Tarots ranken sich viele Legenden. Bei manchen spielen die Zigeuner eine wichtige Rolle, andere vermuten in den Karten geheimes Wissen der ehemaligen Insulaner von Atlantis. Aber wie das so ist mit Mythen und Legenden: Sie lassen sich nicht widerlegen, aber noch weniger beweisen. Was sich jedoch belegen lässt, ist folgende Entstehungsgeschichte.

Tarot – ein beliebter Zeitvertreib mit Zukunft

Zentral ist die Unterscheidung zwischen dem exoterischen und dem esoterischen Tarot. Das exoterische Tarot ist, ähnlich unseren Jasskarten, als einfaches Kartenspiel zu verstehen. Aktenkundig wurden diese Spielkarten erstmals 1367 in Bern. In den folgenden Jahren tauchten Notizen über die Karten fast gleichzeitig in verschiedenen europäischen Ländern auf, meist in Verbindung mit Verboten. Die ältesten erhaltenen Tarotkarten sind in der ersten Hälfte des 15. Jahrhunderts entstanden, vermutlich auf Geheiss des damals amtierenden Herzogs Filippo Maria Visconti von Mailand. Das Visconti-Sforza-Tarot ist eine kleine Kostbarkeit, die durch handgemalte Abbildungen höchster Kunstfertigkeit und teure Materialien wie Blattgold beeindruckt – ein wahrlich fürstliches Spielzeug. Es sind noch weitere mittelalterliche Decks erhalten, wovon einem besondere Aufmerksamkeit geschenkt werden muss: dem Marseiller Tarot. Dieses Tarot entstand gegen Ende des 15. Jahrhunderts und erfreute sich in ganz Europa grosser Beliebtheit. Die gedruckten und handkolorierten Karten können wohl als Urform des heutigen esoterischen Tarots bezeichnet werden, da sich die meisten Decks ikonographisch an jenem Tarot orientieren. Bis anhin lassen sich jedoch kaum Belege dafür finden, dass die Tarot-Karten einem anderen Verwendungszweck dienten als dem zu unterhalten. Es war besonders in adeligen Kreisen ein beliebtes Gesellschaftsspiel, nicht mehr und nicht weniger.

Odeh hat die Karten mittlerweile gemischt. Nachdem die wissbegierige St. Gallerin zweimal abgehoben hat, schaut sich die Kartenlegerin die jeweils unterste Karte der drei Stapel an und entnimmt ihnen erste Hinweise auf die Zukunft ihrer Kundin. Man kann konkrete Fragen stellen oder den Bereich aussuchen, über den die Karten Auskunft geben sollen: Liebe, Beruf, Gesundheit. «Die Antworten fliessen mir zu. Manchmal höre ich sie und manchmal liegen sie mir einfach schon auf der Zunge. Die Karten helfen mir dabei, in einer bestimmten Zeitspanne arbeiten zu können. Sie unterstützen meine Medialität», sagt Odeh. Zudem ist für sie Tarot eng mit der Numerologie bzw. der Macht der Zahlen verknüpft. Während sie jeweils einen Stapel aufnimmt, die Karten nach und nach aufdeckt und auf dem Tisch verteilt, sieht sie die Zukunft immer deutlicher. Nach anderthalb Stunden verlassen Odehs Kundin und ich leicht benommen die abgedunkelte Küche. «Wissen sie, ich glaube nicht dogmatisch an das Tarot. Aber wenn ich in einer Sackgasse stecke, dann geben mir die Karten wieder eine Perspektive – selbst wenn diese eine Illusion sein sollte», sagt sie, bevor sie ihres Weges geht und hinter der nächsten Ecke verschwindet.

Vom Spiel zum divinatorischen Instrument

Statt weiter der Zukunft nachzugehen, wenden wir uns nochmals der Vergangenheit des Tarot zu. Das esoterische Tarot lässt sich erst im Frankreich des 18. Jahrhunderts nachweisen. Das Land ist geprägt von politischen Unruhen. Die Vernunft wird zum einzig wahren Massstab erhoben, womit sich Wissenschaft und Philosophie von den Fesseln der Religion befreien. Wissenschaft und Technik erfahren einen rasanten Fortschritt. Mit atemloser Faszination verfolgte man beispielsweise die Brüder Montgolfier, als sie 1782 mit Hilfe eines Ballons den Himmel eroberten und entmystifizierten. Doch je dominanter der Rationalismus der Aufklärung wurde und je mehr die Geheimnisse der Natur gelüftet wurden, desto stärker wuchs das Interesse am Ursprünglichen und Magischen. Okkulte Bünde und Bruderschaften wie die der Martinisten, Rosenkreuzer, Freimaurerer und Illuminaten erfuhren ungeheuren Aufwind. Auf diesem fruchtbaren Boden keimte das esoterische Tarot auf. Man nimmt an, dass der Anstoss dazu vom evangelischen Theo-

logen Antoine Court de Gébelin gegeben wurde. Dieser behauptete 1781 in seinem Werk *Le monde primitif*, dass das damals noch exoterische Tarot ursprünglich aus Ägypten stamme und die 22 Trümpfe geheimes Wissen enthielten, das nur Eingeweihte zu entschlüsseln in der Lage seien. Das Land der Pharaonen war zur Zeit der Aufklärung gross in Mode, galt metaphysisch interessierten Menschen als das «Gelobte Land» der Weisheit und Erleuchtung, und wurde fast als Synonym zu «geheimnisvoll» verstanden. Gébelins Mythos hatte Erfolg, denn seine Theorie wurde von nachfolgenden «Tarotexperten» aufgegriffen, ausgebaut und hat bei manchen heute noch Gültigkeit. Viele Magier und geheime Gesellschaften beschäftigten sich daraufhin mit dem magischen Buch *Thoth* bzw. Tarot und brachten es mit zahlreichen esoterischen und okkulten Lehren in Verbindung. Alchimie, Astrologie, Hermetik, Kabbala und die Mystik sind nur einige der Geheimlehren, die in Form von Symbolen in den folgenden Tarotdecks ihren Niederschlag fanden. Von nun an war Tarot nicht mehr nur ein Spiel, sondern eine Art heiliges Instrument für Wahrsagerei oder Selbsterkenntnis.

Universales Googeln

Zurück in der Gegenwart treffe ich Anouk Claes. Das Medium hat in Basel Psychologie und Theologie studiert und lebt nach eigenen Angaben in einer Welt der «feinstofflichen Wesen». Laut ihrer Website hat sie die Gabe des Sehens: «Sie sieht Verstorbene, kann durch lebende Menschen hindurchsehen, Energieflüsse und Emotionen erkennen und daraus den Gesundheitszustand der Betreffenden ableiten.» Beruflich bietet sie Beratungen und Supervisionen an und gibt Kurse – unter anderem in der Kunst des Kartenlegens. «Informationen sind überall um uns herum. Man muss sie nur lesen können. Die Karten sind ein geeignetes Werkzeug dazu, diese Informationen ablesen zu können. Es ist wie googeln. Man kann alles Mögliche downloaden und je genauer ich frage, desto praktischer ist die Information, die ich erhalte», sagt Claes. Entsprechend pragmatisch bringt sie das Kartenlegen ihren Schülern bei. Für das Tarot brauche es kein Vorwissen – schon gar nicht kabbalistisches, numerologisches oder astrologisches. Alles was man wissen muss, könne man von den Bildern des Tarot ablesen. Dabei sei es wichtig, rational vorzugehen und jede gezogene Karte in die Deutung mit einzubeziehen. Von intuitiver Interpretation und Zukunftsdeutungen hält sie nichts. «Ich benutze die Karten nicht als Zukunftsweisung, weil für mich die Zukunft nicht fest ist. Die Karten zeigen das, was heute wichtig ist. Wenn man sie morgen legt, sind wahrscheinlich wieder andere Aspekte wichtig. Entsprechend stelle ich meine Frage. Wenn ich beispielsweise ein bestimmtes Projekt bearbeite, das Erfolg haben soll, dann frage ich die Karten, welche Aspekte ich beachten sollte, damit es zum Erfolg kommt. Ich frage nicht, ob das Projekt in der Zukunft erfolgreich sein wird.» Am Ende des Interviews legt sie mir noch die Karten, um mir zu zeigen, wie man im kosmischen Inter-

net surfen kann. Wie Odeh benutzt auch sie das Waite-Tarot. «Ich mag das Waite-Tarot, da die Bilder sehr klar sind und die Interpretation der einzelnen Karten recht einfach ist. Sie stehen jedem offen.»

Suggestion oder Intuition?

Das Waite-Tarot erschien 1910. Der Namensgeber, Arthur Edward Waite, war Mitglied des «Hermetic Order of the Golden Dawn» und Schüler des Gründers Samuel Liddell MacGregor Mathers. Waite soll die Karten konzipiert haben, gemalt wurden sie aber von der amerikanischen Künstlerin Pamela Colman Smith. Der grosse Vorteil dieser Karten liegt darin, dass nicht nur die grosse *Arkana* (die 22 Trümpfe des Tarots) illustriert wurde, sondern auch die kleine (bestehend aus vier «Farben» mit jeweils zehn Zahlen- und vier Hofkarten). Zwar sind auch im Waite-Tarot okkulte Symbole enthalten, es bleibt dennoch benutzerfreundlich: Man sieht die Bilder an, und schon hat man eine Ahnung davon, was sie bedeuten könnten – ohne den kabbalistischen Baum des *Sephiroths* oder die Sternzeichen kennen zu müssen. Spricht man heute von Tarot, dann haben die meisten Menschen diese Karten vor Augen – deshalb ist es auch nicht weiter verwunderlich, dass über kein Deck so viel Literatur erschienen ist, wie über dieses. Vom Erfolg ihrer Karten profitierte Smith jedoch nicht. Die Künstlerin wurde 1951 in einem Armengrab bestattet. Zum endgültigen Durchbruch des Tarot kam es auch erst in der zweiten Hälfte des 20. Jahrhunderts, als freie Liebe postuliert wurde, Männer ihre Eltern mit langem Haar schockierten und Janis Joplin an einer Überdosis Heroin starb. Von der Esoterikwelle des Wassermannzeitalters wurden die Karten in die Welt hinaus getragen. Seither ist ihr Erfolg nicht mehr zu bremsen. Das zeigt sich nur schon an der Vielfalt der unterschiedlichen Decks: Vom Gummibärchen-Tarot über das Dalì-Tarot bis hin zum Tarot der Zwerge ist so ziemlich alles vorhanden – allen voran das Waite-Tarot.

Wie Odeh und Claes weiss auch Anselmo Maestrani die suggestive Kraft der Waite-Tarot-Karten zu schätzen. Der gebürtige Tessiner ist diplomierter Mentaltrainer und Berater, und lässt sich seit acht Jahren intensiv vom Tarot begleiten. Er hat verschiedene Tarotschulen besucht und bietet nun selber Kurse an. «Tarot ist für mich ein objektiver Freund geworden», sagt er. «Ein Freund, der einem zeigt, wo man momentan steht, wo es hingehen könnte und was aus der Vergangenheit noch hemmt oder beeinflusst.» Für ihn sind die Karten ein Werkzeug, das er mit einem Reiseführer vergleicht. Man kann sich von Reiseführern inspirieren und begeistern lassen – die Reise muss man trotzdem selber machen. Jede gezogene Karte sieht er als einen Impuls an, der ihm von einer universellen Macht geschenkt wird. «Für mich ist es ein Ritual, jeden Morgen eine Impulskarte zu ziehen. Dadurch kann ich dem Tag anders begegnen. Es gibt mir Kraft.» Wie die Karten funktionieren, interessiert ihn nicht. Er ist überzeugt, dass man immer die richtige Karte zieht und die Auswahl nicht willkürlich bzw. zufällig geschieht. Eine Glaubenssache, die viel mit Hingabe zu tun habe. Anders als für Claes ist für Maestrani Tarot keine rationale Angelegenheit, sondern eine Methode, die Intuition zu wecken und zu fördern. Die intuitiven Antworten seien die richtigen. «Dem Verstand kommt bei der Interpretation der Karten eine dienende Funktion zu.»

Des Chamäleons Kern

Drei Menschen haben über denselben Gegenstand gesprochen, ihn aber völlig unterschiedlich beschrieben. Doch was ist der gemeinsame Nenner? Zunächst fällt auf, dass alle drei das Tarot als Werkzeug bezeichnen. Ein Werkzeug, mit dem sich persönliche Fragen und Angelegenheiten behandeln lassen. Nach Hajo Banzhaf, einem renommierten, kürzlich verstorbenen Tarotexperten aus Deutschland, kann man das Tarot nach folgenden Sachverhalten fragen: Nach dem gegenwärtigen Stand einer Angelegenheit, nach zukünftigen Tendenzen und Perspektiven, nach einem Ratschlag, wie man ein Problem lösen oder ein Ziel erreichen kann, und nach Ursachen und Hintergründen einer Entwicklung. Zudem könne es zum Zweck der Selbsterkenntnis und Selbsterfahrung genutzt werden. Kurzum: Es ist ein Werkzeug für alle (Rat-)Suchenden.

Ein weiteres verbindendes Merkmal ist der Transzendenzbezug: Amanda Odeh kombiniert die Karten mit ihrer Medialität, für Anouk Claes sind die Karten eine Art Bildschirm, von dem sie Informationen des kosmischen Internets ablesen kann und Anselmo Maestrani sieht darin von einer höheren Macht gegebene Impulse. Man kann also von einem religiösen Werkzeug sprechen.

Was auffällt, ist, dass alle drei Befragten jegliche Willkür verneinen. Obwohl man die zu deutenden Karten blind zieht, glaubt kein Tarotnutzer an Zufall. Jede gezogene Karte ist genau die richtige und wird als solche ernst genommen. So kann man das Tarot im Zusammenhang mit dem Transzendenzbezug als religiöse Kontingenzbewältigungspraxis bezeichnen. Wenn man mit den Tarot-Karten die Zukunft deutet, dann bewältigt man für den Moment die prinzipielle Offenheit und Ungewissheit des Lebens, indem man daran glaubt, dass zukünftige Ereignisse eben doch nicht so willkürlich sind, sondern voraussehbar. Und wenn man Tarot nicht als zukunftsweisendes Orakel nutzt, sondern lediglich als Beratungsinstrument, dann hält der Ratsuchende die Ereignisse zwar nicht für endgültig voraussehbar, aber zumindest für beeinflussbar.

Das Tarot zeigt sich als ein sehr wandelbares Phänomen, das so vielfältig ist wie die Anzahl Menschen, die sich darin spiegeln. Genau deshalb lässt es sich auch so schwer definieren. Man kann Tarot als Symptom einer Entwicklung sehen, die spätestens seit der Aufklärung eingesetzt hat: Menschen lassen sich nicht mehr vorbeten, an was sie glauben sollen, sondern gestalten ihren eigenen, individuellen Glauben selbst. Und so gibt es Menschen aus unterschiedlichen Konfessionen und Glaubensrichtungen, die sich mit den Tarot-Karten ihre eigenen Antworten geben. Tarot ist ein Spiegel unserer Zeit, in der die Individualität über der Gemeinschaft steht und in der zunehmend spielerisch mit religiösen Inhalten umgegangen wird.

Literatur
Banzhaf, Hajo, *Schlüsselworte zum Tarot*, München 1990.
Bürger, Evelin/Fiebig, Johannes, *Tarot Basics Waite, Tarot-Deutung – leicht gemacht*, Krummwisch 2008.
Graf, Eckhard, *Mythos Tarot – historische Fakten*, Alberstedt 1989.
Körbel, Thomas, *Hermeneutik der Esoterik, Eine Phänomenologie des Kartenspiels Tarot als Beitrag zum Verständnis von Parareligiosität*, Münster 2001.
Knoblauch, Hubert, *Die populäre Religion*, in: Theologisch-Praktische Quartalsschrift 154 (2006), 164–172.
Lübbe, Hermann, *Kontingenzerfahrung und Kontingenzbewältigung*, in: Gerhart von Graevenitz/Odo Marquard (Hg.), *Kontingenz*, München 1998, 35–49.
Tegtmeier, Ralph, *Tarot. Geschichte eines Schicksalsspiels*, Köln 1986.

Spiel zum Sonntag
Biblische Geschichten anders erfahren

Tatjana Cárpino

Auf dem Parkettboden kriechen zwei Jungen und ein Mädchen um die Wette zum Tisch hin mit den Luftballons. Es ist nicht einfach, diese leichten, luftigen Bälle zu erreichen und zu erwischen, wenn man seine Beine nicht wie gewohnt bewegen kann! Doch wie muss es erst für die jüngeren Geschwister sein, die nichts sehen können? Auch sie sollten die Luftballons vom Tisch zum vier Meter entfernten Fensterbrett bringen und stolpern dabei über die «Lahmen». Und wenn ein «Blinder» doch noch unter dem Tisch einen herabgeschwebten Luftballon entdeckt, stösst er beim freudigen Aufstehen den Kopf an. Ich sorge dafür, dass die Kinder sich nicht in Gefahr bringen und helfe ihnen, wenn es nötig ist.

Es ist Samstagnachmittag in der französischsprachigen evangelisch-reformierten Kirche beim Stadelhofen in Zürich. Die Kinder kommen nicht mehr sonntags zur Sonntagsschule, denn die Familien möchten diesen Tag, für viele der einzige freie Tag, zu Hause geniessen. Die Kirche kommt diesem Bedürfnis entgegen und bietet deshalb den Kindern eine monatliche «Sonntagsschule» am Samstag an. Ich bin ihre Lehrerin. An dem Tag, an dem die Fotografin uns besucht, geht es um die Geschichte von Kain und Abel. Wie durch Zufall sind heute drei Geschwisterpaare anwesend, die sich mit dem Thema der Geschwisterbeziehung bestens auskennen und deswegen möglicherweise einen leichteren Zugang zu diesem Text finden werden.

Was hat dieses Spiel von den «Blinden» und den «Lahmen» mit Kain und Abel zu tun? Welchen Nutzen bringt es der Sonntagsschule? Was lernen die Kinder dadurch? Im Folgenden geht um ein Nachdenken über Spiele, die man sinnvoll in den Unterricht einbauen kann. Und um die Möglichkeit, durch ihre Wirkung die biblische Botschaft zum Leben zu erwecken.

Die Suche nach dem passenden Spiel

Zu jeder Unterrichtsstunde gehören Spiele dazu. Denn sie ermöglichen den Kindern, die biblische Erzählung vielschichtig zu erfahren: in Bezug auf das eigene Leben und den Alltag, auf die Mitmenschen, auf die Menschheitsgeschichte und auf die Beziehung zu Gott. Es ist nicht immer leicht, etwas Passendes zu finden. Die Auseinandersetzung mit dem Text, die Analyse, Recherche und Meditation umfasst, ist eine gute Voraussetzung dafür. Am besten eignet sich ein einfaches Spiel, das im Zusammenhang mit der biblischen Geschichte Emotionen hervorruft, Kreativität weckt und zu (Selbst-)

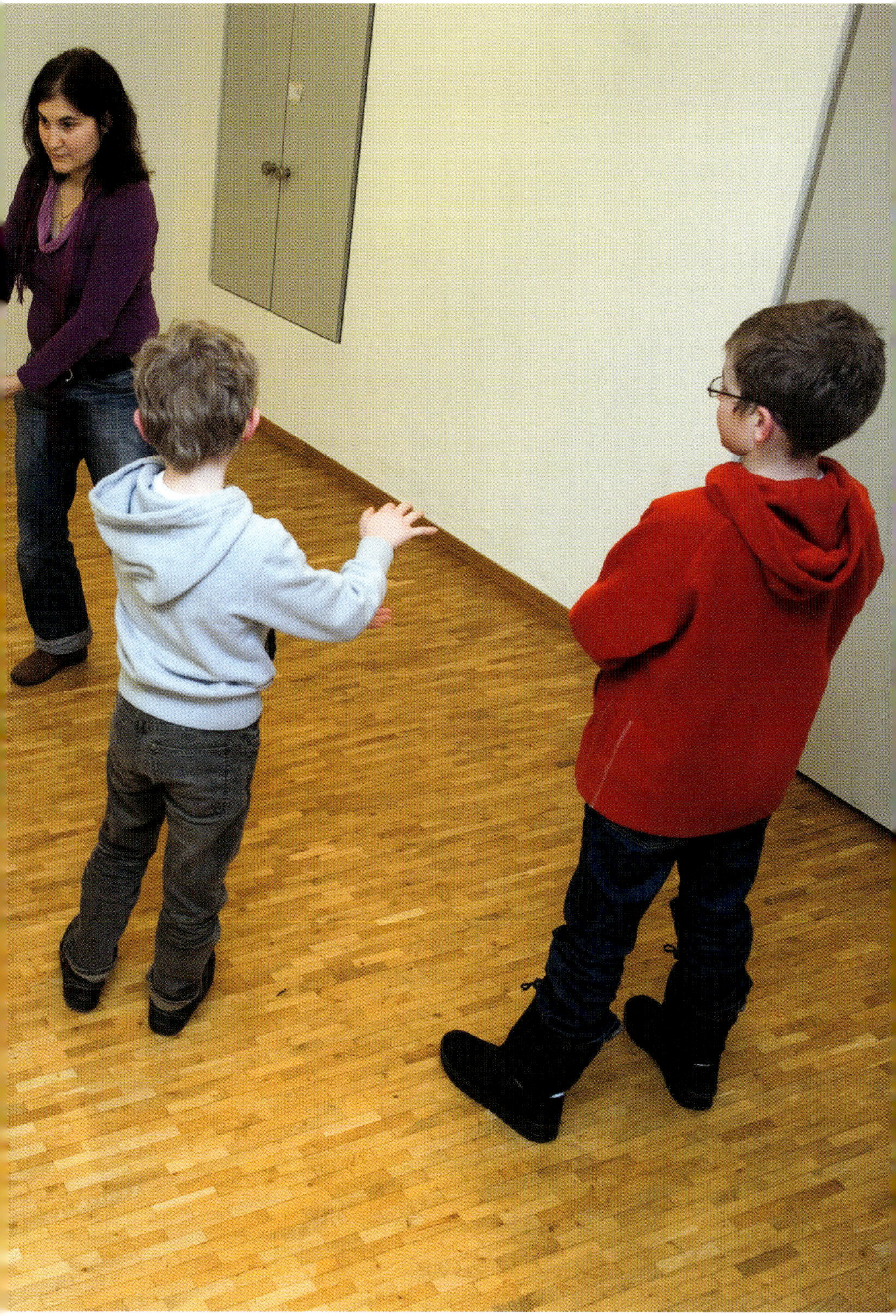

Reflexion anregt. Damit werden die Kinder sicherer und auf eine gute Art gefördert. Religion wird als Erfahrung vermittelt, als «Anschauung und Gefühl», wie Friedrich Daniel Ernst Schleiermacher die ergreifende Begegnung mit dem Unendlichen bezeichnete.

Im kirchlichen Unterricht nehme ich die kritischen Fragen der Kinder zu biblischen Fakten ernst. Darüber hinaus möchte ich ihnen vermitteln, dass Themen der Bibel sich auch heute als hilfreich und lebensdienlich erweisen können. Sie bieten einen Schatz an Erfahrungen, der uns mit unseren Vor- und Nachfahren durch die Zeiten hindurch verbindet und bedeutsam für unser Leben ist. Dieser Aspekt ist wichtig. Deswegen sollten die Spiele, die im Unterricht eingesetzt werden, das Potential der biblischen Texte hervorheben und entfalten, die Prozesse des ganzheitlichen Verstehens auslösen und fördern. Sie sollen ein Nachempfinden und Nacherleben der biblischen Situation ermöglichen und dadurch zu einem eigenen Erlebnis im Hier und Jetzt werden.

Wann ist ein Spiel ein Spiel?

Der Theologe Karl-Heinrich Bieritz zeigte auf, «dass die Unterscheidung von Spiel und Arbeit, Spiel und Ernst, Spiel und Nicht-Spiel eher eine Frage der Zuschreibung, eine Frage deutenden und gedeuteten Erlebens» ist, und dass sich Spiel «an den Fakten allein kaum festmachen lässt». Er bezweifelte sogar, dass sich immer Fakten (damit sind beispielsweise Kostüme oder Spielfelder gemeint) erkennen lassen. Es ist also die individuelle Perspektive, die entscheidet, ob ein Mensch eine Tätigkeit als Spiel begreift. Für Aussenstehende ist es folglich nicht immer ersichtlich, ob jemand gerade spielt oder nicht.

Für Kinder kann das Ausmalen eines Bildes, das Analysieren eines Textes, das Musizieren oder das Sortieren von Gegenständen ein Spiel sein. Ebenso können religiöse Handlungen wie Rituale, Meditationen und Gebete die Qualität des Spieles annehmen. Mit solchen Spielen in einem entsprechenden Unterricht können sich den Kindern neue Erfahrungen eröffnen.

Mich überzeugt das Buch *Change ton regard – Des paraboles de l'Ancien et du Nouveau Testament*. Es lädt zu Selbstreflexion und Selbstverantwortung ein, gibt Denkanstösse und ermöglicht den Kindern, das Spektrum der Deutungsangebote der Bibel und des eigenen Lebens zu erweitern.

Das Spiel mit der Wahrnehmung ist im Arbeitsheft Programm: Was sieht man auf den ersten Blick und was auf den zweiten? Kann man die vermittelten Inhalte auf die eigene Lebenswelt übertragen? Jene spielerischen Anstösse dominieren, die auf Veränderung, Bewusstwerdung und Wachstum zielen. Es enthält Anregungen zum Theaterspiel, Basteln, Analysieren, Reflektieren, Diskutieren, Ausprobieren. Es beinhaltet aber auch leere Seiten für Gebete und Gedanken. Es setzt den Fokus auf die ganzheitliche Herangehensweise, was auch ein Lernen in der Gruppe impliziert und so den Schritt vom selbstbezogenen zum mitfühlenden und sich einbringenden Menschen ermöglicht.

Spiel zum Sonntag

Die «Lahmen» und die «Blinden» tauschen ihre Rollen. Die drei Geschwisterpaare bilden je ein Team. Das ältere Geschwister ist nun seh-, das jüngere gehbehindert. Gemeinsam sollen sie dieselbe Aufgabe lösen wie zuvor allein. Die Lösungen der Aufgabe sind so unterschiedlich wie die Geschwisterpaare, und als das Spiel zu Ende ist, evaluieren wir es gemeinsam. Sie teilen sich mit, ihre Wangen sind gerötet und die Augen leuchten. Sie reflektieren ihre Begabungen, die Bedeutung des Teamworks und der Kommunikation. Auch die des Hinhörens, der Einfühlung, der Kreativität und des gegenseitigen Respekts. Das sind alles Themen, die anhand der Geschichte von «Kain und Abel» – entfaltet werden können.

Literatur
Bieritz, Karl-Heinrich, *Freiheit im Spiel. Aspekte einer praktisch-theologischen Spieltheorie*, in: Berliner Theologische Zeitschrift 10 (1993), 164–174.
Halter, Didier, *Caïn et Abel. Nos frères en humanité*, Nyon 2003.
Lane, Lena, *Bible en jeux. Récits, énigmes, activités. Pour enfants à partir de 7 ans*, Société Évangélique Luthérienne de Mission intérieure et extérieure en Alsace et Lorraine 2008.
Rosenstiehl, Marguerite, *Change ton regard. Des paraboles de l'Ancien et du Nouveau Testament*, La Bégude-de-Mazenc 2007.
Schleiermacher, Friedrich, *Über die Religion [1799]*, Hamburg 1958.

WELTRELIGIONEN entde

Weltreligionen spielerisch entdecken
Zwei Kartenspiele im Spiegel des Fachs «Religion und Kultur»

Nils Wachter

Kann man Religionskunde spielerisch betreiben? Dieser Frage möchte ich durch den Vergleich von zwei Spielen mit einem Konzept für einen religionskundlichen Unterricht nachgehen. Als Basis dient hierbei das Fach «Religion und Kultur». Es gilt herauszufinden, inwiefern sich die Kartenspiele für einen Einsatz innerhalb solcher Rahmenbedingungen eigneten. Ein wichtiges Ziel von «Religion und Kultur» ist das Vermitteln von Toleranz und Dialogfähigkeit. Daher wird auch die Frage aufgeworfen, inwieweit die beiden Spiele hier einen Beitrag leisten könnten.

Fairerweise muss gesagt werden, dass sich die Fragestellung nicht aus der Intention der Spiele selbst ergibt, sondern an sie herangetragen wird. Bei den Spielen handelt es sich um ein Memory, das vom Katholischen Bibelwerk Stuttgart verlegt wird, und ein Quintett, das von der Evangelisch-reformierten Landeskirche des Kantons Zürich in Zusammenarbeit mit Vertretern der jeweiligen Religionsgemeinschaften entwickelt wurde. Beide Spiele wurden nicht für das Fach «Religion und Kultur» konzipiert. Aus zwei Gründen wurden sie dennoch als Untersuchungsgegenstand gewählt: Sie behandeln die «Weltreligionen», beziehen sich also nicht nur auf eine Religion, sondern auf mehrere; und sie sind allgemein zugänglich, sowohl kauf- als auch spieltechnisch.

«Religion und Kultur»: Konzept und Grundlage eines neuen Schulfachs

Wie in ganz Europa sind auch in der Schweiz verschiedene Religionsgemeinschaften vertreten. Ihre Mitglieder sind auf unterschiedliche Weise für ihre Religion engagiert, praktizieren privat oder vertreten ihre Überzeugungen auch öffentlich. Durch Migration, Globalisierung und Medialisierung, sieht sich die mehrheitlich christlich geprägte Gesellschaft der Schweiz mit ihr zum Teil fremden Bräuchen, Kulturen und Glaubensvorstellungen konfrontiert. Die Reaktion auf diese Situation reicht von Toleranz und Offenheit bis zu Xenophobie. Die Furcht vor dem Fremden, zum Beispiel einer anderen religiösen Tradition, hat ihren Ursprung nicht selten in einem undifferenzierten Bild des Anderen, was zu Vorurteilen und Furcht vor dem Fremden führt und das Zusammenleben erschwert.

Um der religiösen Pluralität in der Schweiz Rechnung zu tragen und den damit auftretenden Konfrontationen in der Gesellschaft zu begegnen, wurde in Zürich entschieden, ein neues Unterrichtskonzept einzuführen. Das obligatorische Fach «Religion und Kultur» ersetzt den traditionellen Religionsunterricht und zielt darauf, religionskundliches Wissen zu vermitteln, um die Kompetenz im Umgang mit religiösen Fragen und Traditionen zu fördern. Schülerinnen und Schüler sollen lernen, fremden religiösen Traditionen und Kulturen gegenüber Toleranz zu zeigen und ihnen Respekt zu erweisen. Religiöse Sozialisation oder Unterweisung werden nicht angeboten, sie bleiben Aufgabe der Familie oder der religiösen Gemeinschaft. Damit wird zugleich die Religionsfreiheit der einzelnen Schülerinnen und Schüler gewahrt, was für ein Obligatorium zwingend ist.

Gegenstand dieses religionskundlichen Unterrichts sind die «Weltreligionen» Christentum, Judentum, Islam, Buddhismus und Hinduismus, wobei der Unterricht den Schulstufen angepasst ist. In der Primarstufe geht es um Anschauung, Begegnung und den Vergleich von unterschiedlichen religiösen Traditionen mit Fokus auf dem Christentum. Die Kinder lernen die Religionen anhand von Gegenständen und Alltagssituationen (wie zum Beispiel Esskulturen), Praktiken und Symbolen kennen. Auf der Sekundarstufe geht es um eine differenziertere Auseinandersetzung. Die Schülerinnen und Schüler lernen Herkunft und Geschichte, Überzeugungen und Hauptelemente der religiösen Traditionen kennen. Ferner werden gesellschaftspolitische Zusammenhänge erläutert und diskutiert. Die Stellung von Religion in der Gesellschaft und ethische Fragen sowie die Auseinandersetzung mit Medien gehören auch dazu. Somit können sich die Schüler und Schülerinnen kritisch mit ihrer Lebenswelt auseinandersetzen.

Sowohl auf der Primar-, als auch auf der Sekundarstufe kommt dem Vergleich der fünf religiösen Traditionen eine wichtige Rolle zu, was das Verständnis für die pluralistische Gegenwart fördern soll. Dabei besteht jedoch die Gefahr, dass die Religionen auf vergleichbare Elemente reduziert werden und eine künstliche Harmonie erzeugt wird. Als Gegenmassnahme empfiehlt sich die «Kultivierung von Fremdheit», womit keine Assimilierung des Fremden, sondern ein Perspektivenwechsel gemeint ist.

Weltreligionen spielerisch entdecken – ein Memory und ein Quintett

Die beiden Spiele «*Weltreligionen entdecken. Christentum, Judentum und Islam*», ein Memory, und «*Das Quintett der Religionen. Ein Zusammenspiel*» haben beide die Absicht, spielerisch zu Respekt dem Fremden gegenüber aufzurufen und Wissen zu vermitteln. Vorurteile sollen abgebaut und auch das Eigene hinterfragt werden.

Das Memory besteht aus 36 Kartenpaaren mit je 12 Bildern von Symbolen, Festen, Gegenständen und Ritualen aus Christentum, Judentum und Islam, den drei Religionsgemeinschaften, die in Deutschland am meisten vertreten sind. Das Spiel lässt sich in drei Varianten spielen: als klassisches

Memory sowie als eine Art Quiz und als Trio-Suche. Beim Quiz erhält man die Kartenpaare nur, wenn man das Bild richtig deuten kann. Ist dies nicht möglich, kann auf ein Glossar mit Antworten und Informationen zurückgegriffen werden. Die Trio-Suche gleicht eher einem Quartett. Es gilt, die einander entsprechenden Bilder der drei religiösen Traditionen zu finden (z. B. Kirche – Synagoge – Moschee). Alle Bilder werden im Glossar aufgeführt und auch so dargestellt, dass die Entsprechungen sichtbar werden. Als Nachteil erweist sich aber, dass diese Verbindungen nicht näher erläutert werden. Gemeinsamkeiten und Unterschiede werden zu wenig ausgearbeitet und nicht explizit erwähnt, so dass das Spiel, ist keine gut unterrichtete Person dabei, zu einem etwas verklärten, harmonisierenden Bild der «Weltreligionen» führen könnte. In der Praxis hat sich diese Variante zudem als beinahe unspielbar erwiesen, weil es zu schwierig ist, die Positionen der drei sich jeweils entsprechenden Karten im Gedächtnis zu behalten. Eigentlich schade, könnten doch bei der Trio-Suche beispielsweise die Vor- und Nachteile des Vergleichs diskutiert werden. Die Variante Quiz-Spiel erachte ich jedoch für einen religionskundlichen Grundschulunterricht als sinnvoll. Denn im Unterricht für die Primarstufe stehen Charakteristika und Elemente der religiösen Traditionen im Zentrum, wobei sich dieses Spiel gut zur Unterstützung des Lerninhalts eignen würde, weil hier die sichtbare Seite der Religion Thema ist.

Das Prinzip des Vergleichens von sichtbaren religiösen Elementen führt zwangsläufig zu einem gewissen Reduktionismus. Die Darstellungen sind denn auch häufig so gewählt, dass sie mehrheitlich für die Tradition als ganze gelten. So können zwar konfessionelle Unterschiede umgangen werden. Der Vielfalt der einzelnen Traditionen wird dies freilich nicht gerecht. Der interessante und wichtige Punkt der konfessionellen Unterschiede müsste bereits im Grundschulunterricht genauer betrachtet werden. Weiterführende Diskussionen über Wahrnehmung und die kritische Auseinandersetzung mit Religion und deren Darstellung, sind freilich eher Thema der Oberstufe.

Das *Quintett der Religionen* entspricht einem normalen Quartett, das zu einem Quintett erweitert wurde, damit alle fünf grossen Religionen behandelt werden können. Es stehen 225 Karten zur Verfügung, die in drei Schwierigkeitsstufen aufgeteilt sind. Pro Stufe stehen 15 Themen zur Auswahl, innerhalb derer jede religiöse Tradition durch eine Karte repräsentiert ist. Es gilt, alle Karten zum Thema zu ergattern. Ähnlich wie beim oben behandelten Memory wird das Spiel noch durch eine Quiz-Variante ergänzt. Die fehlende Karte zu der entsprechenden religiösen Tradition bekommt dabei nur, wer die dazugehörige Frage richtig beantworten kann. Zur Illustration: Auf Schwierigkeitsstufe drei geht es um das Thema «Wie vergegenwärtigt sich das Göttliche?». Fehlt zur Komplettierung des Quintetts die Karte für das Judentum, frage ich einen beliebigen Mitspieler, ob er die Karte hat, und ich bekomme sie, falls er sie besitzt. In der zweiten Spielvariante muss ich

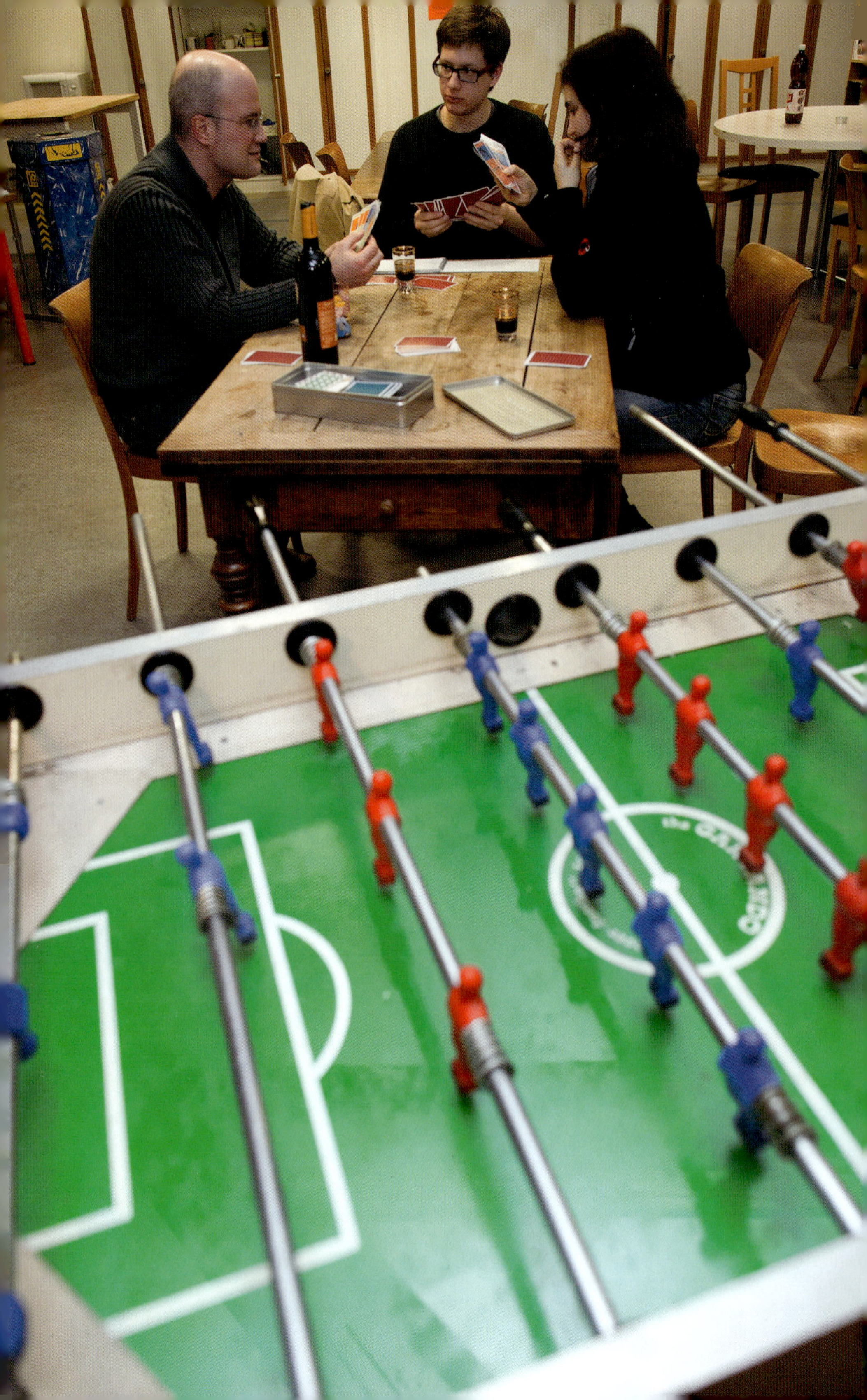

aber anhand eines Mini-Quiz genau benennen, was ich haben möchte. Zum Beispiel: «Die Vorstellung der Juden, wie Gott unter den Gläubigen wohnt». Antworten: «Tacheles», «Shechina» oder «Koscher». Richtig wäre hier «Shechina». Wenn ich die Frage richtig beantworte, bekomme ich zusätzlich zur Karte einen Pluspunkt, der sich auf die Schlussauswertung auswirkt.

Man erkennt an diesem Beispiel, dass das Quintett ziemlich anspruchsvoll ist. Die Themen reichen von sichtbaren Aspekten der Religionen bis zu Inhalten und ethischen Fragen. Dies macht das Spiel sehr vielfältig und differenziert. Dazu trägt auch bei, dass verschiedene Konfessionen innerhalb der Religionsgemeinschaften berücksichtigt werden, um Pauschalisierungen auszuschliessen. Im Begleitbuch wird denn auch explizit darauf hingewiesen, dass das Sammeln der fünf Karten zu den Themen nur dem Spiel dient und keine Bedeutungsgleichheit vermitteln soll. Von künstlicher Harmonie kann also nicht die Rede sein. Das überaus differenzierte Glossar, welches konfessionelle Unterschiede erwähnt, trägt seinen Teil dazu bei.

Betrachtet man aber nur die Karten zu den einzelnen Themen, ergibt sich aus den Beispielen nicht immer ein vollständiger Sinn. So werden z. B. zum Thema Sexualität für das Christentum das Zölibat, für das Judentum und den Islam die Beschneidung, für den Hinduismus das Linga (ein Phallus-Symbol des Gottes Shiva) und für den Buddhismus das «Sitzen der Frau auf dem Mann» (eine Sexualstellung zur Vereinigung von Weisheit und Mitgefühl) gewählt. Es werden damit ganz verschiedene Bezüge zur Sexualität hergestellt, was einen Vergleich der Religionen erschwert und Verwirrung stiften kann. Dies hängt vermutlich mit dem Prinzip der übergeordneten Fragen zusammen, zu welchen für alle Religionen Beispiele und Bilder gefunden werden mussten. Die knappen Erklärungen auf den Karten werden jedoch durch das Glossar entsprechend ergänzt. Dessen Verwendung wäre in einem Unterricht Pflicht, oder die Differenzierungen müssten durch die Fachperson vorgenommen werden, um falsche Assoziationen zu verhindern.

Trotz dieser Kritikpunkte eignet sich das Quintett gut für einen Oberstufenunterricht nach einer Konzeption wie sie dem Fach «Religion und Kultur» zugrunde liegt. Dank der steigenden Schwierigkeitsgrade, kann das Spiel dem Niveau der Schulstufe angepasst werden, und die Themenvielfalt erlaubt eine grosse Flexibilität. So lässt sich aus allen Bereichen des Quintetts ein Spiel zu sichtbaren Aspekten von Religion zusammenstellen. Aufgrund der Texte auf den Karten ist es aber auch möglich, spielerisch auf Inhalte der religiösen Traditionen und den Lebensbereich einzugehen. Somit wird der mehrheitlich deskriptive Zugang auch durch politische, kulturelle und gesellschaftliche Themen ergänzt.

Können Spiele wie diese Toleranz fördern?

Ein religionskundliches Fach wie «Religion und Kultur» soll den Dialog fördern, die Schüler zu einer selbstreflexiven Haltung anregen und durch die Vermittlung reichhaltigen Wissens über die Religionsgemeinschaften gegenseitige Vorurteile abbauen und Toleranz lehren.

Beide Spiele können dies aber nur partiell leisten, denn sie dienen eher der Wissensvermittlung. Über Diskussionen könnte man dennoch zu weiteren Erkenntnissen gelangen und die Spiele und Inhalte kritisch reflektieren. Konflikte, die beim Zusammenleben von unterschiedlichen Kulturen entstehen können, beziehen sich aber primär nicht nur auf das Essen, Gegenstände oder Architektur, sondern massgeblich auch auf Inhalte und Fragen der Ethik. Die Behandlung solcher Themen, die häufig erst das Gefühl von Fremdheit aufkommen lassen, können durch Spiele wie die beschriebenen nur sehr bedingt angesprochen werden. Ein Brettspiel oder ein Computergame, verbunden mit einem Quiz, könnten hierfür besser geeignet sein, weil ihnen ein anderes Spielprinzip zugrunde liegt.

Am Anfang des komplexen Annäherungsprozesses von Kulturen und Religionsgemeinschaften steht jedoch immer die Neugier. Die grosse Stärke von Spielen wie dem Memory «*Weltreligionen entdecken. Christentum, Judentum und Islam*» und «*Das Quintett der Religionen. Ein Zusammenspiel*» ist, dass sie Interesse am Fremden wecken. Ein erstes Kennenlernen kann zu dessen Akzeptieren führen und damit die Basis für die Diskussion und den Dialog bilden. Beide sind für Achtung und Verständnis unter den Religionsgemeinschaften grundlegend und oberstes Ziel eines Unterrichtsfachs wie «Religion und Kultur». Die untersuchten Spiele können hierzu auf unterhaltsame Weise einen wichtigen Beitrag leisten.

Literatur
Bildungsdirektion des Kantons Zürich (Hg.), *Religion und Kultur. Ergänzung zum Lehrplan für die Volksschule des Kantons Zürich*, Zürich 2008.
Kunz, Ralph u. a. (Hg.), *Religion und Kultur – ein Schulfach für alle?*, Zürich 2005.
Streib, Heinz, *Wie finden interreligiöse Lernprozesse bei Kindern und Jugendlichen statt? Skizze einer xenosophischen Religionsdidaktik*, in: Schreiner, Peter u. a. (Hg.), *Handbuch interreligiöses Lernen*, Gütersloh 2005, 230–243.

Spiele
Evangelisch-reformierte Landeskirche des Kantons Zürich (Hg.), *Das Quintett der Religionen. Ein Zusammenspiel*, Zürich 2009.
Wimmer, Stephan J., *Weltreligionen entdecken. Judentum, Christentum und Islam. Das Memo-Spiel*, Stuttgart 2005.

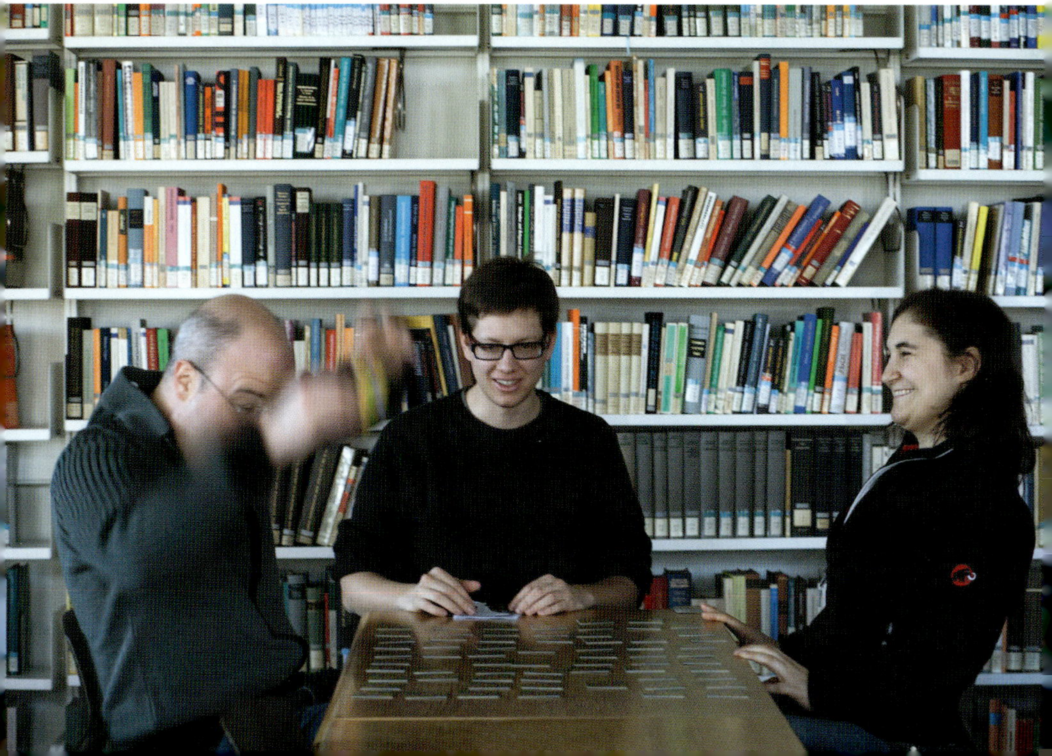

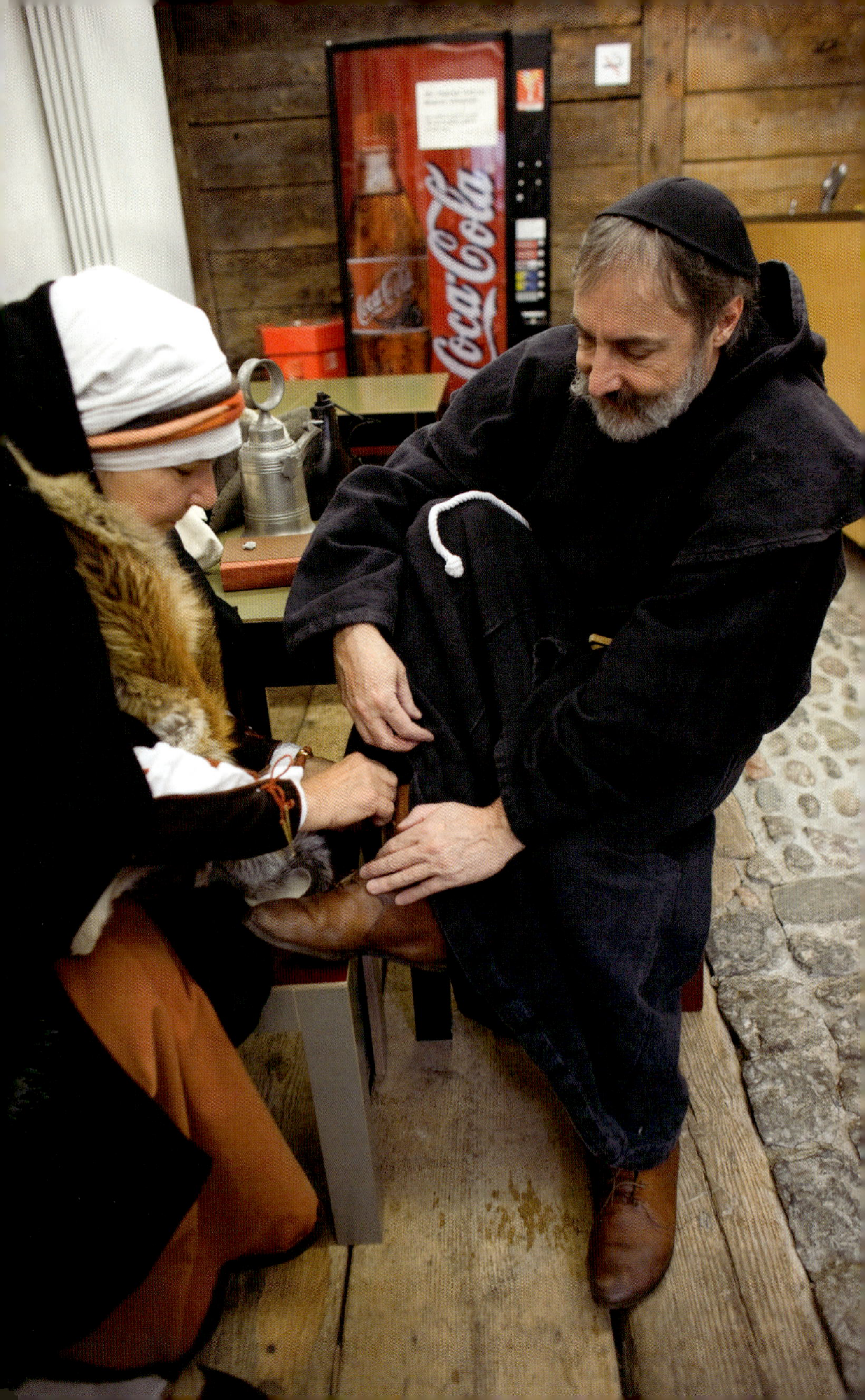
Coca-Cola

Von der Mönchskutte zur Jeans und wieder zurück
Die Bedeutung von Kleidern im Reenactment

Regula Zwicky

Es ist Winter, Schnee liegt auf der Erde und Pater Johannes steht vor einer Burg. Er trägt eine schwarze Kutte aus robustem Wollstoff, die mit einem Strick um den Bauch zusammengehalten wird. Die drei Knoten im Strick stehen für die Gelübde des Paters: für Gehorsamkeit, Keuschheit und Armut. Er hält einen Stock in der Hand und hat eine Pilgertasche umgehängt, in der neben selbst gedruckten Ablassbriefen auch einige gestohlene Geldbörsen stecken. Die Jakobsmuschel an seiner Tasche bezeugt, dass er schon nach Santiago de Compostela gepilgert ist. Er hat sich eine Bibel unter den anderen Arm geklemmt, ein Bündel mit der Schlafunterlage liegt über seinen Schultern, ein Holzkreuz hängt an einer Schnur um den Hals, seine Füsse stecken in Lederschuhen. Unter der Kappe gucken seine Haare hervor; man ahnt, dass er sich keine Tonsur geschnitten hat. Öffnet der Pater seine Bibel, besteht kein Zweifel mehr: Er ist ein Schlitzohr. Eine Schnapsflasche offenbart sich, die ihn in kalten Winternächten wärmt.

Der Pater lebt von Almosen und vom bescheidenen Erlös gelegentlicher Reliquienverkäufe. Die Reliquien stellt er selber her; er wäscht abgenagte Hühnerknochen und setzt sie Wind und Wetter aus, bis sie weiss sind und nicht mehr stinken. Daneben bietet er einen blauen Stein, den er «versteinerte Träne Mariae» nennt, und kleine Holzsplitter vom Kreuze Christi feil. All diese Schätze bewahrt er in einer Schachtel auf.

Pater Johannes hält keine Messen, er ist hingegen fasziniert von der unglaublichen Kraft der Natur. Deshalb befasst er sich mit Heilkunde. Daneben unterhält er seine Mitmenschen gerne mit Räubergeschichten. Kommt es zu Streitereien, greift er zu seinem Stock oder gar zum Schwert und sorgt für Gerechtigkeit.

Hinter der Kulisse

Pater Johannes lebt nicht im Mittelalter sondern heute. Er wird von Hanspeter gespielt. Er und seine Frau Vreni, die im folgenden Kapitel als Filzerin vorgestellt wird, kleiden sich für ihr Hobby in spezielle Gewandung. Es handelt sich um das sogenannte Reenactment, die Neuinszenierung konkreter geschichtlicher Ereignisse, oder Living History, die Darstellung früherer Lebenswelten, die von der Antike bis in die jüngste Vergangenheit reichen können. Die Reenactment-Szene ist nicht nur in ihrem Interesse hinsichtlich der historischen Zeit, sondern auch in ihrer Organisation und ihren Aktivitäten verhältnismässig breit gefächert und vielfältig. Viele Reenactement-Gruppen in der Schweiz sind als kleinere und grössere Vereine organisiert. Zum Teil sind diese Vereine auch national und international vernetzt. Sie veranstalten historische Feste, Schaukämpfe, Märkte oder auch interne Vereinsanlässe. Die Quellen, die für die Rekonstruktion der Geschichte herbeigezogen werden, bewegen sich auf der Bandbreite von wissenschaftlicher Geschichtsschreibung über den historisierenden Film bis hin zur Fantasy-Literatur. Hanspeter und Vreni sind Mitglied in der Companie Basilisk. Diese Basler Söldnerkompanie versteht sich als Reenactment-Gruppe. Sie hat sich auf die Zeit des ausgehenden 15. Jahrhunderts spezialisiert. An öffentlichen Anlässen bietet die Truppe Schaukämpfe an oder gibt Einblick in das Lagerleben einer mittelalterlichen Söldnerkompanie. Zudem fördern sie ihr Vereinsleben mit gemeinsamen Besuchen in Museen und auf historischen Märkten oder lernen, wie man historische Kleidung und Ausrüstung anfertigt. Im vorliegenden Beitrag wird nach der Bedeutung von Kleidern in der Reenactment-Szene gefragt und diese anhand eines Beispiels aufgezeigt.

Das rostrote Winterkleid

Unweit von Pater Johannes hält sich auch die Filzerin auf. Sie steht in der Küche der Burg. Im Winter, sagt sie, sei dies der einzige warme Platz hinter den dicken Mauern. Sie steht hinter dem Herd – wie es sich für eine Frau im 15. Jahrhundert ihrer Meinung nach gehört – und kocht eine dicke Erbsensuppe. Vielleicht gibt es auch noch ein Stück vom Schwein dazu, das draussen über dem offenen Feuer schmort und dem ganzen Geschehen eine Atmosphäre wie im Film A KNIGHT'S TALE verleiht. Es ist ein Festessen, warm und nahrhaft in dieser kalten Jahreszeit – Pater Johannes' Schnaps allein genügt eben nicht.

Die Filzerin trägt ein rostrotes Winterkleid, und ein orangefarbenes, zum Kleid passendes Filzband ziert ihren Kopf. Das Band verweise auf ihre Tätigkeit als Filzerin, erklärt Vreni. Mit Filz, Stoff, Nadel und Faden könne sie gut umgehen. Sie nähe fast alle Kleider selber, sowohl ihre eigenen als auch die des Paters, des Soldaten, des befreundeten Münzmeisters Johannes Petrus von Laufenburg und der Enkelkinder. Die Schnittmuster erhalte sie von Freunden oder entnehme sie Büchern und Bildern. Sie achte sehr genau darauf, dass auch wirklich alles so sitze, wie es soll: der Stich bei den Knopflöchern, die Säume und die Art des Stoffes. Alles solle möglichst perfekt sein. Nur bei den versteckten Innennähten, da nehme sie schon mal die Nähmaschine zu Hilfe, damit es besser halte. Schliesslich sollen ja nicht nur der Mann, sondern auch die Hosen den Schwertkampf überleben.

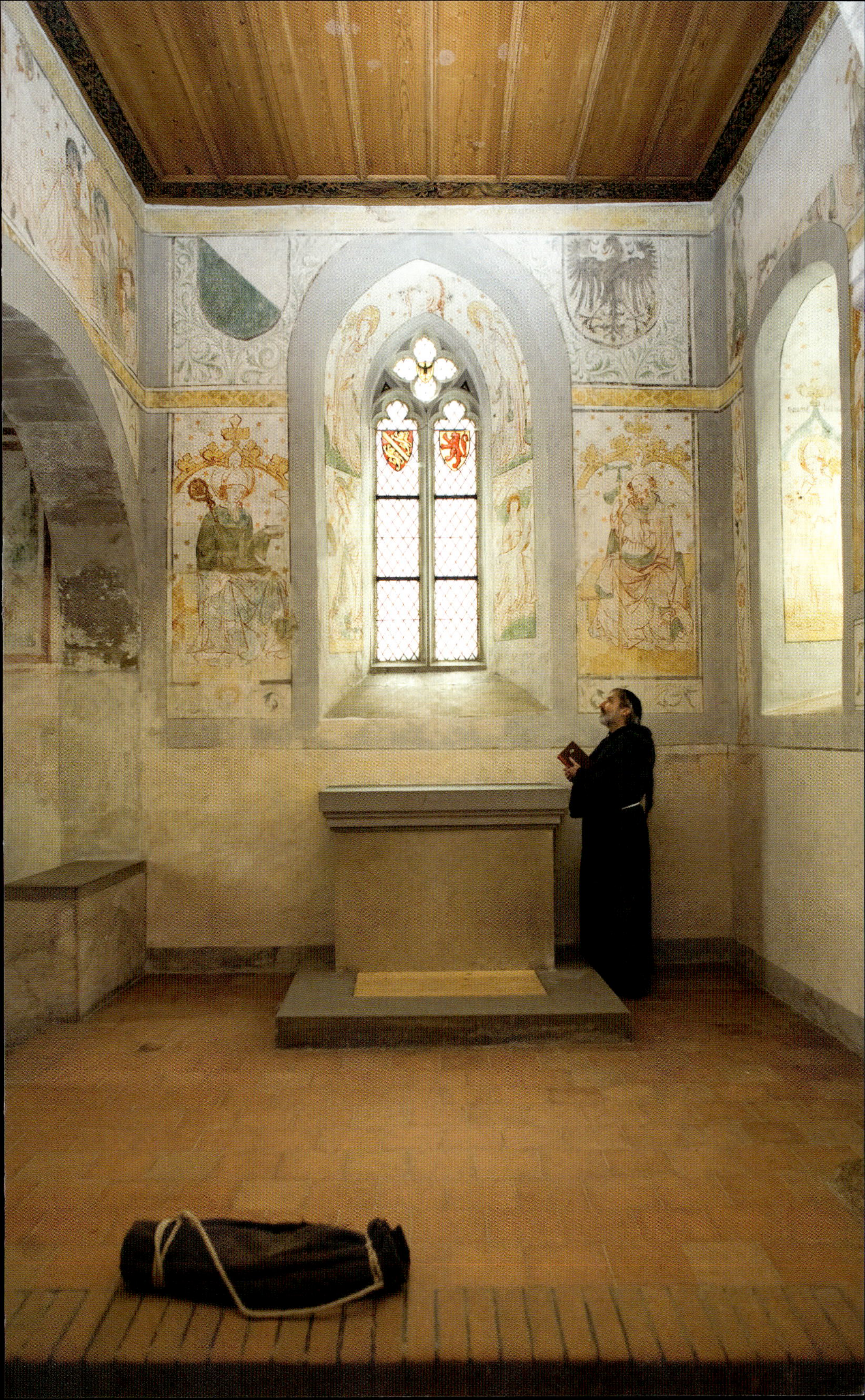

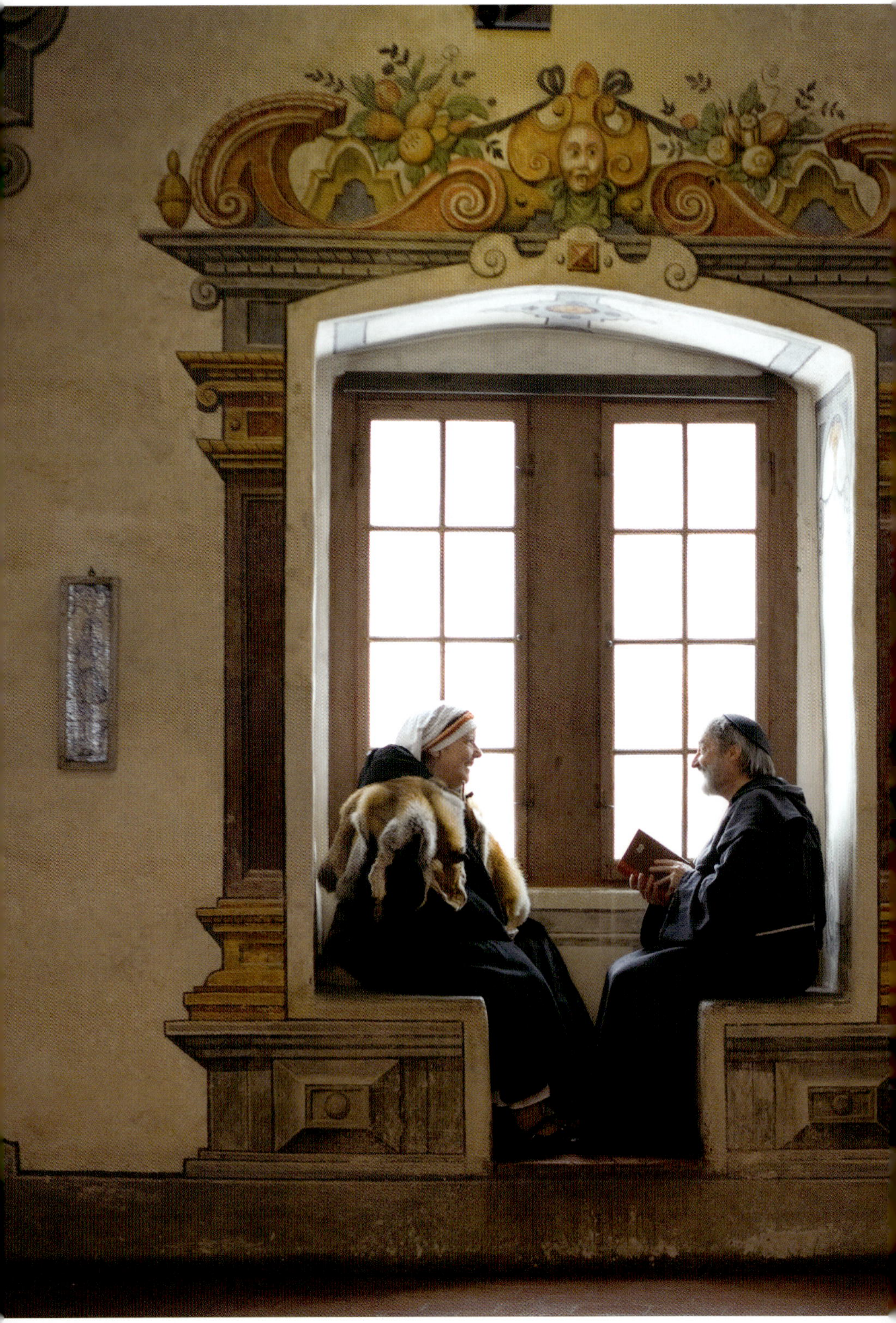

·1609·

Im mittelalterlichen Lager werden nämlich auch Schwertkämpfe ausgetragen und Eindringlinge verjagt. Doch es geht auch friedlich zu und her: Es wird Holz gesammelt und gehackt, Wasser von der einigen Kilometer entfernten Quelle herangeschleppt, und über dem Feuer werden Mahlzeiten gekocht. Geschlafen wird in robusten Zelten auf Stroh. Nur wenn es allzu kalt ist, kommt ein Schlafsack dazu. Der Mittelaltermarkt auf der Burg ist rege besucht; Besucher aus aller Welt bestaunen die Figuren, die sie sonst nur aus Büchern wie *Der Name der Rose* oder *Die Säulen der Erde* kennen. Sie fragen den Pater oder die Filzerin über ihr Leben und ihre Tätigkeiten aus, dabei erfahren sie etwas über Kleidung, Essen, Lauskämme, Zähneputzen, Schlaflager oder Handwerk. Manche Besucher kaufen Johannes' Reliquien, andere lernen, wie man Filzbänder selber herstellt, und Kindern werden alte Geschicklichkeits-, Faden- und Ballspiele gezeigt. Die Neugier an den mittelalterlichen Gestalten ist den Besuchern anzusehen, es wird fleissig fotografiert.

Jeans und Baumwollpullover

Es ist Neujahrsmorgen, Hanspeter und Vreni sind zu Hause in ihrem Heim, das sie mit ihrer Katze und einem Sammelsurium an Kleidern, alten Musikinstrumenten und allen erdenklichen historischen Gegenstände teilen. Hanspeter trägt eine schwarze Jeans, dazu ein T-Shirt mit einem Werbeaufdruck und einen bequemen Pullover aus Baumwolle. Eine feine Goldkette ziert seinen Hals. Vreni hat klassische Bluejeans, ein weisses T-Shirt und eine braun-grüne Strickjacke an. Beide tragen eine Brille. Ihr Outfit erinnert in keiner Weise an Pater Johannes und die Filzerin.

Hanspeter und Vreni erzählen von ihrem gemeinsamen Hobby, ihren Aktivitäten im Reenactment: Mit Hilfe der Kleidung schlüpfen sie in die Rolle einer anderen Person, in andere Charaktere, andere Berufe und andere Zeiten. Seit Jahren befassen sie sich in ihrer Freizeit mit unterschiedlichen Geschichtsepochen wie zum Beispiel dem Mittelalter und lassen alte Zeiten wieder aufleben. Stunden- ja tagelang recherchieren sie in Geschichtsbüchern, in Museen, in Klosterarchiven und im Internet. Sie entnehmen die Ideen für ihr Spiel historischen Romanen, Filmen und Gemälden.

Bei der Herstellung der mittelalterlichen Kleider legen Hanspeter und Vreni viel Wert auf eine sorgfältige Stoffauswahl. Leinen oder gewalkter Wollstoff seien «authentisch», das heisst historisch korrekt. Die Knopflöcher müssen mit dem richtigen Stich genäht sein, denn Ösen gab es damals nicht. Auch die Accessoires sind nicht beliebig ausgewählt. Hanspeter und Vreni forschen nach, um herauszufinden, was ein Kleid «authentisch» macht. Die sogenannte «A-Diskussion», die Authentizität, ist für Hanspeter der springende Punkt. Bei seinen Ausführungen darüber klingt fast eine Spur Ehr-

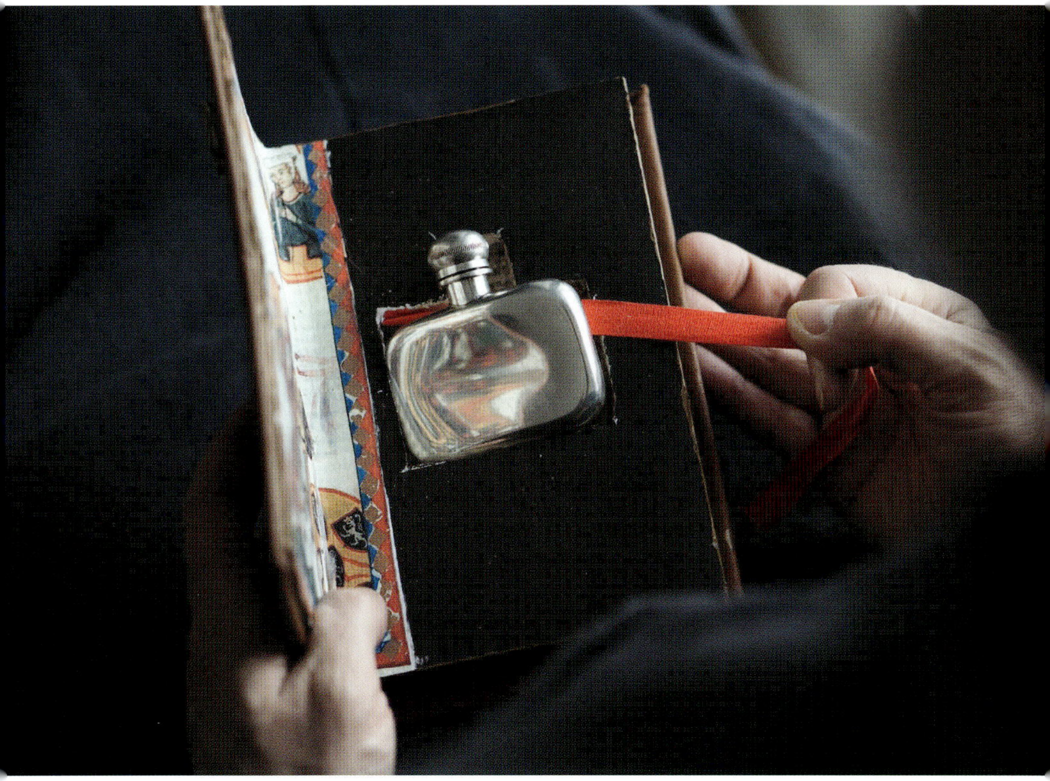

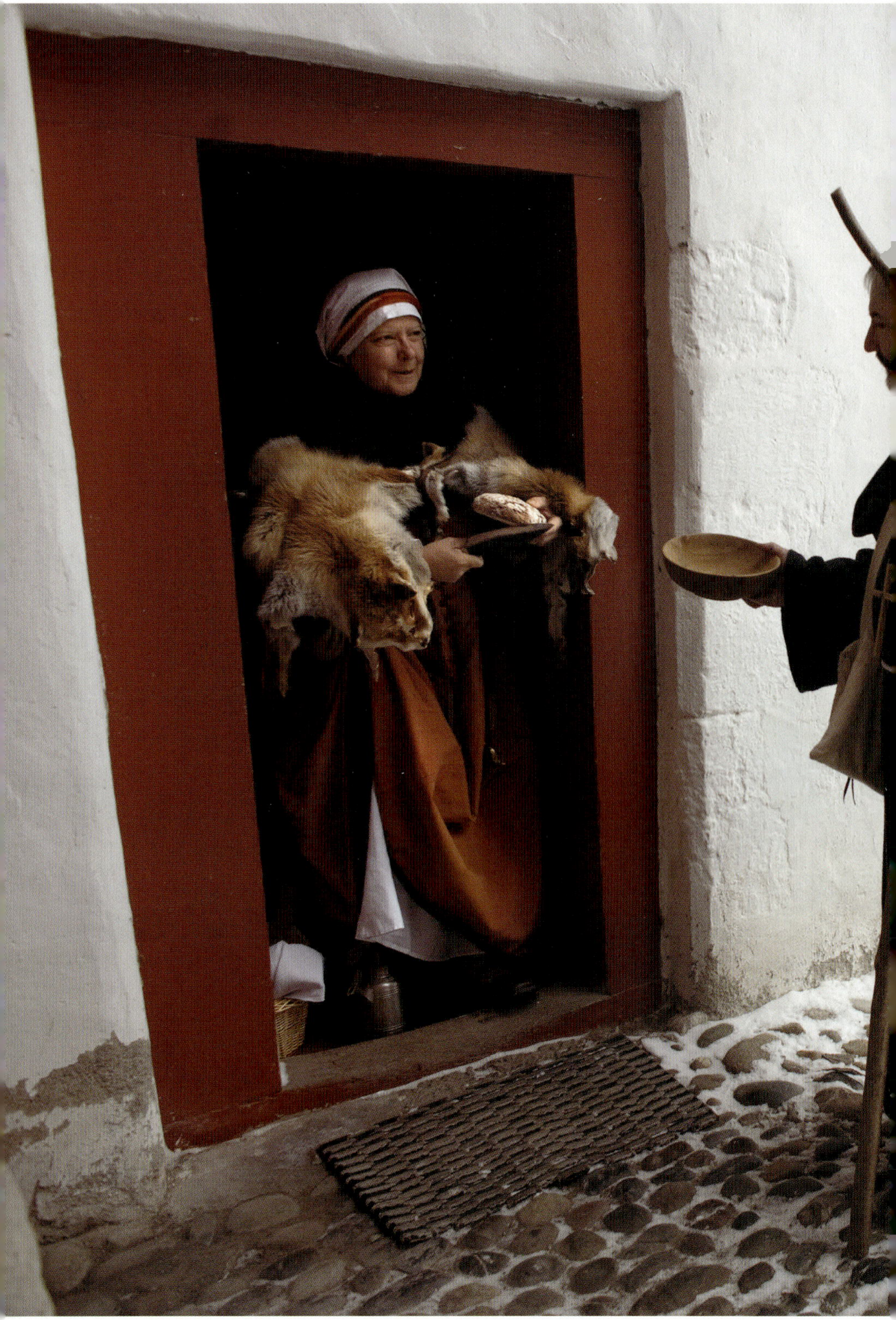

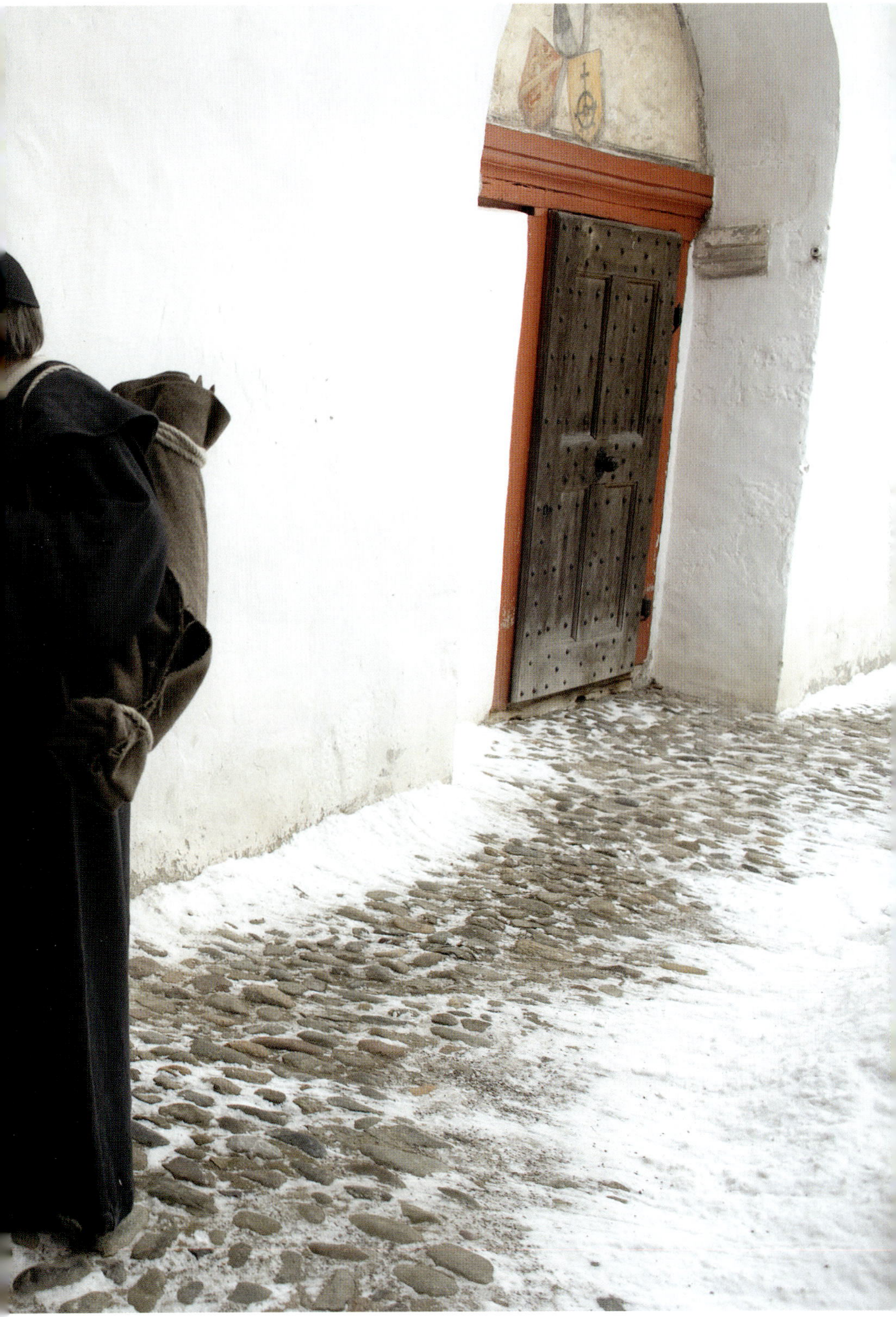

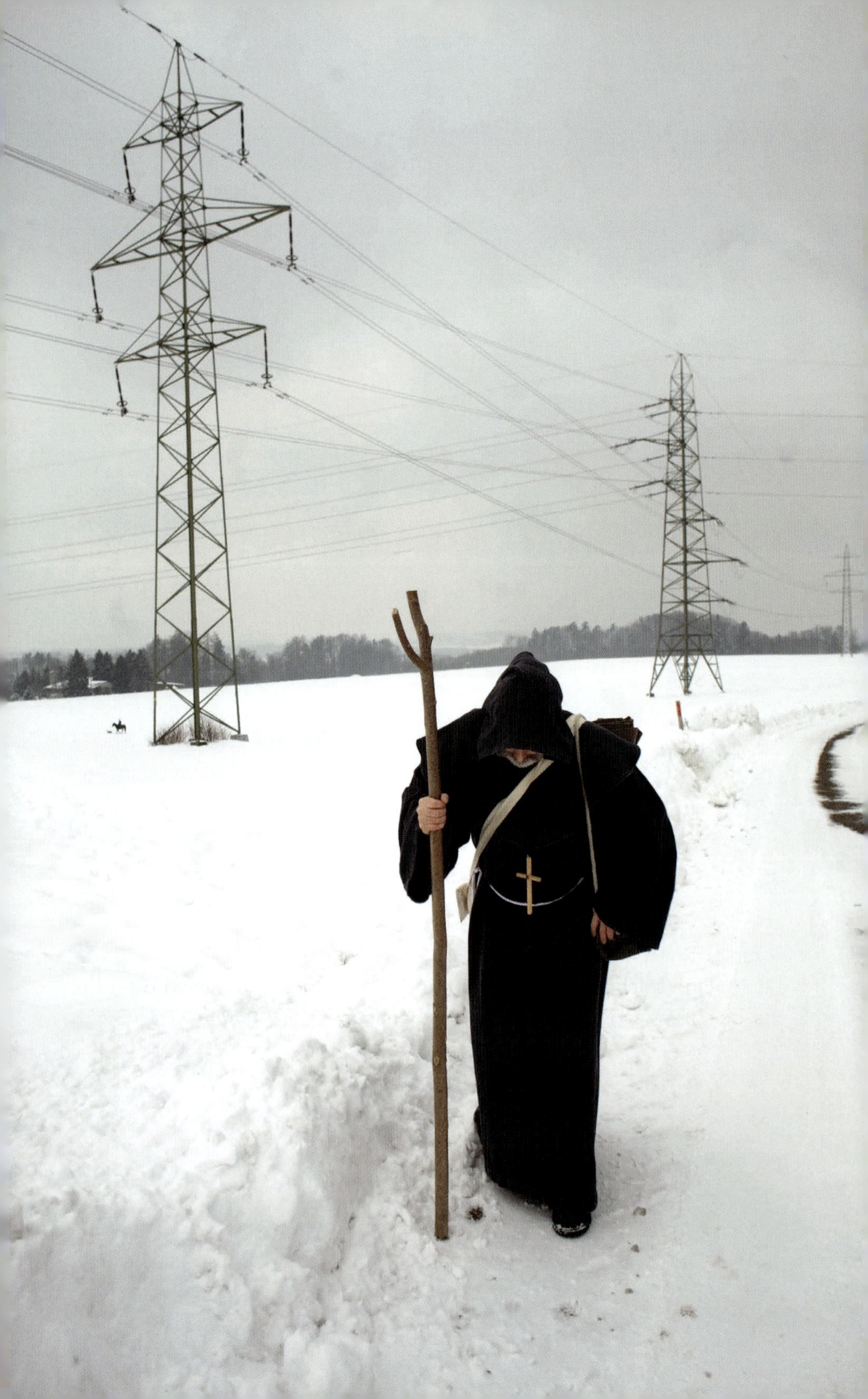

furcht mit. Obwohl er sich bewusst ist, dass man nicht alles wissen und rekonstruieren kann, soll doch diese Authentizität angestrebt werden.

Die besondere, möglichst «authentische» Kleidung formt die Rolle der dargestellten Person, wie folgende Geschichte, die Hanspeter und Vreni erlebt haben, deutlich macht: Vor einiger Zeit haben die beiden, als Pater Johannes und Filzerin, einen Offizier kennengelernt, einen rechthaberischen Kerl, der alle herumkommandierte. Kaum hatte er aber seine Uniform abgelegt und war in seine Rolle im 21. Jahrhundert zurückgekehrt, wurde er plötzlich zu einem ganz sympathischen, tollen Freund. In Offizierskleidung hingegen war und blieb er der Kommandierende. Diese Erfahrung zeigt, dass die Kleidung das Spielen der Rolle unterstützt: Kleidet man sich in ein anderes Gewand, wandelt sich die Figur, ihre Rolle genauso wie ihr Charakter.

Das Spiel mit Kleidung

Wichtig sind für Hanspeter und Vreni nicht nur das Herstellen der Kleider und die Nachforschungen über historische Ereignisse und Figuren, sondern auch das schauspielerische Ausleben der historischen Rollen. Dabei steht die Interaktion mit anderen Menschen im Zentrum. Gespielt wird mit einem Publikum oder mit den Mitgliedern derselben Reenactment-Gruppe.

Das Spiel funktioniert nach einem gewissen Muster und anhand bestimmter Regeln. Authentizität, das Nachforschen über die Geschichte sowie Kompromisse zwischen Spiel und Alltag, zwischen Mittelalter und Gegenwart, die man doch eingeht – beispielsweise beim Zähneputzen, bei der Zubereitung und den Zutaten des Essens –, regeln den Spielablauf. Diese Regeln können sich je nach Reenactment-Gruppe anders gestalten.

Das Spielen der Rollen wird zu einer Auszeit, einer Zeit ausserhalb des gewöhnlichen Lebens. Es wird eine zweite, eine historisch nachempfundene Welt neben der Alltagswelt geschaffen. Das Spiel wird zu einem Heraustreten aus der gewöhnlichen Rolle und zu einem Intermezzo im täglichen Leben. Eine solche Auszeit kann mehrere Tage dauern und wird oft als eines der wichtigsten Elemente von Reenactment verstanden. Die Grenze von Spiel und Alltag wird mit dem Einkleiden respektive Auskleiden markiert. Kaum zieht Hanspeter seine schwarze Kutte an, wird er zum Pater im 15. Jahrhundert mit all den Tätigkeiten, Eigenschaften und dem Lebenswandel, die er damit verbindet. So kann mit der Kleidung der Spagat zwischen Alltag und Spiel, und – wie bei Hanspeter und dem Pater Johannes – zwischen profaner und geistlicher Rolle geschaffen werden.

Wenn Pater Johannes seine schwarze Mönchkutte ablegt und in die Jeans steigt, überschreitet er die Grenze von Spiel und Alltag und wird wieder Hanspeter.

Im Reenactment wird eine besondere, geheimnisvolle Welt geschaffen. Durch Nachforschungen fällt Licht auf eine vergangene Zeit, die dennoch immer eine Rekonstruktion ist und somit im Dunkeln verborgen bleibt. Dadurch ist sie offen für eigene Interpretationen. Mit besonderer, von den Spielenden als authentisch betrachteter Kleidung wird dieser Welt Ausdruck verliehen.

Film
A Knight's Tale (Brian Helgeland: USA 2001).

Literatur
Eco, Umberto, *Der Name der Rose*, München 2004.
Follet, Ken, *Die Säulen der Erde*, Bergisch Gladbach 1990.
Goffman, Erving, *Wir alle spielen Theater. Die Selbstdarstellung im Alltag*, München 2008.

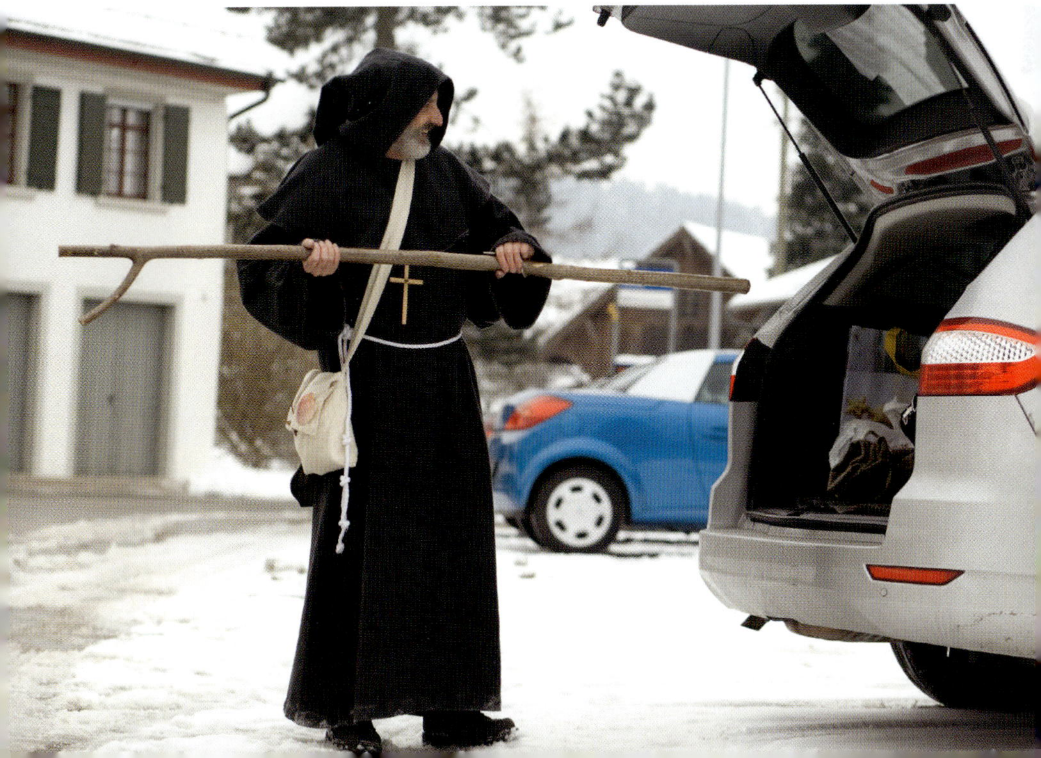

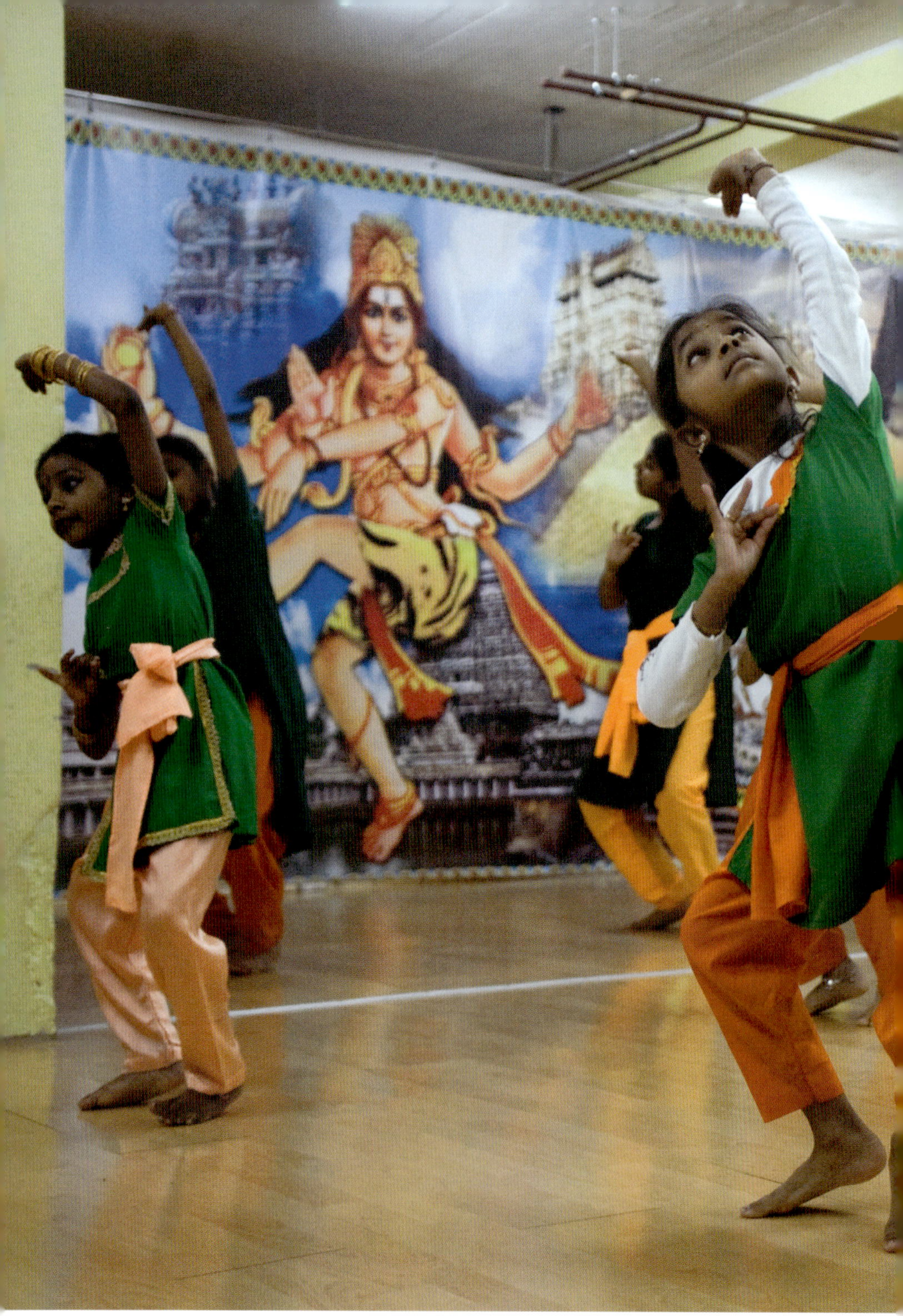

Spielende

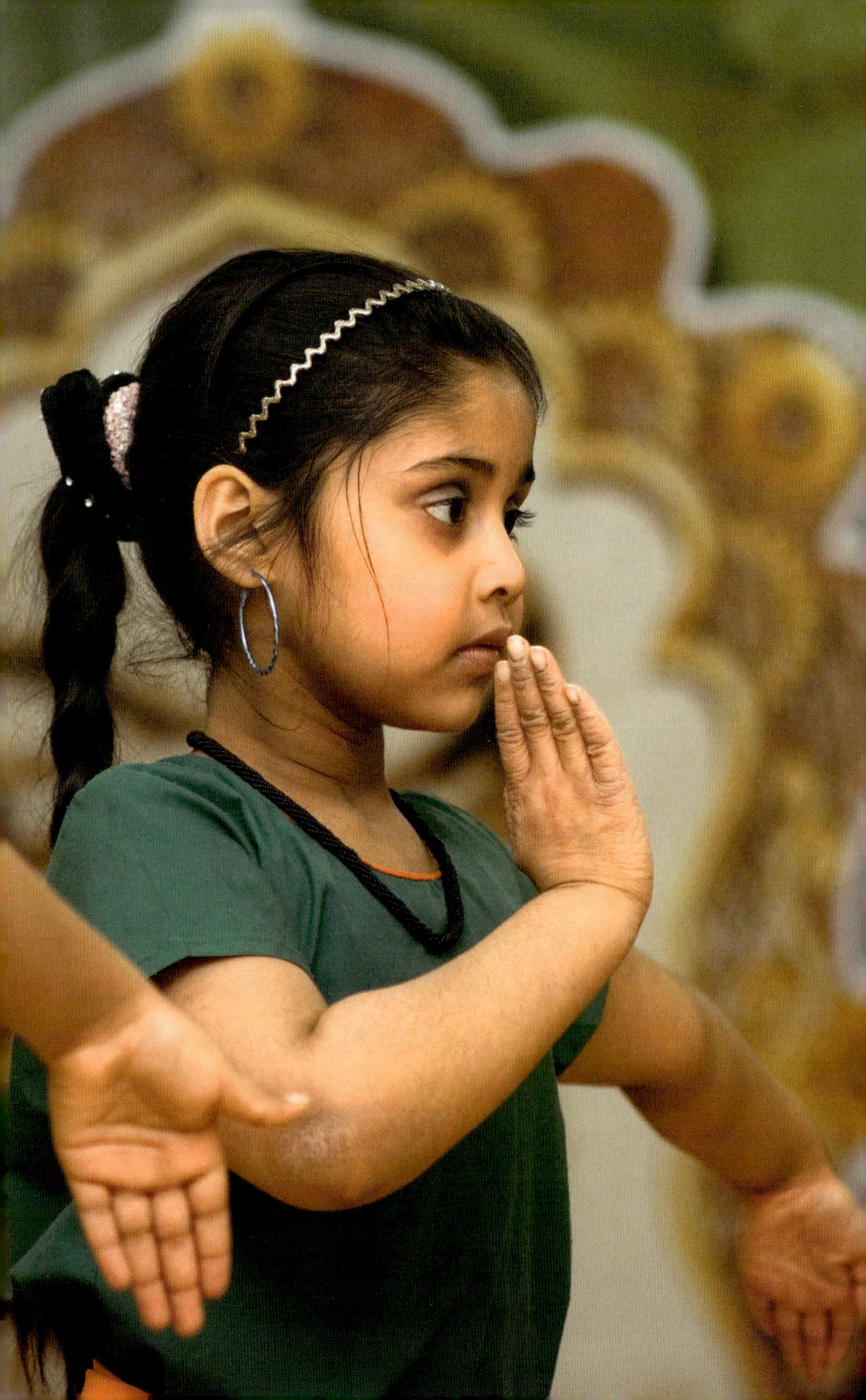

«Also mein Lieblingsgott hat auch diesen Tanz gemacht»
Göttliches Spiel – Tanzen für Parvati

Rebekka Wild

Im Bharata Natyam, einer klassischen indischen Tanzform aus Tamil Nadu, sind Spiel und Religion miteinander verknüpft. Der Tanz wird in Zürich von jungen Exiltamilinnen erlernt und gepflegt. Ein Besuch vor Ort öffnet den Blick auf eine hierzulande wenig bekannte Seite Zürichs: jene der hindu-tamilischen Tänze mit kosmologischem Hintergrund.

Bei vielen jüngeren Tamilinnen und Tamilen, die als zweite Generation in der Region Zürich leben, scheint die traditionelle Einbettung in die tamilischen religiösen Praktiken verlorengegangen zu sein. Zugleich kann aber am Einzelfall beobachtet werden, dass sich die junge Generation vermehrt auf bestimmte hindu-tamilische Lehren, Feste und Praktiken stützt. Über bestimmte traditionelle Riten und Feste wird ein Gleichgewicht in der heterogenen tamilischen Exilgemeinschaft angestrebt. Eine solche Form der kulturellen Selbstverständigung beschreibt Victor Turner folgendermassen: «Die Gruppe oder Gemeinschaft befindet sich bei derartigen Darstellungen nicht bloss im ‹Fluss›, d. h. erlebt Übereinstimmung, sondern versucht, aktiver, sich selbst zu verstehen, um sich selbst zu verändern.» Die Ausübung der Religion erfolgt nicht mehr nur in Form einer kulturellen Selbstverständlichkeit, sondern scheint im Rahmen individueller Identitätsfindung Ausdruck der Suche nach einer tamilischen Herkunft zu sein. Dient das Interesse an dieser Religion aus dem indischen Kontext möglicherweise sogar der Abgrenzung zur Mehrheitsgesellschaft?

Vor diesem Hintergrund bemühe ich mich um eine differenzierte Beschreibung und reflektierte Interpretation dieser Tanzkultur, die in starkem Mass in einer als umfassend verstandenen Religion wurzelt. Die zentrale Fragestellung ist, was denn hinter dem Turner'schen «aktiver, sich selbst verstehen, um sich selbst zu verändern» steckt. Geht es um die Frage der kulturellen Abgrenzung oder die der Einfindung in die Mehrheitsgesellschaft, geht es unter der Hand um ein politisches Programm oder einfach um eine bestimmte Facette der Orientierung in der Adoleszenz, und hilft das Spiel für dieses Selbstverständnis? Durch den Krieg in Sri Lanka ist ein kultureller und sozialer Wandel ausgelöst worden, aus dem es kein Zurück mehr zu dem gibt, was vorher war. Anstatt von Dichotomien wie Befreiung versus Unterdrückung, dominante gesellschaftliche Gruppe versus Minderheit, Kastendenken versus Klassenzugehörigkeit, transkontinental organisierte Eheschliessung versus Liebesheirat auszugehen, sollen Überlagerungen und

Verbindungen dieser polaren Bewertungen beschrieben werden. Und aus diesem Grunde ist es für mich wichtig, die jungen Exiltamilinnen selbst zu Wort kommen zu lassen. Besondere Aufmerksamkeit möchte ich der Fülle von Beziehungen zwischen Spiel und Religion in der lebendigen Tradition zukommen lassen sowie der Frage, wie sich jüngere Exiltamilinnen in Zürich zur Tanzpraxis des Bharata Natyam stellen und welche Bedeutung sie in ihrem Leben hat. In der teilnehmenden Beobachtung vermischen sich unmittelbares Betrachten des Phänomens und dialogische Anthropologie, indem ich gemeinsam mit zwei jungen Tamilinnen deren kulturspezifische Auffassung von Tanz in Form eines fortlaufenden Gesprächs aufzeichne.

Tanzwelt

Die elfjährige Jeevetha Jeevathasan sagt: «Also bei uns gibt es ganz viele Arten von Tanz, und ich kann schnell erkennen, was für ein Tanz es ist.» Dieses Tanzrepertoire, das in den traditionellen tamilischen Gebieten Sri Lankas von Spezialistinnen einer einheitlichen Abstammungsgruppe gepflegt wurde, wird in der modernen Tanzschule Thirukkoneshwarar Nadanalayam in Zürich an so viele Schülerinnen weitergegeben, wie es Interessierte gibt. Die moderne Kunstform entwickelte sich aus indigenen Tänzen und hält sich eng an den Sanskrittext *Natyashastra* und an das tamilische Epos *Cilappatikaram*. Die Gesangssprache in der Zürcher Tanzschule ist Sanskrit. Die tänzerischen Bewegungen werden über die verschiedenen Bewegungspartien in gegenseitige Bewegungsbeziehungen gebracht. «Ja, man kann auch sagen: Tanz repräsentiert Religion», sagt Sinthujah Yoganathan, eine achtzehnjährige Tänzerin.

Man betritt das Gebäude durch die Tür an der Schmalseite des Hauses und befindet sich nun im Warte- und Abholraum. Von hier aus ist der grössere Tanzsaal nicht einsehbar, da zwei Wände dazwischen stehen. Diese beiden Wände haben ganz rechts bzw. ganz links einen offenen Durchgang, so dass man den Tanzsaal gleichsam im Zickzack durch diesen von den Querwänden gebildeten Verbindungsgang betritt. Eine Skulptur, die Shivas Gattin in ihrer gütigen und freundlichen Erscheinung als Parvati darstellt, steht in der Entrance-Lobby. Die Wände des Unterrichtsraumes sind mit nebeneinander gesetzten, bunten und gedruckten Bildern verkleidet. Auf ihnen ist eine der ältesten Tempelanlagen Tamil Nadus, der Nataraja-Tempel in Chidambaram, zu sehen. Shiva in Gestalt des Nataraja verkörpert den tanzenden Gott. Das Wandbild an der geschlossenen Schmalseite des Unterrichtsraumes zeigt neben einem Ufertempel das Götterbild eines Paars, an dem alles in faszinierender Weise vollendet scheint. Es wird Umasahita genannt, was so viel heisst wie Shiva gemeinsam mit Parvati. Parvati gilt auch als Shakti, «Energie», des Gottes Shiva. Man kann in Parvati Shivas Schöpfer- wie Zerstörerkraft begegnen. In der hindu-tamilischen Religion ist Shiva undenkbar ohne Parvati. Sie ist die Hälfte seiner Existenz. Shiva wird oft in der Form des

Ardhanarishvara dargestellt: seine rechte Hälfte ist männlich, die linke Hälfte hingegen weiblich. Aus dem Zusammendenken von Einheit und Vielfalt resultiert jene spielerische Phantasie und die choreographische Präzision, die in den Tänzen zu finden ist.

Das Interview findet im Unterrichtsraum der Tanzschule vor der herrlichen Uferlandschaft statt. «Es macht mir viel Spass», sagt Jeevetha, «also mein Lieblingsgott hat auch diesen Tanz gemacht.» Und sie beendet diesen Satz mit: «Mein Lieblingsgott, also Shiva.» Die Mutter der jungen Tänzerin beobachtet das Gespräch mit grossem Interesse. Jeevetha erzählt mir gerade, dass sie die Tänze zu Hause üben muss, und fügt an: «Ja, aber manchmal lass ich's aus.» Da sagt die Tanzlehrerin, Mathivathanie Sutharan, die sehr anerkannt ist, es brauche eine von den Grösseren, die beim Einzelinterview helfe. Die Mutter fordert die Tochter auf, jemanden herbeizurufen. Ohne ein weiteres Wort erhebt sich die Elfjährige und bahnt sich einen Weg durch die tanzenden Mädchen. Sie kommt mit Sinthujah zurück. Diese hat ihre tänzerische Ausbildung bei der gleichen Lehrerin erhalten und hilft nun bei der Vermittlung der Tänze mit. Sinthujah lässt sich bei uns nieder. Sie trägt einen Sari aus gold-braun gestreifter Baumwolle.

Im Unterricht übernimmt die Lehrerin die wichtige und schwierige Aufgabe, die Tanzenden mit dem einstimmigen Gesang zu begleiten. Bei der rhythmischen Begleitung im Sington sitzt sie auf einem Sessel und schlägt den Rhythmus mit einem Holzstock auf ein Holzbrett. Der Unterricht dauert für jede Altersgruppe eine Stunde. «Es kommen eigentlich recht viele zum Tanzen, aber es ist ja nicht nur Tanzen, es ist ja noch Musik von unserer Kultur her», sagt Sinthujah.

Aus ihrer Sicht sind die meisten jungen Tamilinnen der schweizerischen Kultur angepasst. Sinthujah erklärt, warum man die Kinder privat hierher schickt: «Man will ja nicht, dass Kinder unsere Kultur vergessen, man will ja, dass sie einen Teil von uns noch haben.»

Steps und darstellendes Spiel

Sinthujah erzählt, dass die kleinen, im Tanzen meist noch unerfahrenen Mädchen strukturiert zu lernen anfangen; mit Fusstanz (Steps) und Gesten mit einer Hand und solchen mit beiden Händen. Gesichtsausdrücke fehlen noch. Erst dann, wenn sie die Handstellungen beherrschen, fangen sie an, die Steps mit dem Gesichtsausdruck zu kombinieren. Man fängt an, Geschichten zu erzählen. «Welche Geschichten sind es?», frage ich. «Ja so ein wenig historisch, so ein wenig über Götter, eher ein wenig göttliche Geschichten, Krishna und so», sagt Sinthujah. Diese Aufeinanderfolge von Steps, Handhaltungen und Gesichtsausdruck beschreibt eindrücklich das Zusammenspiel der drei Bewegungspartien im hindu-tamilischen Tanz. Aber der Tanz ist nicht nur das. Es gibt zwar Tänze, die bloss aus einer Geschichte bestehen, es gibt aber auch längere Tänze, die zwischen den Erzählungen einen Teil

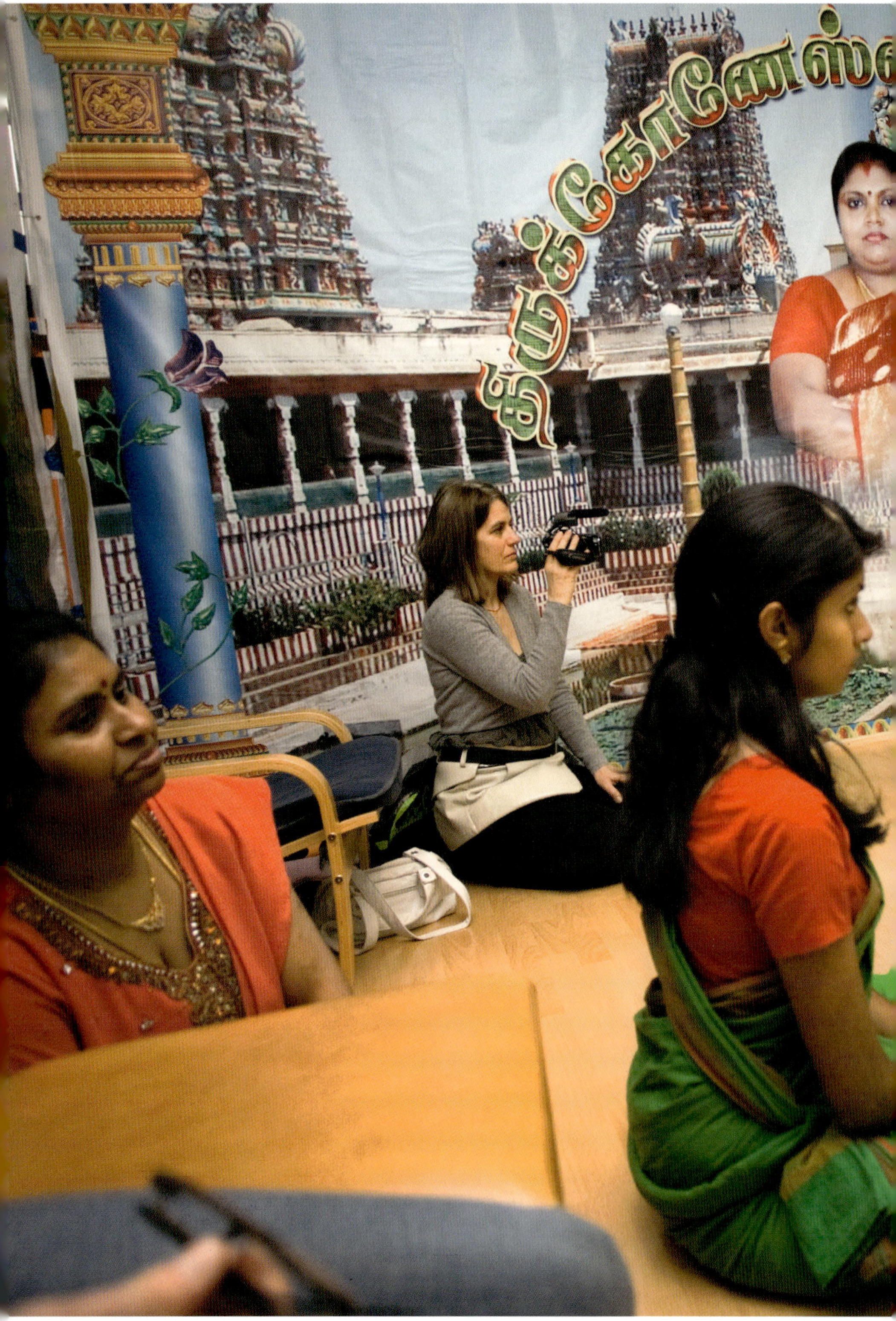

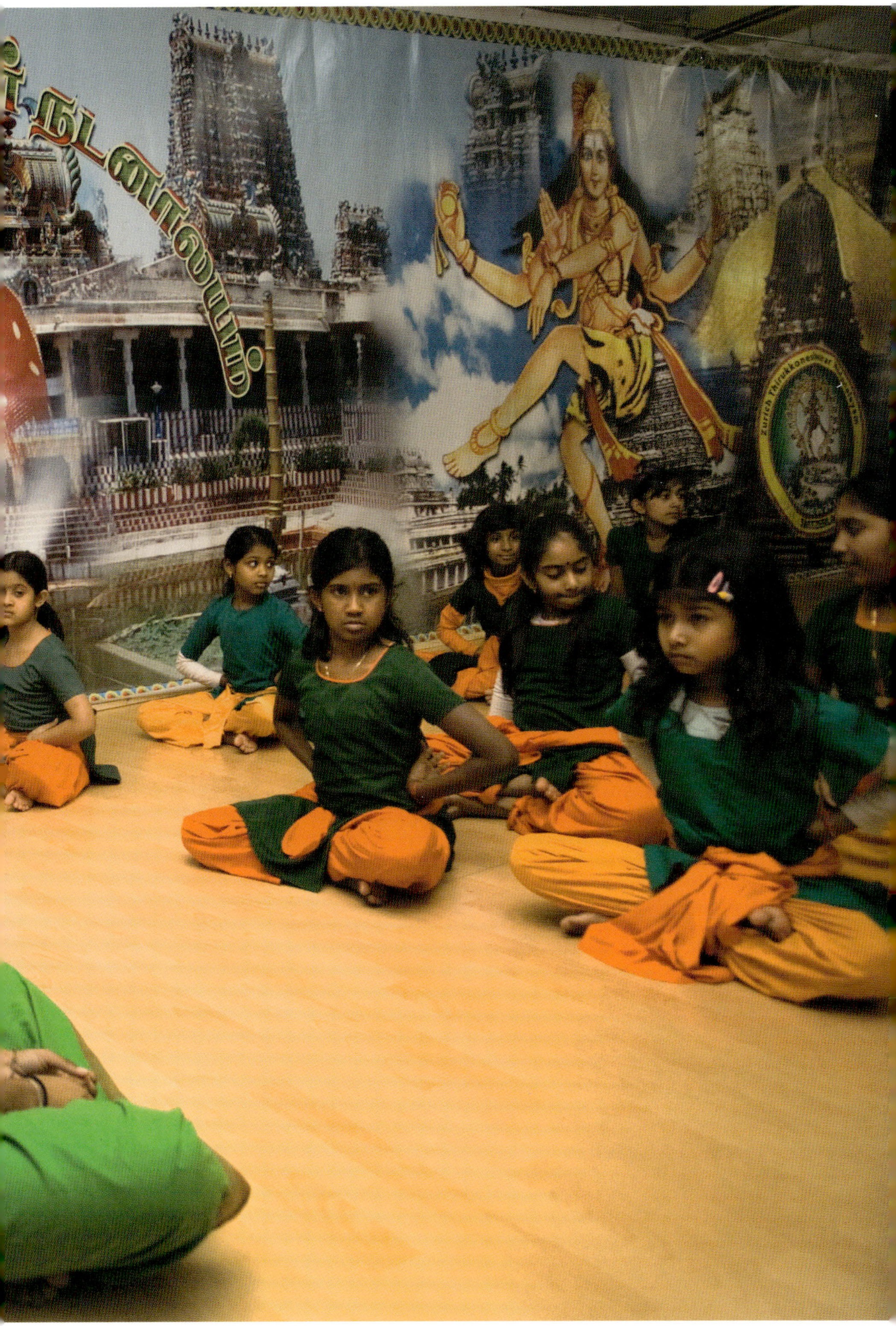
நடனாலயம்

Steps aufweisen. In dieser Art der tänzerischen Überlieferung ist die eine Geschichte die Fortsetzung einer anderen.

Dann erklärt mir Sinthujah, dass sie den Tanz bei den Kleineren als eine Form des darstellenden Spiels im weiteren Sinn ansieht. «Sie sind eben noch nicht so gut, dass es zu Rollenverteilungen kommt, sondern sie beschreiben als Drittpersonen, dass es Shiva, Parvati, Ganesh und den anderen Sohn gibt. Je älter man wird, desto mehr stellt man selber die Charaktere dar», sagt sie. Die Beschreibungen geben die Tanzenden vor allem mit dem Gesicht. Mit einem Seitenblick auf die Mädchen, die Grundbewegungskombinationen üben, bemerkt Sinthujah, dass man das bei ihnen noch nicht so richtig sehe. Sie erlernen erst die Grundlagen und beherrschen diese Gesichtsausdrücke noch nicht: «In zwei Jahren vielleicht fangen sie damit an.»

«Und wie ist das mit dem Tanz von Shiva?», will ich darauf von ihr wissen. Sie erzählt, der Tanz von Shiva sei eher etwas Schwieriges. Shiva hat mit seinem eigenen kosmischen Tanz mehr getanzt als andere Gottheiten. Seinen Tanz lernen die Grösseren. Die Kleineren beginnen, nachdem sie die Steps gelernt haben, mit dem Krishna-Tanz. Dieser Krishna-Tanz ist leichter verständlich: Krishna ist kleiner Bub, der mit seinen Eltern lebt und viel Unfug macht. Währenddessen werden Mädchen wie Jeevetha bald mit einer einfacheren Version des Shiva-Tanzes beginnen, erzählt Sinthujah weiter. Shiva wird beschrieben, wie er ist. «So richtig Shiva, wie er tanzt, man sagt Tandava, macht man recht viel. Aber man braucht mega Übung, und die hat man erst, wenn man in unserem Alter ist. Dann tut man theoretisch so, als würde man als Shiva tanzen. Wir stellen dar, wie er tanzen würde.» Ein wesentliches Spielelement, das «nur so tun als ob», offenbart sich hier. Doch im indigenen Kontext ist das Göttliche persönlich. Man kann ihm im Darshan begegnen, was man wörtlich mit «sehen und von Gott gesehen werden» übersetzen könnte.

Mich interessiert, welche Rolle Shivas Gattin Parvati im Tanz spielt. Es komme darauf an, welcher Tanz vorgeführt werde. «Wenn wir so Geschichten haben, werden Rollen verteilt, zum Beispiel, wenn ich Shiva bin, ist die andere Parvati. Es gibt Geschichten, die davon erzählen, wie Shiva und Parvati zusammen gelebt haben, und auch solche über ihre Kinder, über Ganesh und Karttikeya. Wenn eine Familien-Story erzählt wird, dann ist Parvati die Mutter, die eigentlich für Shiva als eine richtige Frau da ist und für ihn alles macht.»

Wandelbare Tradition

Ich frage Sinthujah, ob der Stellenwert des Tanzes in der Migration derselbe sei wie im tamilischen Sri Lanka. «Ja, von der Wichtigkeit her schon», sagt sie, «aber wir haben leider nicht so viel Zeit.» In Sri Lanka nimmt man Tanz als Fach in der Schule. Hier organisiert man sich privat am Wochenende.

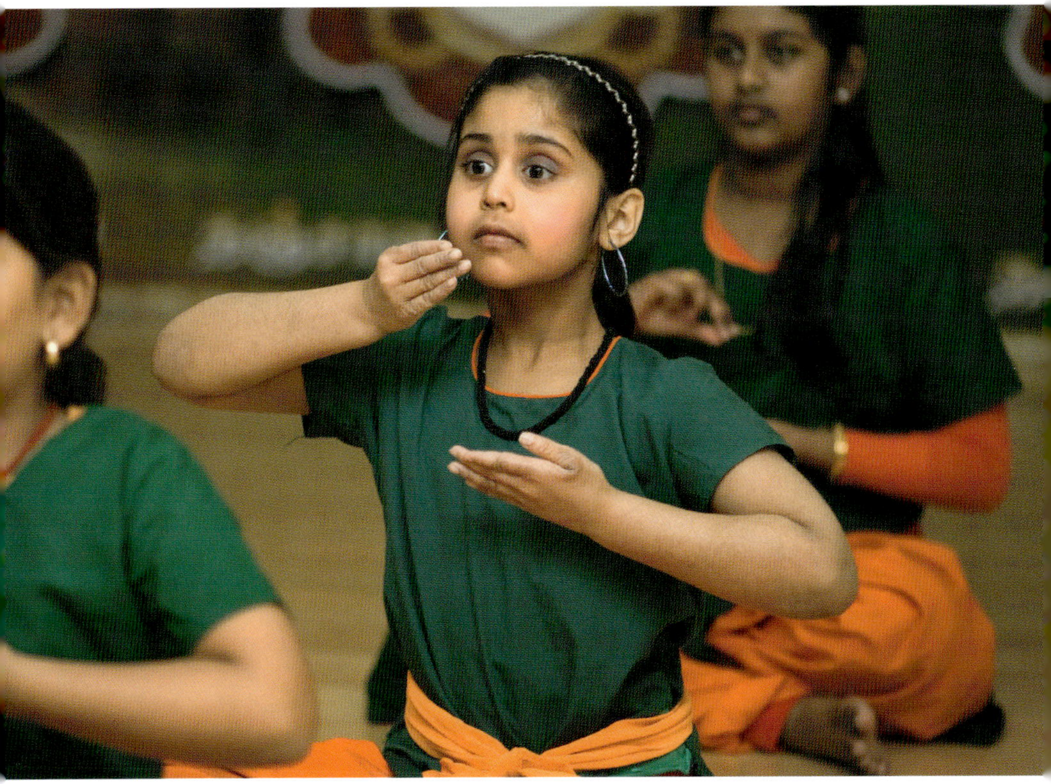

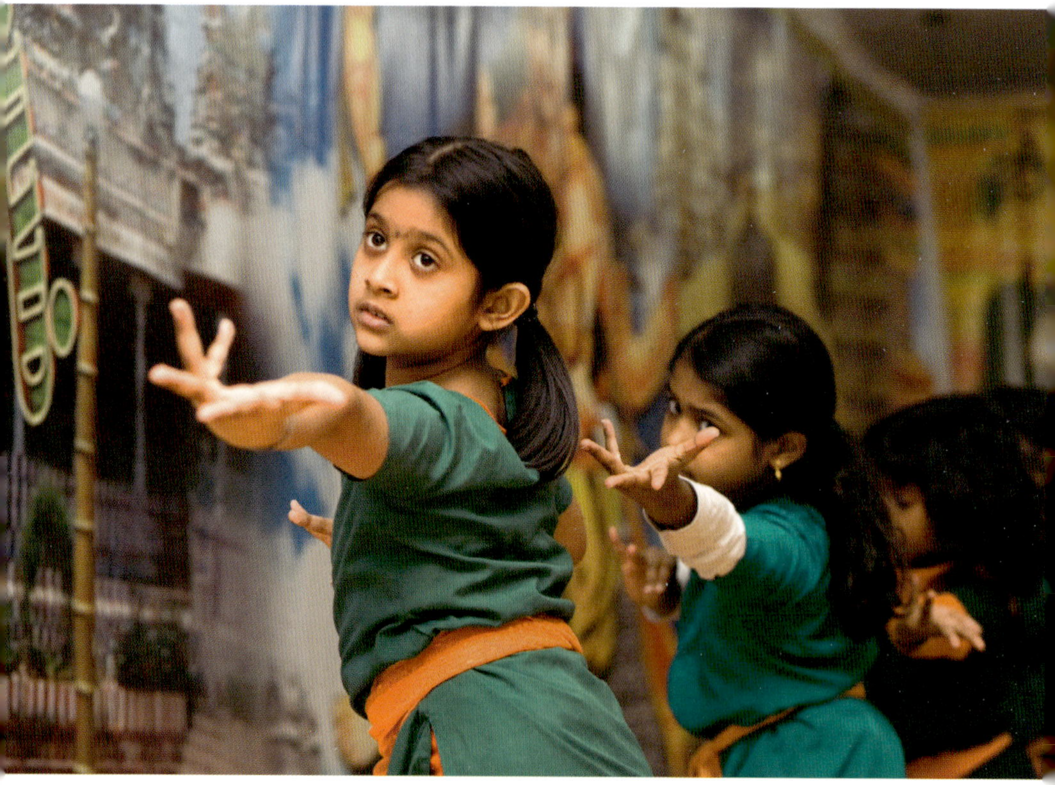

Daran, dass sich Tanz in einer modernen Gesellschaft weit schneller verbreitet als in einer traditionellen Gesellschaft, erinnert eine Stelle im Gespräch mit Sinthujah. Sie sagt über ihre Mutter, die in Sri Lanka aufwuchs: «Sie hat zum Beispiel auch nicht getanzt. Wer in Sri Lanka tanzen lernt, ist von der Familie her Tänzer wie zum Beispiel unsere Lehrerin, die von Tänzerinnen abstammt. Sie und ihre Schwester machen das weiter.» Mathivathanie Suthaharan, Hochschulabsolventin aus einer Familie mit Tanztradition, war früher Lehrerin am St. Mary's College in Trincomalee und hatte an der Universität Jaffna das Studium zum Diplom für Tanz abgeschlossen, bevor sie in die Schweiz kam und hier mit Thirukkoneshwarar Nadanalayam begann. Die Tradition und der Modus der Weitervermittlung, entnehme ich Sinthujahs Ausführungen, ist im tamilischen Sri Lanka etwas völlig anderes als hier. Dies erinnert an Turner, der hervorhebt, dass im modernen Kontext freiwillig hervorgebrachte künstlerische und religiöse Formen verwendet werden, «die gewöhnlich mit der Anerkennung individueller Autorenschaft verbunden sind und oft in subversiver Absicht gegenüber den vorherrschenden Strukturen entwickelt werden».

Dem Tanz kann hier zudem eine wesentliche Rolle bei der Darstellung und Verarbeitung von Konflikten zukommen. Sinthujah sitzt mit verschränkten Beinen vor mir auf der Matte und erzählt, dass Äusserungen in Tanzsprache zu Problemen in Sri Lanka oder zu verschiedenen praktischen Problemen im Zusammenhang mit dem Leben in der Schweiz wertvoll sein können. «Wir haben das auch schon gemacht, unsere Probleme in Sri Lanka auch zu tanzen, aber das ist nicht der grösste Teil. Das ist nur so an Veranstaltungen, die über solche Probleme gehen, wobei wir uns entsprechend vorbereiten. Mit den Göttern hat das aber gar nichts zu tun. So aber eigentlich zu 99,9 Prozent besteht Tanzen aus religiösen Hintergründen, aus Göttern und dem allem. Aber eben als Ausnahme, wenn es Unfälle gibt oder wegen unserer Bundesprobleme, dann beziehen wir Geschichten mit ein, wie's den Leuten dort und dort geht, und probieren, die Verhältnisse durchs Tanzen ein wenig zu erklären.» Nach ihrem Verständnis hat sich das Fach Tanz auch mit den realen Problemen der Tamilinnen und Tamilen im Schweizer Exil zu befassen: «Dass vielleicht die Kinder, die da aufgewachsen sind, wie ich zum Beispiel, wissen, wie es denen dort geht. Indem die Lehrerin uns Geschichten erzählt, und indem wir das selber auch einmal spielen, können wir wissen, wie es diesen Leuten geht.»

Sehen und von Gott gesehen werden

Man könnte mit der Analyse des Tanzes weiterfahren, der Spuren von Darshan – sehen und von Gott gesehen werden – in den tanzenden Mädchen hinterlässt. Darstellendes Spiel konstruiert die Welt hinter der sichtbaren Welt. Bei Turner heisst es am Beispiel des Theaters: «Doch obwohl das Theater sich vom ehemaligen Ritual gelöst hat, nimmt es für sich in Anspruch, ein Mittel der Kommunikation mit unsichtbaren Mächten und der letzten Wirklichkeit zu sein.» Der Tanz, den die Mädchen gerade üben, ist Jeevethas Lieblingstanz. Sie beschreibt ihn als den wichtigsten Tanz für den Test, sei es in der 1. Klasse oder an der Universität. Er heisst ta tei ta ha. «Und für wen ist der Tanz?», frage ich. «Also für Shiva, Gott Shiva.» «Wenn du ihn tanzt, wer bist du dann?» «Also es kommt drauf an bei einem Tanz», sagt sie und bezieht sich auf Tänze mit Repräsentationsfunktion, in welchen göttliche Familien beschrieben werden. «Vielleicht bin ich ein Gott. Einmal war ich schon ein Gott und einmal eine arme Frau.» Ich frage, ob sie sich selbst als Tänzerin betrachte. «Manchmal, bei einigen Aufführungen», sagt sie, «also bei Wettbewerben oder jedes Jahr, wenn wir ein Fest machen.»

Bei den jüngeren Exiltamilinnen zeichnen sich der gegenwärtig zu beobachtende Religionswandel und Prozesse der Individualisierung ab. Zugleich kann beobachtet werden, dass dem Band von Beziehungen zwischen Tanz, Musik, Spiel und Religion vermehrt eine wichtige Bedeutung zukommt. Die Hindu-Identität der zweiten Generation tamilischer Migrantinnen und Migranten befindet sich im Wandel. Tanz und Spiel fördern dieses Selbstverständnis. Junge Exiltamilinnen kopieren und lernen den südindischen Tanzstil, der im tamilischen Sri Lanka eine Entsprechung hat. Neue Quellen der religiösen und künstlerischen Inspiration treten im Exil hinzu. In der Schweiz praktizierende Tanzexpertinnen wie Mathivathanie Suthaharan schauen für die künstlerische Zusammenarbeit und Entwicklung nach Indien, dem geografisch benachbarten Zentrum hindu-tamilischer Religion.

Dennoch treten den Schülerinnen vielfältige Herausforderungen entgegen. Sie müssen fern vom tamilischen Sri Lanka ihren eigenen Platz innerhalb des reichen und formalisierten tänzerischen Erbes finden. Obwohl trainiert in traditionellem südindischem Tanz und gewohnt, sich an eine strikte Interpretation zu halten, wie sie die hindu-tamilische Religion vorschreibt, brechen sie spirituelle Formeln und tänzerische Normen, indem sie mit alternativen Tanzformen experimentieren und sakrale Symbole aus ihrem religiösen Kontext herauslösen, wenn dies in der Diaspora von Nutzen sein kann. «Ja, wir haben schon viel versucht», fügt Sinthujah hinzu.

Kleine Bilanz

Im Schweizer Exil gelingt es, die Tanzkonzepte des traditionellen und «semi-traditionellen» tamilischen Sri Lanka an die zweite Generation zu vermitteln und zugleich den kosmologischen Hintergrund und die soziale Organisation der Tänze einzubeziehen. Andererseits werden an Aufführungen aus spielerischer Sicht die Bedingungen dargestellt, die in Sri Lanka gewalttätige Konflikte zur Folge haben. Der Bharata Natyam als Tanz trägt nicht nur zur Verarbeitung der Erfahrungen von Gewaltverhältnissen bei, er vermag auch bei der Organisation des Widerstandes eine Rolle zu spielen oder zumindest das Selbstbewusstsein der Menschen im Exil zu artikulieren. Vor allem trägt er aber auch dazu bei, dass Lernprozesse in Richtung Frieden stattfinden. Die Möglichkeiten der Technologie, des Reisens und der persönlichen tänzerischen Freiheit, die den jungen Exiltamilinnen zugute gekommen sind, formen die individuellen Antworten auf das komplexe Zusammenspiel zwischen hindu-tamilischer Tradition, «Semi-Tradition» und Moderne in Tanz und Kultur. Aus dieser Verbindung von Nähe und Ferne schöpfen Exiltamilinnen ihre tänzerischen Energien.

Literatur
Belz, Johannes (Hg.), *Shiva Nataraja. Der kosmische Tänzer*, mit einem Beitrag von Saskia Kersenboom, Zürich 2008.
Huyler, Stephen P., *Meeting God. Elements of Hindu Devotion*, New Haven/London 1999.
Jussel, Anna-Miriam, *Vom Tempeltanz zum heutigen Bharatanatyam. Zur Geschichte des klassischen indischen Tanzes aus Tamil Nadu*, Wien 2009.
Lüthi, Damaris, *Soziale Beziehungen und Werte im Exil bewahren. Tamilische Flüchtlinge aus Sri Lanka im Raum Bern*, Arbeitsblatt 30 des Instituts für Ethnologie, Bern 2005.
Markus, Vera, *In der Heimat ihrer Kinder. Tamilen in der Schweiz*, Zürich 2005.
Turner, Victor, *Vom Ritual zum Theater. Vom Ernst des menschlichen Spiels* [1982], Frankfurt am Main/New York 2009.
Vogelsanger, Cornelia, *Indische Gottheiten. Ein Brevier zur Ausstellung «Götterwelten Indiens»*, Zürich 1987.

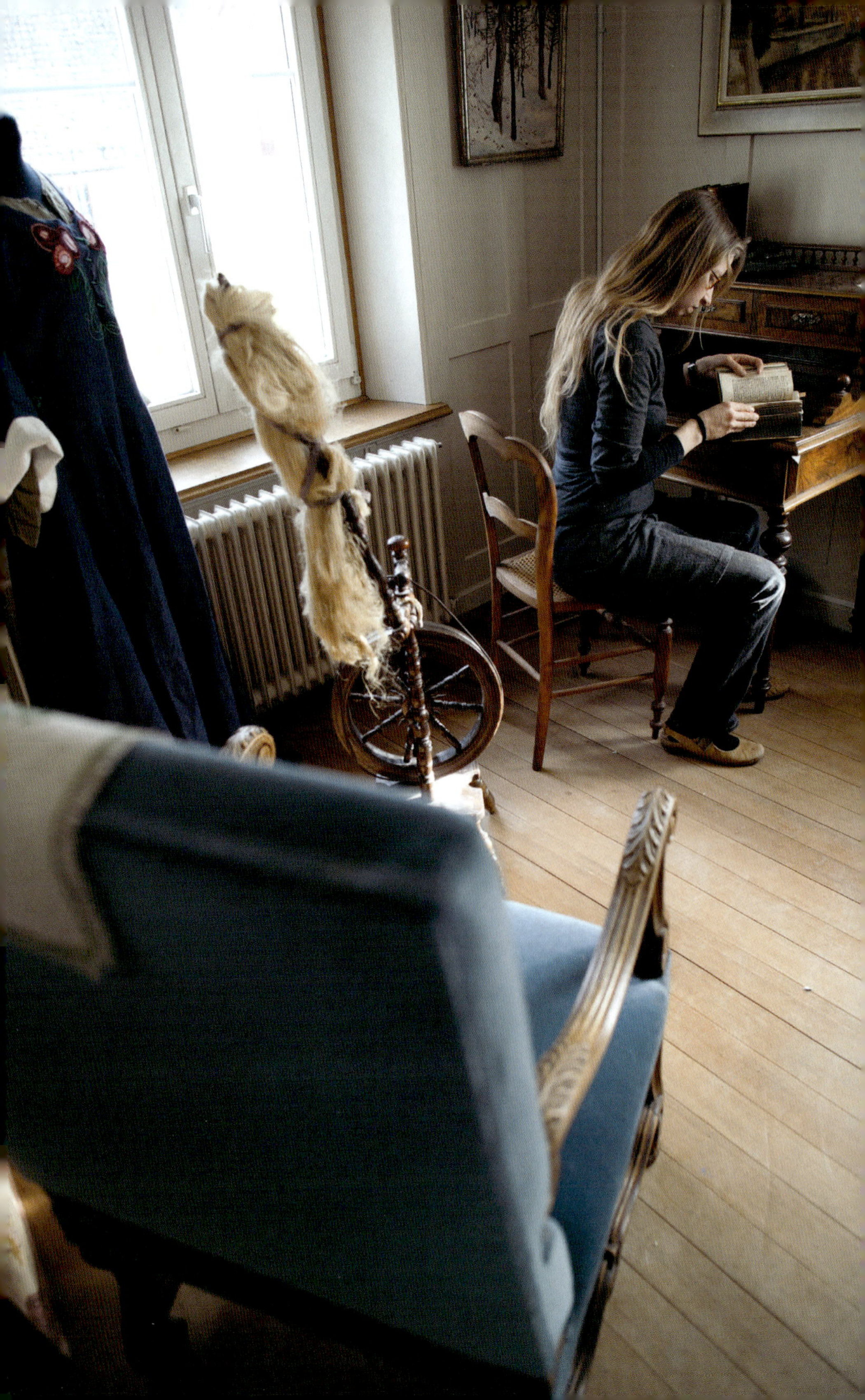

«Der Teufel wohnet bey den Spielern»
Ein protestantisches Beispiel für Spielverbot

Anna-Katharina Höpflinger

Wir schreiben das Jahr 1553 n. Chr., Willisau, Luzern: Drei Männer spielen Karten. Einer, Ulrich Schröter, verliert bei diesem Vergnügen viel Geld und flucht dabei «schröcklich». Als er wieder ein an sich gutes Blatt verspielt hat, wirft er mit gotteslästerlichen Worten seinen Dolch in den Himmel, der daraufhin verschwindet. Fünf nicht mehr auswaschbare Blutstropfen fallen aufs Spiel. Darauf erscheint der Teufel höchst persönlich und führt «diesen spielenden Flucher und fluchenden Spieler/ in grossem Ungestüm» mit Leib und Seele weg, wobei das Geschrei weit herum gehört wird. Auch die beiden anderen Spieler entgehen dem göttlichen Gericht nicht, «sondern der eine alsbald voller Läus worden/ welche ihme Löcher in den Leib gefressen/ dass er elendiglich gestorben; der andere aber seinen verdienten Lohn/ durch das Schwert der Obrigkeit empfangen.»

Es ist ein schönes, über 1100-seitiges, in Pergament gebundenes Buch, in dem diese Willisauer Episode zu lesen ist. Dieses Buch ist 1674 in Basel erschienen und trägt den vielversprechenden Titel *Magiologia. Christliche Warnung für dem Aberglauben und Zauberey*. Verfasst hat es der reformierte Pfarrer Bartholomäus Anhorn.

Ein Pfarrer im Kampf gegen das Glücksspiel

Bartholomäus Anhorn wurde 1616 im bündnerischen Fläsch als Sohn des reformierten Pfarrers Daniel Anhorn und der Verena Gansnerin in eine von Krisen erschütterte Zeit hineingeboren. Das beginnende 17. Jh. war durch wirtschaftliche Unsicherheiten, Machtstreben der europäischen Herrschaftshäuser und konfessionelle Konflikte geprägt. Hungersnöte, militärische Gewalt und Krankheiten waren allgegenwärtig. All dies kulminierte im Dreissigjährigen Krieg, der Europa zwischen 1618 und 1648 erschütterte. Der Einfluss dieser Kriegsereignisse auf Anhorns spätere Ansichten kann kaum überschätzt werden.

Anhorns Familie erfuhr die Schrecklichkeit des Krieges selbst: 1621 musste sie vor den in Graubünden einfallenden österreichischen Truppen nach Zürich fliehen. Diese Flucht ermöglichte dem jungen Bartholomäus jedoch eine gute Ausbildung in der Nähe seiner Familie. Zwischen dem neunten und dem vierzehnten Lebensjahr besuchte er in Zürich eine Lateinschule. Dort wurde er, wie er selbst in seinem 1665 erschienenen Buch *Christliche Betrachtung der vielfältigen sich dieser Zeit erzeigenden Zorn-Zeichen Got-*

tes schreibt, von den unterrichtenden Geistlichen vehement vor dem Wirken des Teufels gewarnt. 1632 nahm Anhorn in Basel das Theologiestudium auf und wurde 1634 zum Magister der Theologie promoviert. Noch im selben Jahr wurde er in die bündnerische Synode, das Parlament der reformierten Kirche Graubündens, aufgenommen. Er trat das Pfarramt in den Prättigauer Gemeinden Seewis und Grüsch an und heiratete seine erste Frau, Katharina Högger. Bereits in dieser nur ein Jahr dauernden Zeit im Prättigau interessierte er sich brennend für Teufelswerke, die er für das Schlechte in der Welt verantwortlich machte, und wetterte heftig gegen Fluchen, Schwören, Gotteslästern – und gegen das Spielen.

«Was die Karten heutigs Tags für gemahlte Figuren haben/ könnten ach läider! an vielen Orten/ drey oder vier-jährige Kinder besser sagen/ als das heilige Vatter unser betten», ereifert sich Anhorn in seiner *Magiologia* unter dem Titel «Von dem Spielen». Das Spielen ist für Anhorn ein suspektes menschliches Beschäftigungsfeld, eng mit Zauberei verbunden. Dabei verurteilt Anhorn jedoch nicht grundsätzlich jedes Spiel, sondern er unterscheidet zwischen drei Arten, dem Kinderspiel, dem sportlichen Spiel – zu dem er auch Fechten und andere Kampfkünste zählt – und dem sogenannten Losspiel. Die ersten beiden Spielkategorien sind «bey der Christlichen Religion nicht verbotten», solange sie zur Erholung nach schwerer körperlicher oder geistiger Arbeit dienen und massvoll, bescheiden und nicht zum Schaden anderer ausgeführt werden. Bei der dritten Kategorie, dem Losspiel, sieht dies anders aus. Zu den Losspielen zählt Anhorn vor allem Würfel- und Kartenspiele, die mit Geldeinsätzen verbunden sind. Heute würde man die Bezeichnung Glücksspiel vorziehen. Dabei verbindet Anhorn die Beschäftigung mit solchen Losspielen mit allen schlechten menschlichen Eigenschaften, die er kennt. Unter anderem führen Glücksspiele zu «Geiz und Geudigkeit [Verschwendung]/ Zank/ Zwietracht/ Fluchen/ Schweeren [Schwören]/ Gotteslästeren/ Neid/ Hass/ Widerwillen/ Betrug/ Diebstahl/ Ungerechtigkeit/ Verfortheilung».

Der Spieler im Dienst des Teufels

1635 wechselte Bartholomäus Anhorn vom Prättigau nach Hundwil in Appenzell Ausserrhoden, wo sein erster Sohn zur Welt kam. 1637 übernahm Anhorn interessanterweise das wegen der hohen Ansteckungsgefahr unbeliebte Amt des Pestpredigers in St. Gallen. Dieser Einsatz wurde mit dem Bürgerrecht der Stadt belohnt. 1638 wurde Anhorn dort Stadtpfarrer und blieb es bis zum Ende des Dreissigjährigen Kriegs. 1649, ein Jahr nach dem westfälischen Frieden, folgte der Pfarrer einem Ruf der vom Krieg schwer in Mitleidenschaft gezogenen reformierten Kirche der deutschen Kurpfalz nach Mosbach. Seine Aufgabe dort lag darin, die vom katholischen Bayern besetzte Kurpfalz wieder von der reformierten Konfession zu überzeugen. In Mosbach war Anhorn nicht nur als Pfarrer tätig, sondern ihm wurde auch die wichtige Aufgabe eines Inspektors übertragen. In diesem Amt nahm er die Aufsicht über die verschiedenen reformierten Bezirke wahr, besetzte neue Pfarrstellen und weihte Kirchen. Da der Kurfürst Karl Ludwig in seinem Territorium keine Hexenverfolgungen duldete, musste Anhorn das ihn brennend interessierende Hexenthema in dieser Zeit ruhen lassen. Erst später hat er sich wieder intensiv damit befasst.

Dass Losspiele die Menschen in die Arme des Teufels treiben, davon war Anhorn jedoch auch in der Kurpfalz bereits überzeugt, wie seine späteren Schriften zeigen. In der *Magiologia* erläutert er seine Auffassung der Verbindung von Teufel und Spiel anhand biblischer sowie antiker Quellen und mit unzähligen Erzählungen von entsprechenden Episoden. Es sind Geschichten, die uns heute bisweilen zum Schmunzeln bringen. Zum Beispiel schlug – so Anhorn – am 7. August 1546 in Mecheln, Braband, ein Blitz in einen Pulverturm und löste eine Explosion aus. Durch dieses göttliche Gericht wurden besonders viele Spieler bestraft. Einige davon sassen in einem Wirtshaus, wo sie vom Feuer überrascht wurden und den Tod fanden, während die Wirtin – sie war keine Spielerin – im Keller Bier holte. Als die Wirtin zurückkam, hätten «diese Spieler zwar alle noch an dem Tisch gesessen/ und die Charten in ihren Händen gehalten/ [seien] doch aber todt und schon erstarrt gewesen».

Unter anderem mit solchen Episoden will Anhorn beweisen, dass eine Verbindung zwischen Glücksspiel und Teufelsanbetung bestehe. Er beruft sich auf den Kirchenvater Cyprian und bezeichnet den Teufel als Erfinder des Karten- und Würfelspiels. Dabei klagt er den Spieler in direkter Rede folgendermassen an: «Du Spieler/ sagst zwar/ du seyest ein Christ/ aber du verschweerest dein Christentum würklich und in der That/ dann in deme du allzusehr den Lüsten der Welt nachhengest/ lassestu Christum fahren/ und dienest dem Sathan.» Er zögert auch nicht, den Spieler aufzufordern, mit dem Spiel aufzuhören: «Ey lieber! sey nicht mehr ein spieler/ sonder ein Christ.»

Diese direkte Anklage und Aufforderung zeigt, dass Anhorn einen fiktiven Spieler als Adressaten vor sich sieht. Dieser Spieler wird als Anhänger des Teufels charakterisiert und mit allen Eigenschaften, die in Anhorns Weltanschauung als schlecht gelten, ausgestattet. Der Spieler, so könnte man zusammenfassen, ist ein direkter Anhänger des Teufels und muss wegen seines Verhaltens bestraft werden.

1655 starb Anhorns Frau Katharina in Mosbach. Noch im selben Jahr heiratete Pfarrer Anhorn Justina Hiller, die Tochter des damaligen Bürgermeisters St. Gallens. 1659 kam neues Unglück über die Familie. Anhorn wurde inhaftiert und aus seiner Stelle in Mosbach entlassen. Er hatte es gewagt, dem Kurfürsten in einer pseudonym herausgegebenen Schrift unmoralischen Lebenswandel vorzuwerfen. Zu seinem Pech hatte ihn der Verleger verraten. Anhorn kehrte daraufhin in die Schweiz zurück und trat 1661 das

Foerster
Jugend-Lehre
Vilmar
Litteratur-Geschichte
BELLO GALLICO
Wilh. Oechsli
Geschichte der Schweiz
1. Band
Wilh. Oechsli
Geschichte der Schweiz
2. Band
HEINICHEN

Pfarramt in der bikonfessionell reformiert-katholischen Gemeinde Bischofszell im Thurgau an. Dieser Wechsel bedeutete einen Verlust an Prestige und Lohn. Kurz nach dem Umzug – und man könnte behaupten, ein Unglück komme selten allein – starb seine zweite Frau. Ein Jahr danach heiratete Anhorn Sabina Studer von St. Gallen. In Bischofszell engagierte sich Anhorn nicht nur in konfessionellen Streitigkeiten, sondern fand vor allem Zeit für ein reges literarisches Schaffen und endlich auch für den Kampf gegen die Hexerei, der ihm sehr wichtig war. Hier schuf er sein Hauptwerk, die *Magiologia*, von der schon mehrfach die Rede war. Mit ihr verteidigt er den Glauben an Zauberei und befürwortet die Bekämpfung von Hexen. Man liest darin über Wahrsagerei, Teufelserscheinungen, Verwandlungen von Menschen in Tiere, Alchemie und verschiedene Praktiken der Sexualität – sowie auch über die Heisseisen- und Wasserprobe zur Erkennung von Hexen oder angemessene Strafen für Zauberer.

Der Mensch zwischen Gut und Böse

Die *Magiologia* hatte in den 1690er Jahren einen nachweisbaren Einfluss auf die Verfolgung vermeintlicher Hexen. In einer Zeit, in der sich im Zuge der herannahenden Aufklärung kritische Stimmen gegen die Hexenverfolgungen mehrten, bereitete das Buch den Weg für die letzten Hexenprozesse der Stadt St. Gallen. Obwohl Anhorn der katholischen Konfession feindlich gegenüberstand und bei jeder sich ihm bietenden Gelegenheit gegen die Katholiken wetterte, sah er den Kampf gegen Zauberei als überkonfessionelle Aufgabe an. 1675 gab er deswegen unter dem Pseudonym Philo eine *Magiologia*-Ausgabe für Katholiken heraus, die mit einem Gutachten von zwei Franziskanern versehen war. Inhaltlich unterscheiden sich die reformierte und die katholische Ausgabe kaum voneinander.

Anhorn teilt in seinem Buch menschliche Tätigkeiten durchgängig in die Kategorien gut und schlecht ein. Im Spielkapitel macht er diese Trennung explizit am Losspiel fest. Am Spielverhalten zeige sich, wer ein richtiger Christ ist. Dass für Anhorn das Spielen ein Merkmal für die Unterscheidung von verschiedenen Menschengruppen war, zeigt sich auch im Kapitel «Von dem Spielen». Der Pfarrer beurteilt das Spielen nach den Spielern: Wenn es Kinder sind, die spielen, sieht die Sache für Anhorn anders aus, als wenn Erwachsene unter sich spielen. Zugleich ist aber nicht jedes Spiel unter Erwachsenen verwerflich, sondern die Erlaubnis hängt vom Nutzen des Vergnügens ab. Sobald Geld mit im Spiel ist, ist für Anhorn die Sache klar. Dennoch verurteilt er auch das Glücksspiel ohne Geldeinsatz. Obwohl ein Weiser damit umgehen könne, sei es besser, ganz die Finger davon zu lassen, da «das ungzäumte gemein Volk/ und die liederlichen dem Müssiggang ergebenen Hauss-Vätter/ keine Maass noch Bescheidenheit zuhalten wissen: sonder so bald sie geringste Erlaubnuss haben/ oder ihre Fürgesezten sehen spielen/ der Sach allzuviel thun/ die zeit unnützlich verderben ihre arbeit versaumen/ auf Gewinn hin spielen/ und also sich selber/ neben ihren armen Weib und Kindern/ in das Verderben stürzen». Anhorn geht von einer sozialen Hierarchie bezüglich des Spiels aus: Auch die, die mit Karten- und Würfelspiel umgehen können – und damit sind vor allem Gelehrte und Adlige gemeint –, sollen mit Blick auf das «Volk» darauf verzichten – Anhorn benutzt hier das Klischee der unbeherrschten Masse. Des Weiteren fällt auf, dass nach Anhorn nur Männer Glücksspiel betreiben, Frauen dagegen als Opfer der Spielsucht ihrer Angetrauten auftreten. Dies ist besonders interessant, da Anhorn ansonsten wenig Skrupel hegt, dem weiblichen Geschlecht Zauberei und Hexerei vorzuwerfen.

Ein besonderes Gewicht erhalten Anhorns Argumente gegen das Spiel, wenn man sich vergegenwärtigt, dass der Pfarrer mit seinen Ansichten nicht allein war, sondern das Spielen bis weit ins 20. Jh. als anrüchig gelten konnte. Man denke beispielsweise an das von 1874–1993 in der Schweizer Bundesverfassung enthaltene Spielbankenverbot. Untermauert wurde der Kampf gegen das Spielen auch im ausgehenden 19. Jh. und im 20. Jh. mit ähnlichen Argumenten, wie Anhorn sie einige Zeit zuvor formuliert hatte – wenn auch meist ohne den Aspekt der Zauberei, der Teufelsanbetung und der Strafe Gottes.

1678 wurde Anhorn aufgrund seiner feindlichen Haltung der katholischen Konfession gegenüber von Bischofszell nach Elsau versetzt, wo er beträchtlich weniger verdiente. 1700 starb er im hohen Alter von 84 Jahren. Er hinterliess nicht nur ein bemerkenswertes literarisches Werk, sondern auch eine grosse Familie und eine Menge Schulden. Reisen, die teure schriftstellerische Arbeit und der Unterhalt seiner Familie hatten seine finanziellen Möglichkeiten weit überschritten.

Die *Magiologia* wirkt heute so amüsant wie erschreckend. Amüsant wegen der zahlreichen magischen Episoden, die sie enthält, erschreckend im Blick auf die mit ihr verbundenen Hexenverfolgungen. Anhorn deutet die Wirren seiner Zeit, indem er dem Bösen die Gestalt des Teufels verleiht. Schuld an dessen Macht sind Menschen, die sich von diesem Bösen verführen lassen, unter anderem durch das Glückspiel.

Besonders interessant am Spielkapitel in der *Magiologia* ist, dass Anhorn sich um eine klare Definition von Spiel bemüht. Nicht jedes Spiel ist verboten, sondern er wettert vor allem gegen das Glücksspiel als einer Erfindung des Teufels, um die Menschen vom richtigen Weg abzubringen. Es ist bezeichnend, dass Anhorn das Spiel explizit mit Religion verbindet, indem er es dem Teufel zuschreibt. Zugleich bietet der Pfarrer jedoch auch eine religiöse Lösung gegen das Spielen an: «O/ wie viel besser/ ehrlicher und nutzlicher ists/ nach der Erinnerung des Alten Lehrers Augustini/ Gottes Wort und andere nutzliche Bücher/ auf dem Tisch haben/ und uns in denselbigen belustigen/ als mit Karten und Würflen/ die zeit vertreiben».

Ein guter Rat, denn schliesslich will niemand von den eigenen Läusen aufgefressen werden.

Literatur
Anhorn, Bartholomäus, *Magiologia. Christliche Warnung für dem Aberglauben und Zauberey*, Basel 1674.
Brunold-Bigler, Ursula, *Teufelsmacht und Hexenwerk. Lehrmeinungen und Exempel in der «Magiologia» des Bartholomäus Anhorn (1616–1700)*, Chur 2003.
Herkommer, Hubert/Schwinges, Rainer Christoph, *Engel, Teufel und Dämonen. Einblicke in die Geisterwelt des Mittelalters*, Basel 2006.
Rummel, Walter/Voltmer, *Rita, Hexen und Hexenverfolgungen in der Frühen Neuzeit*, Darmstadt 2008.
Schormann, Gerhard, *Der Dreissigjährige Krieg*, Göttingen 1985.

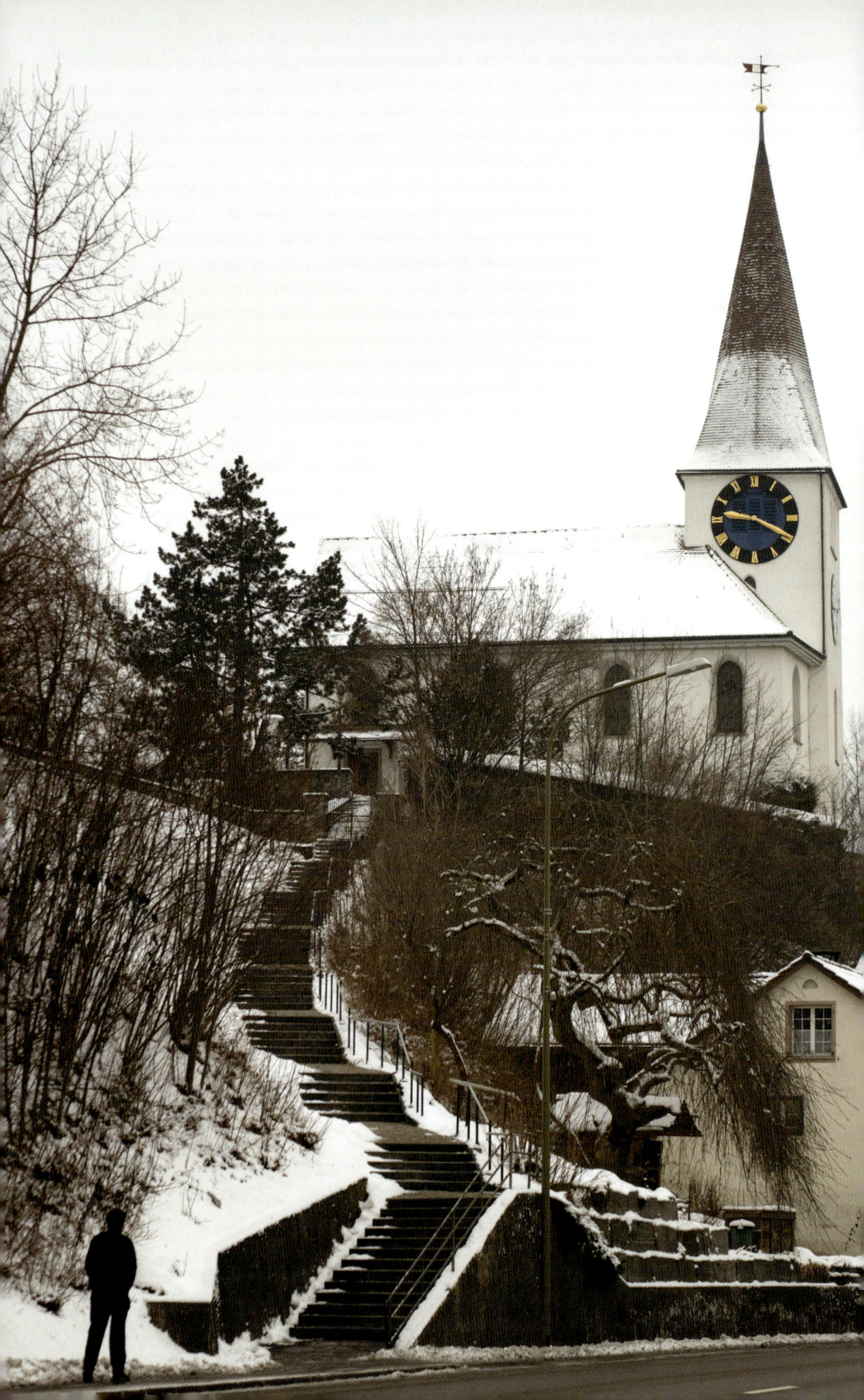

Orgelspiel
Heiliger Ernst oder unterhaltende Kunst?

Jürg Hauswirth

Das Christentum und nicht zuletzt die evangelisch-reformierte Konfession haben eine lange Tradition darin, gegenüber dem Spiel skeptisch bis ablehnend eingestellt zu sein. Gleichwohl gehört zum reformierten Gottesdienst ein zentrales Element mit spielerischem Charakter: die Orgel. Spiel einerseits und heiliger Ernst andererseits – ist Orgelmusik doppelgesichtig? Der holländische Kulturphilosoph Johan Huizinga schrieb 1938 dazu: «Aller echte Kult wird gesungen, getanzt und gespielt. Noch den heutigen Menschen vermag nichts so sehr mit dem Gefühl eines heiligen Spiels zu durchdringen als gerade die musikalische Empfindung. Im Geniessen der Musik fliessen das Empfinden des Schönen und das Gefühl der Weihe ineinander, und in dieser Verschmelzung geht der Gegensatz Spiel und Ernst unter.» Das Liturgiehandbuch der evangelisch-reformierten Landeskirchen pflichtet ihm bei: «Die Musik setzt eine seelische Tiefenschicht des Menschen in Bewegung, welche vom gesprochenen Wort nicht ohne weiteres erreicht wird.»

Ich möchte Genaueres darüber wissen und statte Ueli Burkhard, Organist einer reformierten Kirchgemeinde im Tösstal, einen Besuch ab. «Komm nur während der Probe herein», meint er bei der Verabredung, «die Tür ist offen».

Im Bahnhof

Ich erkunde den nicht besonders grossen Raum der Kirche von Wila, deren Baugeschichte bis ins 7. Jahrhundert zurückreicht. Aus Fenstermedaillons schauen die Porträts der Reformatoren Zwingli und Luther auf rötlich schimmernde Überreste mittelalterlicher Wandmalereien. In der Nische eines zugemauerten Fensters ist die heilige Verena zu erkennen. Der Marientod im Nordchor weist darauf hin, dass diese Kirche einst der Jungfrau Maria geweiht war. Die Kuhn-Orgel aus dem Jahr 1980 thront im Hintergrund auf der kleinen Empore. Es scheint, als müsse sie sich unter die rustikale Holzdiele ducken. Auf der Balustrade liegt ein knallroter Plastikkoffer für Bohrmaschinen. Ob auch Handwerker hier im Haus sind?

Die wunderbare Akustik lässt nicht Bohrgeräusche, sondern den um 1800 als Militärmarsch für die eidgenössischen Truppen komponierten *Marcia in C* von Johann Heinrich Egli zur Geltung kommen. Mitten im Stück macht ein Handy mit leiser Spieldosenmelodie auf sich aufmerksam. Ueli Burkhard unterbricht das Stück und lässt auf der Orgel den von Bahnhofdurchsagen bekannten Akkord erklingen. «Nein, ich bin nicht im Bahnhof ...», antwortet er mit schelmischem Vergnügen darüber, sein telefonisches Gegenüber verwirrt zu haben, und: «... ja, ich komme mittags nach Hause.» Seit halb acht probt er an diesem kalten Wintertag in der auf zwölf Grad geheizten Kirche. Die Pfarrerin hat ihm am Vorabend die Details des nächsten Gottesdienstes bekanntgegeben, und jetzt bereitet er sich minutiös auf seinen kommenden Dienst als Organist vor. «Das Amt ist für mich in erster Linie liturgischer Art», bekennt der studierte Ökonom und inzwischen pensionierte Journalist. «Als alter Lateiner», fügt er lachend und mit einer Prise Selbstironie hinzu: «Ich spiele hier *ad maiorem Dei gloriam*, zur Vermehrung von Gottes Ruhm.»

Musik allgemein und insbesondere religiöse Musik hat den Anspruch, mehr als eine Zusammenstellung von Symbolen zu sein. Wohl erkennen Sachkundige gewisse Akkorde, die etwa den Teufel oder Gott repräsentieren sollen. Beim einzelnen Zuhörer findet Musik jedoch direkten Zugang zu den Emotionen und wird – wenn überhaupt – erst nachträglich in einem intellektuellen Prozess verarbeitet. Ebenso wie religiöse Empfindungen erfährt jeder die durch Musik hervorgerufenen Emotionen in unterschiedlichem Mass als bedeutungsvoll – ob nun Gefühle wie Innigkeit, Freude, Abneigung oder Langeweile geweckt werden. Insofern ist Musik ein geeignetes Begleitmedium für die Verkündigung einer religiösen Botschaft, zumal einer mit missionarischem Anspruch. Bereits der Kirchenvater Origenes (3. Jahrhundert) fand, schöne Musik sei das beste Mittel zur Bekehrung der Heiden.

Will die intellektuelle Botschaft den Menschen erreichen, muss zunächst Musik in der Gefühlswelt eine Spur legen und eine Rinne einkerben, damit die Botschaft umso sicherer einfliessen kann. Im klassischen reformierten Gottesdienst geschieht dies weitgehend im Verborgenen, da die unmittelbare Äusserung von Emotionen gemäss der gesellschaftlichen Konvention als unangemessen gilt. Auf das Interesse der Teilnehmenden kann allenfalls über die Stärke des Gesangs geschlossen werden.

Im Gottesdienst

Nach dem letzten, im Innern der Kirche kaum mehr hörbare Glockenschlag des viertelstündigen Einläutens des Gottesdienstes setzt Ueli Burkhard mit dem Eingangsspiel ein. Er hat die Register bereits gezogen, so dass er ohne weitere Handgriffe mit der *Giacona in C-Dur* von Johann Pachelbel beginnen kann. In der auf einem Hügel über dem langgezogenen Tösstaler Strassendorf thronenden Kirche haben sich an diesem kalten Januarsonntag knapp dreissig Kirchgängerinnen und Kirchgänger versammelt. Das erste Stück nimmt sie mit hinein in die Liturgie, die trotz ihres betont nüchternen Charakters den Anspruch hat, auf eine Welt jenseits von Zeit und Raum zu verweisen. Die bisweilen tief dröhnenden, dann wieder in hohen Tönen jubilierenden Orgelklänge öffnen akustisch das Tor in diese Welt. Nicht nur die barocken Töne, sondern auch die Wandmalereien knüpfen auf geheimnisvolle Art ein Band zwischen den Anwesenden und ihren Vorfahren, von denen einige auf dem Friedhof direkt vor der Kirche liegen. Einen Bezug zur Tradition stellt später die Lesung eines biblischen Worts her, bevor die Predigt der Pfarrerin wieder in die Gegenwart zurückführt und andeutungsweise auch in die Zukunft weist.

Musik kann einem gesellschaftlichen Anlass zu einer spezifischen Identität verhelfen. Dies ist im Black-Metal-Konzert und im Opernhaus nicht anders als in der Kirche. Der reformierte Gottesdienst basiert stark auf Worten, erst die Musik unterscheidet ihn deutlich von anderen intellektuellen Veranstaltungen.

Während des Eingangsspiels nimmt die Pfarrerin mit den Kindern des 3. Klass-Unti in den vordersten Bankreihen Platz, während zwei Mädchen den Taufstein mit Blumen für die bevorstehende Kindertaufe schmücken. Ueli Burkhard beobachtet den Vorgang durch einen diskreten Rückspiegel. Sobald die Mädchen fertig sind und sich wieder gesetzt haben, lässt er einen Schlussakkord erklingen. Liturgische Stücke für Orgel können zur zeitlich flexiblen Begleitung von gottesdienstlichen Handlungen nach Bedarf beendet werden. Die kreative Leistung liegt ebenso beim Interpreten wie beim Komponisten. «Das Abendmahl kann je nach Teilnehmerzahl unterschiedlich lang dauern. Ich möchte die ganze Handlung musikalisch begleiten, sie aber nach ihrem Abschluss mit meinem Spiel auch nicht künstlich in die Länge ziehen», erklärt Burkhard.

Schon im antiken Griechenland diente die Orgel als Begleitinstrument für politische und religiöse Rituale. Die byzantinische Kirche behielt die Tradition bei und vermittelte sie im Frühmittelalter auch ins Abendland. Die zwinglianische Reformation verbannte die «Königin der Instrumente» für fast vierhundert Jahre aus den zürcherischen Kirchen. Der 1598 per Dekret wieder eingeführte Gesang blieb bis weit ins 19. Jahrhundert stets unbegleitet. Auch wenn heutigen Reformierten die Orgel als etwas schon seit jeher Dagewesenes erscheint – vor erst 150 Jahren war sie eine höchst umstrittene Innovation.

In der Probe

Jeder der fünf Teile des Gottesdienstes enthält ein zu seiner Funktion passendes Lied. Zum Amt des Organisten gehört die Begleitung des Gemeindegesangs. «Im Auftakt gebe ich den Leuten gleich den Tarif durch», erklärt mir Ueli Burkhard schmunzelnd und spielt zur Illustration einige kräftige Akkorde. So gibt er das Tempo sowie die Tonlage vor und zeigt den Teilnehmenden nach wenigen Takten an: «Jetzt seid ihr dran!»

Für den Organisten ist die aufwendige Vorbereitung ein wichtiger Bestandteil des Amtes; sie gibt ihm Gelegenheit, die ausgewählten Stücke einzuüben und die passende Registratur zu wählen. Diese stets neu zusammenzustellen, ist die künstlerische Leistung des Musikers. Der in der Orgel

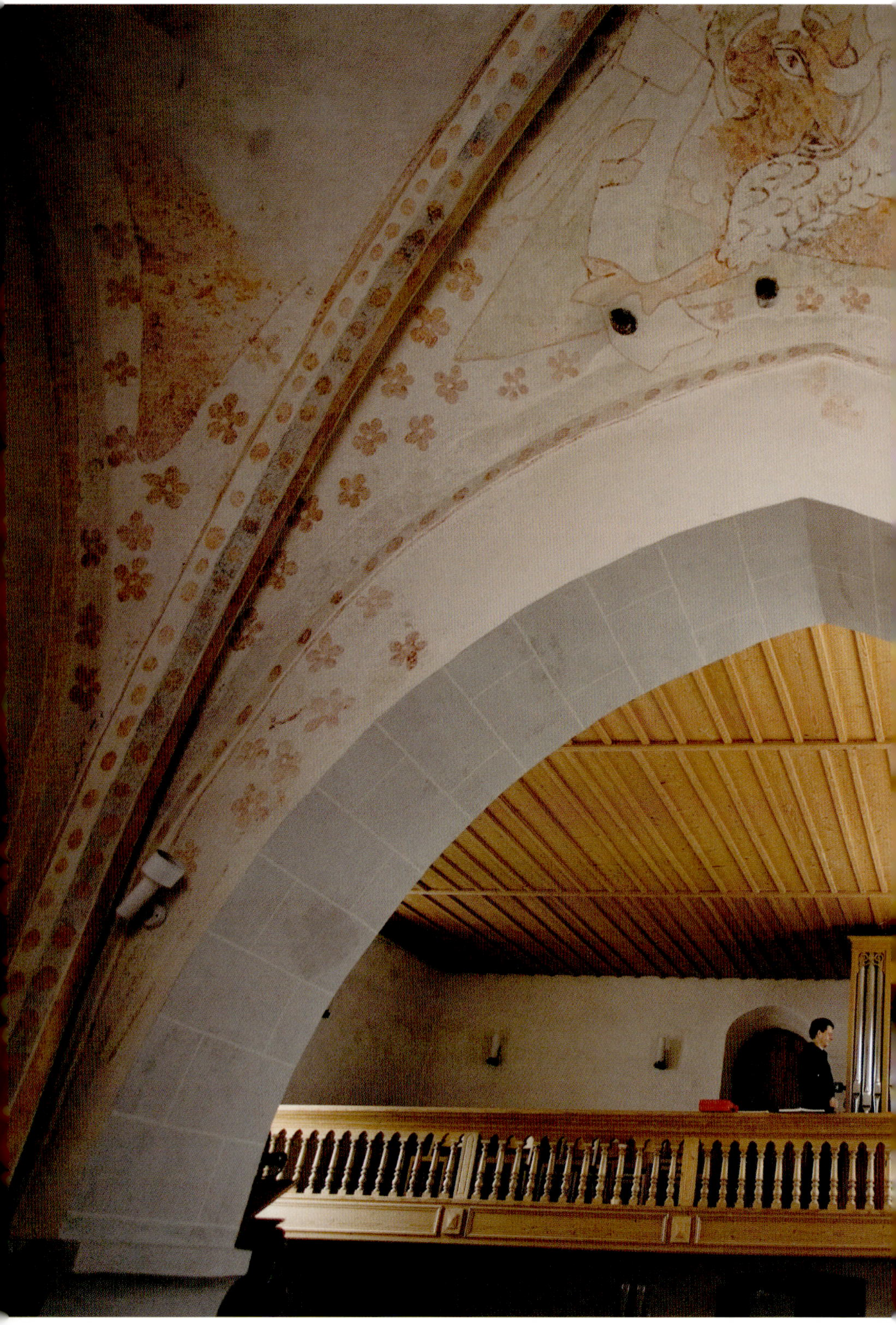

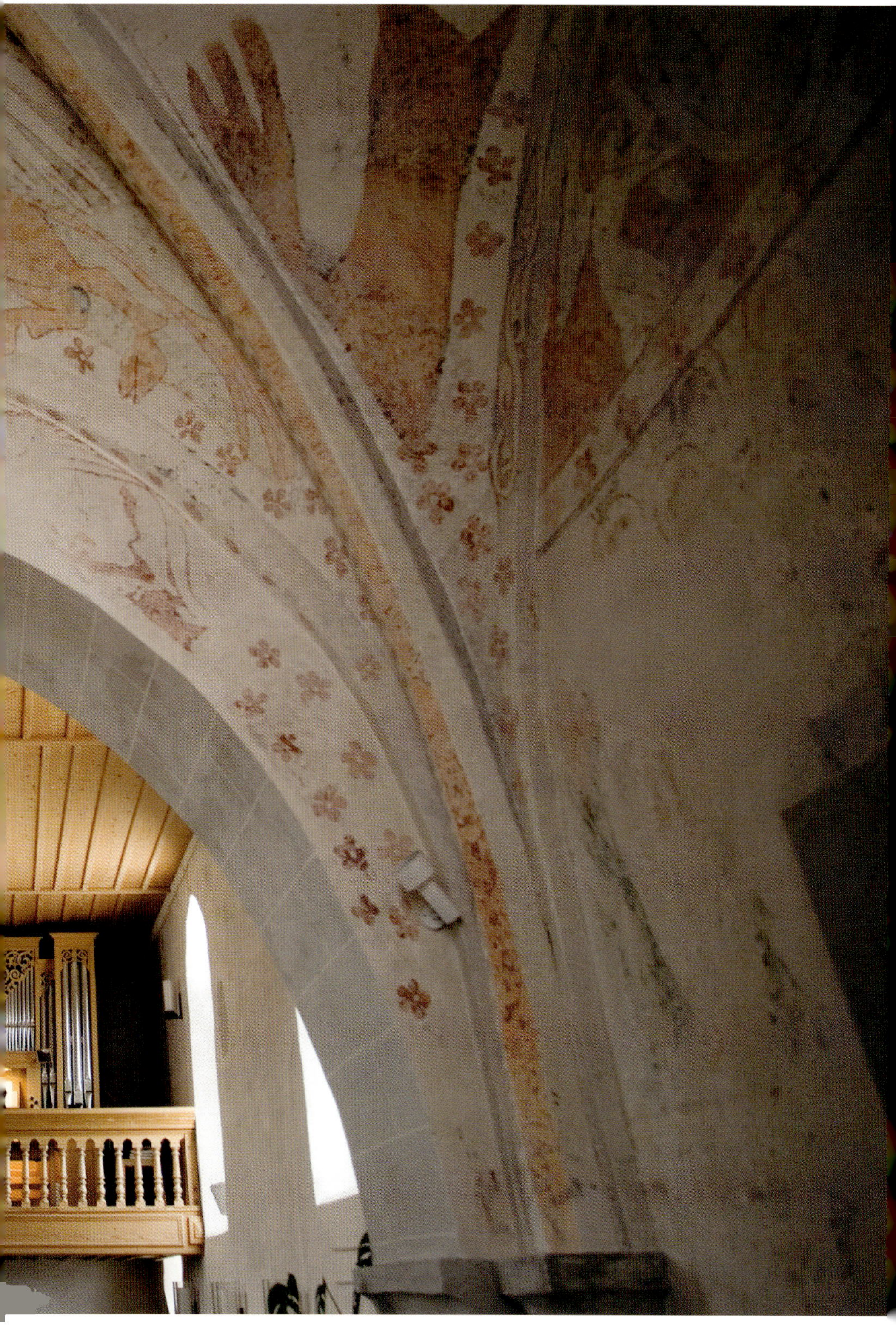

eingebaute Registerzug bestimmt zusammen mit der gedrückten Taste, in welche Pfeifen der «Wind» – also die maschinell erzeugte Druckluft – geleitet wird. Je nach Kombination kann ein Tastendruck mehrere Pfeifen zum Ertönen bringen und so ganz verschiedene Klangbilder und Lautstärken erzeugen. Auch der von der Fachsprache als «Orgel schlagen» bezeichnete Spielvorgang ist mehrdimensional: Das von den Füssen bediente Pedal ermöglicht die Bassbegleitung in tiefste Lagen, wenn der Organist für die Melodie auf den beiden «Manuale» genannten Klaviertastaturen buchstäblich alle Hände voll zu tun hat.

Die gesamte technische Ausstattung erlaubt schon bei einem einfachen Instrument wie der Kuhn-Orgel von Wila eine dutzendfache Kombination von Tonmodulationen und Klangschattierungen. Ebenso wie die Melodie beeinflusst die Registrierung die unmittelbare Stimmung der Zuhörenden. Ueli Burkhard schreibt sich geheimnisvolle Abkürzungen auf kleine Post-it-Zettel und klebt diese auf das Notenpapier, damit er die bisweilen innerhalb von Sekunden zu wechselnden Kombinationen und Abfolgen am Sonntag noch weiss. Blitzschnell legt er Registerzüge ein und schaltet andere durch Hineindrücken wieder aus. Erstaunt höre ich, wie der mit *Mixtur* angeschriebene Hebel den Tönen eine jubilierende Klangkrone verleiht, obwohl dieselben Tasten gedrückt werden. Man könnte sagen, dass der Organist einen unmittelbareren Zugang zu den Emotionen der versammelten Gemeinde hat als die Pfarrperson. Aber auch mit der Wahl der Stücke kann er Einfluss auf das Geschehen ausüben: «Brav sitzen bleiben bis zum Schluss des Ausgangsspiels würde nicht zum kommenden Kindergottesdienst passen. Also veranlasse ich die Leute mit einem lüpfigen Stück zum vorzeitigen Aufstehen.» Ueli Burkhard hat deshalb den alten Militärmarsch gewählt. Er bedauert ein wenig, dass sich manche Pfarrpersonen wenig für die musikalischen Belange der Liturgie interessieren, «aber so habe ich meine umso grösseren Freiheiten».

Da Ueli Burkhard ausser in Wila auch im benachbarten Wildberg als Organist tätig ist, hat er seine Notenliteratur zu Hause und nimmt jeweils einen Vorrat in die Probe mit. Etwas verblüfft, im roten Koffer auf der Balustrade anstelle eines Bohrers Notenhefte zu entdecken, blättere ich die Papiere durch und sehe unter den Komponisten keinen einzigen mir bekannten Namen. «Bedingt durch die jeweils kantonalen Gesangbuchtraditionen waren es vor allem Schweizer Musiker des 20. Jahrhunderts, welche die heute üblichen Orgelsätze zu den teils mehrhundertjährigen Texten und Melodien arrangiert haben», erklärt mir Ueli Burkhard das Phänomen.

In der Kaffeepause

Nach zwei Stunden im kühlen Kirchenraum sind die Finger klamm. Wir gehen die steile Treppe hinunter ins Dorf zum Kaffee. «Für einige ist gerade die spezielle Musik der Anlass zum Besuch eines Gottesdienstes. Gut ge-

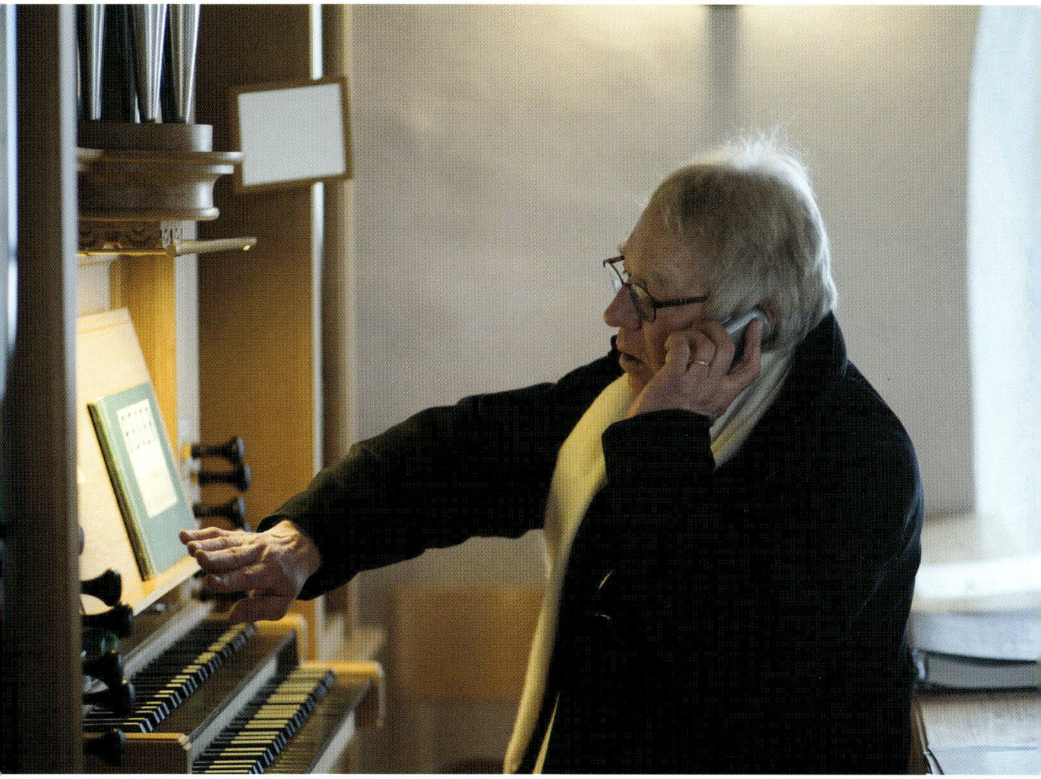

spielt, kann sie tatsächlich viel zum Gelingen der Liturgie beitragen», meint Ueli Burkhard, «aber mit Applaus habe ich eher Mühe.» Nach einer guten Predigt werde ja auch nicht applaudiert, fügt er hinzu. Liturgische Musik bewegt sich im Spannungsfeld zwischen künstlerischer Unterhaltung und heiligem Ernst. Burkhard ist überzeugt: «Orgelmusik auf professionellem Niveau stellt ungleich höhere Ansprüche an das Instrument und an den Organisten. Im gottesdienstlichen Gebrauch aber ist sie ungeeignet.» Er könnte es weder mit seinem Amtsverständnis noch mit seiner Selbsteinschätzung als Laienmusiker in Übereinstimmung bringen, die Orgel konzertant zur Unterhaltung der Zuhörenden zu spielen. «So habe ich von Johann Sebastian Bachs Orgelwerken fast nichts in mein Repertoire aufgenommen, denn seine Musik stellt sehr hohe Anforderungen», bescheidet sich Ueli Burkhard, «mein Ziel ist das Hörvergnügen der Gottesdienst-Teilnehmenden, nicht meine Selbstprofilierung.» Mir wird der klare Unterschied zwischen der liturgischen Gebrauchsmusik und den Orgelwerken mit überwiegend künstlerisch-kommerziellem Charakter bewusst.

Ausserhalb des Gottesdienstes spielt Ueli Burkhard allenfalls an orgelkundlichen Anlässen, vorzugsweise in der Kirche des benachbarten Sitzberg mit ihrem ganz speziellen Barockinstrument. «Bei diesen Gelegenheiten steht das Instrument im Mittelpunkt, niemals aber ich selber.» Mit Arbeit nur für Gottes Lohn hat diese Einstellung hingegen nichts zu tun – auch der Organist hat als Kirchendiener Anspruch auf Entgelt nach landeskirchlicher Besoldungsverordnung. «In erster Linie erhöht ein Honorar die Verbindlichkeit», ist Burkhard überzeugt: «Ein reiner Frondienst würde erhebliche Qualitätsabstriche nach sich ziehen.» Zwischen fünf und sechs Stunden Präsenz und eine Stunde Reisezeit investiert er für jeweils zweihundert Franken Entschädigung.

Der klassische Musikbetrieb ist als Teil der Unterhaltungsindustrie sehr stark von Wettbewerb gekennzeichnet. Künstlerinnen und Interpreten müssen sich vor der medialen Kritik beweisen, den Markt zufriedenstellen, Wettbewerbe gewinnen und rare Anstellungen ergattern. Mit dem Verzicht auf professionellen Anspruch entzieht sich der liturgische Organist diesem Kampf weit gehend. Gelassen findet er seine Erfüllung im Dienst an Gott und an der Gemeinde und ist nicht abhängig von Applaus und guten Kritiken.

Die deutsche Sprache nennt das Musizieren auf der Orgel zu Recht ein Spiel. Zum einen ist das Orgelspiel stark auf Regeln gestützt, zum anderen aber geniesst der Organist Freiheit. Im Rahmen dessen, was von ihm erwartet wird, darf er immer wieder überraschen. Das immobile Instrument hat etwas von einem grossen, geheimnisvollen Zauberkasten. «Die Kinder sind jeweils ganz fasziniert davon, wie mit gekoppelten Manualen die Tasten gleichsam von Geisterhand bewegt werden», erzählt Ueli Burkhard. Die Register tragen auf kleinen Emailschildern eigenartige Namen wie *Principal*, *Gedackt* oder

Sesquialtera, und manchem fuhr beim Zuhören schon der kalte Schauer über den Rücken. Hier muss ein Eingeweihter mit gewissenhaftem Ethos wirken, der die geschriebenen und ungeschriebenen Regeln kennt und durch ständiges ernsthaftes Üben in der Lage ist, sowohl schön mit dem Instrument als auch verantwortungsbewusst mit den Stimmungen seiner Zuhörerinnen und Zuhörer zu spielen.

Literatur
Geertz, Clifford, *Dichte Beschreibung. Beiträge zum Verstehen kultureller Systeme*, Frankfurt am Main 1983.
Huizinga, Johan, *Homo Ludens. Vom Ursprung der Kultur im Spiel* [1938], Reinbek bei Hamburg 1987.
Liturgiekonferenz der ev.-ref. Kirchen in der deutschsprachigen Schweiz (Hg.), *Liturgie. Band 1: Sonntagsgottesdienst*, Bern 1972.

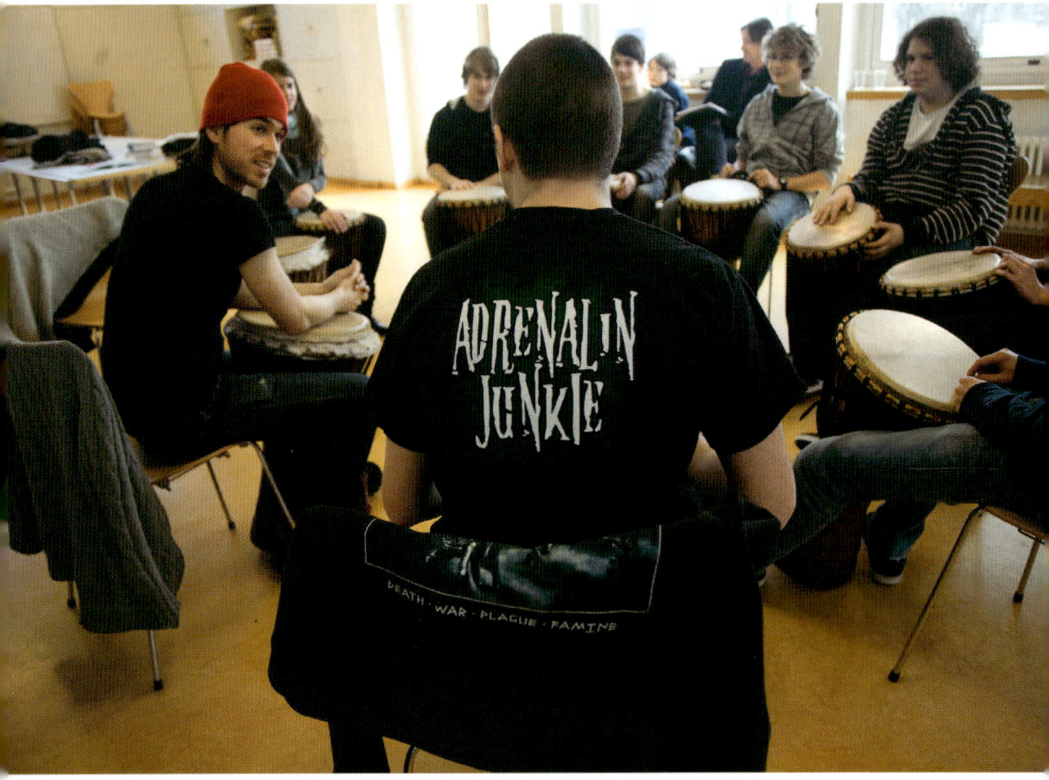
ADRENALIN
JUNKIE
DEATH · WAR · PLAGUE · FAMINE

«Mit dem Gottesdienst verbunden»
Ausdruckskräfte spielerischer Konfirmationsarbeit

Thomas Schlag

In einem Augenblick füllt sich der Kirchenraum mit dem intensiven Klang von zehn gleichzeitig angeschlagenen Trommeln. Was im Programm des Gottesdienstes als «Sammlung» und «Eingangsspiel» angekündigt ist, ertönt als unüberhörbarer Weckruf an die ganze Gemeinde. Lautstark beginnen die Konfirmanden und ihr Trommeltrainer Silvio Wey das gottesdienstliche Spiel. Auf ihren Auftritt sind sie gut vorbereitet.

Spielauftakt

Einige Monate zuvor hatten sie das Projekt «Trommeln im Gottesdienst» aus einer ganzen Reihe von Angeboten ausgewählt. In der evangelisch-reformierten Kirchgemeinde Winterthur-Wülflingen ist Projektarbeit neben dem regulären Unterricht, Wochenendkursen und Freizeiten ein fester Bestandteil dieses kirchlichen Bildungsangebots. Das Wülflinger Projekt markiert die Aufbruchsdynamik einer modernen und zeitgemässen Konfirmationsarbeit, wie sie gegenwärtig in vielen Kirchgemeinden anzutreffen ist. An vielen Orten wird nach neuen Wegen gesucht, mit den Jugendlichen religiöse Mündigkeit einzuüben.

Eine Stunde vor dem Gottesdienst haben sich alle beteiligten Jugendlichen nochmals gemeinsam mit den verantwortlichen Erwachsenen getroffen und die einzelnen Passagen eingeübt. Dabei stieg die Spannung und die Konfirmanden wurden sichtbar nervöser. Kurz vor Beginn laufen sie immer wieder zwischen ihrem Platz und dem Eingang der Kirche hin und her, um die eintreffenden Freunde und Verwandten zu begrüssen.

Spielidee

Dass neue Formen der Annäherung an Glaubensfragen und -themen notwendig sind, zeigt eine aktuelle internationale Studie zur Konfirmandenarbeit. In deren Rahmen wurde auch die Praxis evangelisch-reformierter Gemeinden des Kantons Zürich untersucht. Aus den Ergebnissen geht hervor, dass insbesondere die Gottesdienste für die Mehrheit langweilig erscheinen. Die eigenen Beteiligungsmöglichkeiten werden als gering eingeschätzt. Weniger als die Hälfte der im Kanton Zürich befragten Jugendlichen bestätigt gegen Ende des Jahres, Grundlagen bekommen zu haben, «um über meinen eigenen Glauben zu entscheiden». Nur ein knappes Drittel bejaht, dass «meine Glaubensfragen zur Sprache» kamen.

Mit den ersten Schlägen bilden die trommelnden Jugendlichen einen koordinierten Klangkörper aus. Der Schall der Trommeln wird von den Kirchenmauern zurückgeworfen und breitet sich im gesamten Raum aus. Wie selbstverständlich werden die Konfirmanden zum Aufmerksamkeits- und Ausstrahlungszentrum des Gottesdienstes. Die Gemeinde freut sich sichtbar.

Das Trommelprojekt, das bereits seit mehreren Jahren durchgeführt wird, ist auch dieses Mal wieder auf reges Interesse gestossen, vor allem bei männlichen Jugendlichen. Aus mehr als dreissig Projekten konnten die Jugendlichen auswählen und erhalten dafür eine bestimmte Punktzahl. Nur ein Mädchen, die 14-jährige Flavia, hat sich angemeldet. Später wird sie sagen, dass sie sich vor allem aus zeitlichen Gründen gerade dafür entschieden hat.

Nachdem die Konfirmanden mit ihrem Eingangsspiel den Anfang gemacht haben, begrüsst Pfarrerin Elisabeth Wyss die Gemeinde: «Hebt an den Gesang, schlagt die Trommel.» Ihrem Blick ist anzumerken, dass sie jetzt in ihrem Element ist und sich auf den gemeinsamen Gottesdienst freut. Offenbar hat sie einen guten Draht zu den Konfirmanden.

Spielentwicklung

Gerade von diesem Trommelprojekt verspricht Pfarrerin Wyss sich «längerfristigen Nachhall»: «Die Beteiligung der Jugendlichen am Gottesdienst soll nicht nur verbal sein. Sondern gefragt ist ihre Art, Musik zu machen.» Auf diese Weise lässt sich, so ist Wyss sicher, spielerisch Konzentration einüben: «Die Konfirmanden lernen schnell, aufeinander zu hören.» Aus den Erfahrungen der letzten Jahre wissen die Verantwortlichen aber auch, dass alles vom intensiven Einüben abhängt.

«Ich lobe meinen Gott von ganzem Herzen»: Die Gemeinde singt das erste Lied, das vom Kantor am Klavier mit begleitet wird. Aufgrund der Lautstärke der Trommeln ist allerdings vom Gemeindelied selbst kaum ein gesungenes Wort zu verstehen. Die Konfirmanden versuchen, den keineswegs leichten Rhythmus zu halten.

Am Tag vor dem Gottesdienst haben sie sich für einen halben Tag getroffen, um überhaupt erst einmal mit der Djembe vertraut zu werden. Unter Anleitung des Schlagzeugers und Theaterpädagogen Wey gilt es, erste Erfahrungen mit dem ungewohnten Instrument zu machen. Zuerst einmal ist die richtige Stellung, die Djembe zwischen den Beinen, einzunehmen, der angemessene Winkel der Trommel zum Körper zu justieren, der Abstand zwischen Schlagfläche und Armlänge zu testen. Die ersten Klangwirkungen werden erzeugt: durch sachtes Streicheln des Trommelfells, durch sanfteres oder starkes Schlagen. Die Jugendlichen merken sehr schnell, welchen Unterschied es macht, ob sie mit einzelnen Fingern, dem Handballen oder der ganzen Handfläche spielen, ob sie die Djembe am Rand oder in der Mitte der Schlagfläche treffen. Streichen sie nur behutsam mit den Fingernägeln über das Fell, klingt es, als ob kleine Sandkörner über eine Wellblechwand

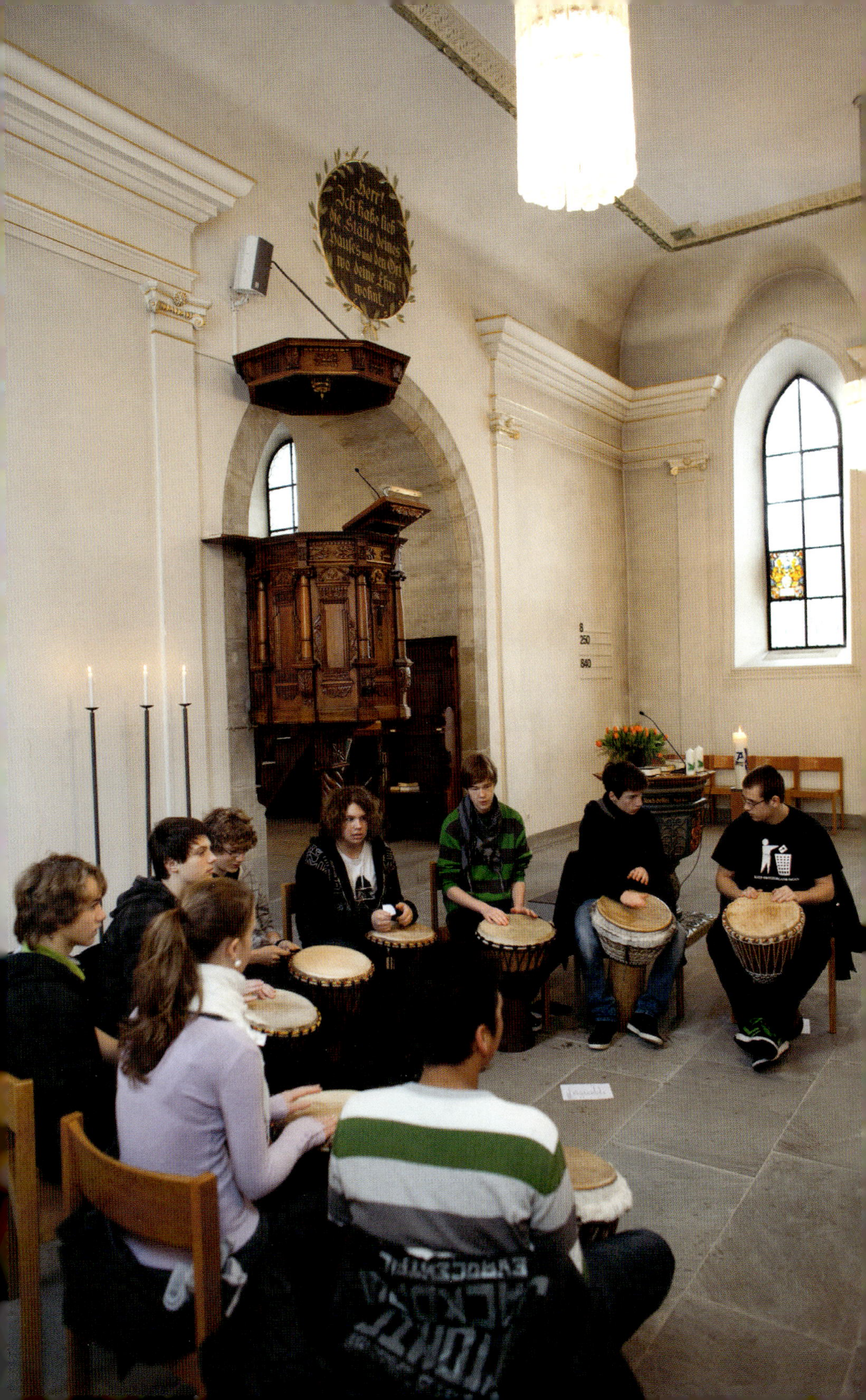
8
250
840

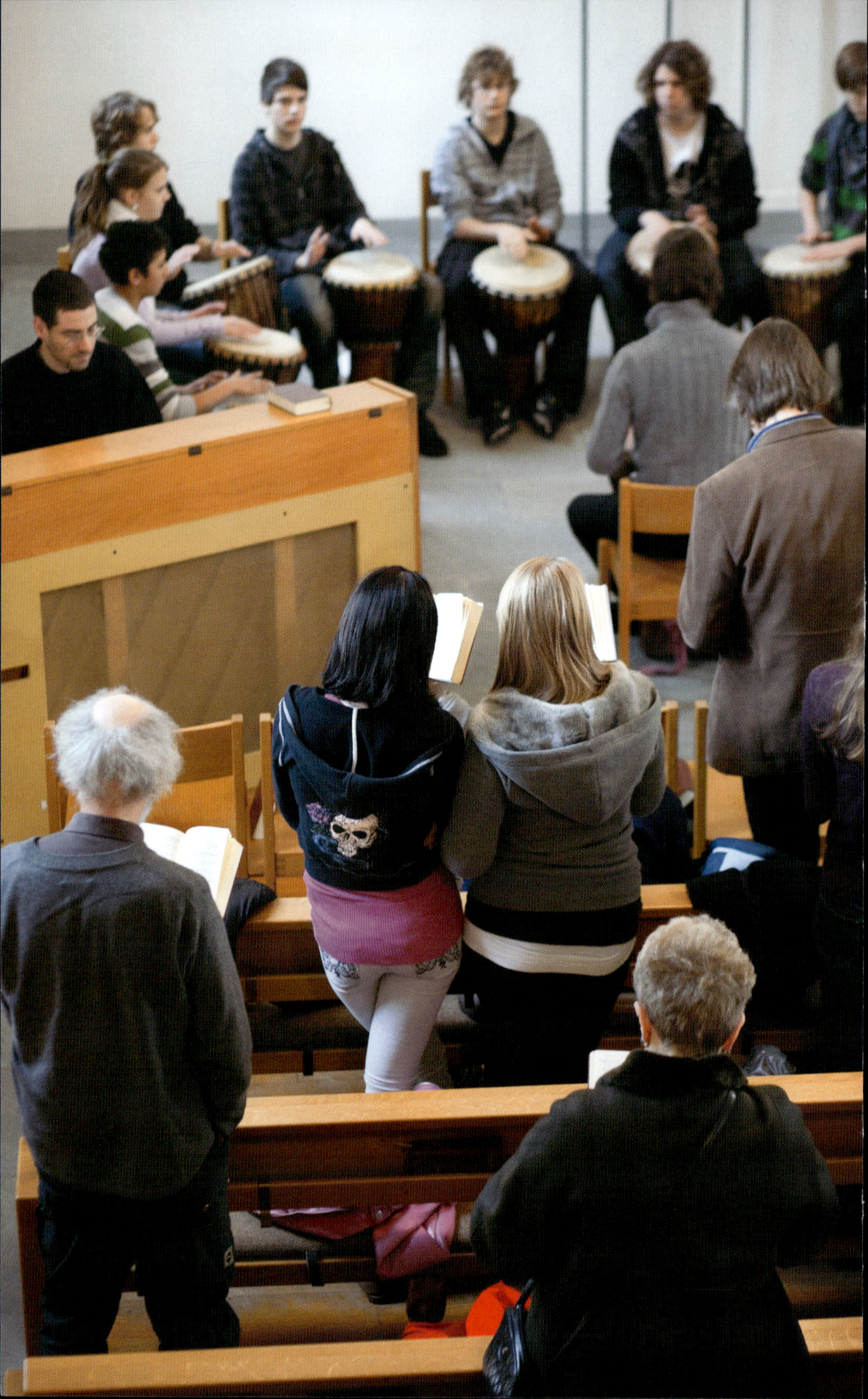

geblasen würden. Durch einen Slap, einen ruckartigen Hieb mit dem Daumen, lässt sich ein Knalleffekt erzeugen. Der 16-jährige Hugi trägt ein gruseliges T-Shirt mit der Aufschrift «Apokalyptische Reiter». In einer Pause lässt er mich an der Musik der Band teilhaben: «Denen geht es auch um Sinnfragen», sagt er.

Spielgestaltung

Jetzt im Gottesdienst wird nicht nur getrommelt. Die Jugendlichen tragen im Anschluss an das erste Lied einzelne Texte vor. Der 15-jährige Markus spricht ein Gebet und sagt vor der ganzen Gemeinde: «Unsere eigene Lebendigkeit wollen wir nicht vor dir verbergen.» Hugi, der gestern noch die «Apokalyptischen Reiter» trug, hat heute ein neuerlich provokatives T-Shirt an: Nach Machart der Anti-Nazi-Symbolik, in der ein Hakenkreuz in einen Papierkorb geworfen wird, ist es hier das Kreuz, das im Eimer landet. Später sagt mir die Pfarrerin, dass Hugi als Leiter in der kirchlichen Jugendarbeit aktiv ist.

Viele Gemeinden haben wie in Winterthur-Wülfingen in jüngster Zeit damit begonnen, neue Praxisformen in der Konfirmandenarbeit auszuprobieren, bei denen bewusst auch inszenatorische und spielerische Elemente einbezogen werden. In der wissenschaftlichen Religionspädagogik bildet sich dies aktuell unter dem Stichwort der «performativen Wende» ab. Der Gottesdienst wird, so die These, nicht durch die klassische Wortverkündigung allein zum Ereignis, sondern durch spielerische Inszenierung. Die Liturgie gewinnt erst dadurch an Bedeutung, dass sie immer wieder neu und überraschend, spielerisch und ernsthaft zugleich gestaltet wird.

«Singt dem Herrn, alle Völker und Rassen, Tag für Tag verkündet sein Heil»: Das nächste Lied wird wieder von den Trommeln begleitet. Auch wenn alle Jugendlichen im Spiel so konzentriert wirken wie am Übungstag zuvor, scheint ihnen der exponierte Ort gewisse Mühe zu bereiten. Blickt man in die Gesichter der Jugendlichen, ist wenig vom «Flow» zu sehen, von dem der Trommeltrainer zu Beginn des Projekts gesprochen hatte. Ihre Klangbegleitung ist mindestens für die in den vorderen Reihen Sitzenden wiederum so laut, dass man kaum das eigene gesungene Wort versteht. Im Anschluss an das Lied liest Renato die Seligpreisungen der Bergpredigt. Seine Stimme ist kaum hörbar und wirkt viel weniger fest als vorher sein Trommeln.

Am Tag zuvor schien Renato viel mehr in seinem Element zu sein: Zwar landen seine Schläge punktgenau immer knapp hinter allen anderen, aber dies tut seiner Begeisterung keinen Abbruch. Der Lehrer lässt ihn die ganze Zeit gewähren. Erst als er bemerkt, dass die Konfirmanden beinahe krampfhaft nach dem richtigen Rhythmus suchen, spricht er freundlich in den Klang hinein: «Nicht denken, sondern tun – spürt den Flow». Er selbst schliesst immer wieder die Augen und wirkt, als ob ihm selbst dies längst gelungen ist.

Spielentfaltung

Im Gottesdienst wird nun aus dem Ökumenischen Liederbuch «rise up» das Lied «Ihr seid das Salz der Erde» gesungen, von den Konfirmanden im punktierten und dynamischen Vierviertaltakt mit begleitet. Pfarrerin Wyss predigt über die Zusage der Bergpredigt und spricht die Jugendlichen direkt an, die inzwischen sichtbar erleichtert in den Bänken Platz genommen haben. Sie werden von der Predigerin ermuntert: «Konfirmanden – werdet Salz in der zugegebenermassen manchmal faden Suppe des Gottesdienstes.» Dass sie dies nicht grundlos sagt, wird später deutlich, als Hugi geradezu emotionslos konstatiert: «Bei normalen Gottesdiensten schlafe ich fast ein.»

Die praktisch-theologische Wissenschaft reflektiert gegenwärtig intensiv die Frage, in welcher Weise sich theologische Grundfragen im wahrsten Sinn des Wortes spielerisch aufnehmen und behandeln lassen. Oliver Kliss, der 2009 eine umfangreiche Studie zu diesem Themenkomplex vorgelegt hat, bringt es auf die prägnante Formulierung, «dass das theologisch gute Spiel dasjenige Spiel ist, das bildet». Nicht jede Performance hat schon performative Kraft und aktives Mitspielen allein führt nicht automatisch zu theologischer Erkenntnis. Das Sonntagsritual ist eben nicht nur Theater, sondern immer schon und nach wie vor Ereignis «geistiger Beschäftigung», so Bernhard Lang in seiner Geschichte des christlichen Gottesdienstes.

Jetzt im Gottesdienst hat der Trommellehrer selbst seinen grossen und grossartigen Auftritt. Was in der Liturgie «Zwischenspiel» heisst, wird in Wirklichkeit zu einer vielschichtigen, lauten, dann urplötzlich leisen, schnellen, dann sogleich wieder ruhigen Improvisation. Als Wey den letzten Ton gesetzt hat, applaudiert die ganze Gemeinde. Danach sprechen einzelne Konfirmanden Fürbitten. Ihre körpersprachlichen Signale weisen überdeutlich darauf hin, dass sie diese nicht selbst geschrieben haben. Vielleicht ist dies auch der Grund dafür, dass der 15-jährige Kantonsschüler Sebi später sagen wird: «Ich habe das Trommeln nicht direkt mit dem Gottesdienst verbunden.»

Offenbar erlebten die Jugendlichen vor allem den Übungsvormittag als spezielle Erfahrung, die für sie eine ganz eigene Bedeutung unabhängig vom Gottesdienst hat. Das zeigt sich schon daran, dass erst nach zwei Stunden überhaupt einmal jemand an eine Pause zu denken scheint. Auch der Kantor wird in die Vorbereitung einbezogen: Mit viel Energie und einem «Come on everybody» zieht er nicht nur die Jugendlichen mit. Drei der Konfirmanden erklären sich sogar dazu bereit, im morgigen Gottesdienst das südafrikanische Lied «Si ya hamba» anzustimmen. Die Texte der Lieder selbst und auch das Thema des Gottesdienstes oder der genaue Sinn des Ablaufs werden allerdings nicht näher besprochen. Pfarrerin Wyss gibt offen zu, dass sie dieses Mal aus organisatorischen Gründen nicht die Zeit hatte, die Jugendlichen inhaltlich auf den Gottesdienst einzustellen, sie an der Auswahl der Lieder oder am Schreiben der Gebete zu beteiligen.

101

Jetzt wird das afrikanische Lied «S'phamandla Nkosi» gesungen und wiederum trommelnd begleitet. Es steht tatsächlich im evangelisch-reformierten Gesangbuch, wobei dort auch deutschsprachige Verse mitgeliefert werden, die nun gemeinsam gesungen werden: «Gott gib uns Stärke, dass Ketten springen. Gott gib uns Stärke, dass wir aufstehen.» Die Jugendlichen singen selbst nicht mit, sondern bemühen sich darum, mit der Dynamik des Liedes Schritt zu halten.

Am Übungstag wird schliesslich das Ende des Gottesdienstes einstudiert. Alle sollen noch einmal ihre eigene Improvisation versuchen und von dort aus zu einem gemeinsamen Rhythmus finden. Schliesslich wird vereinbart, dass einer nach dem anderen aufsteht und zu applaudieren beginnt, bis dann schliesslich alle stehen. Am Schluss wollen sich alle Jugendlichen verbeugen.

Spielende

«Si ya hamba» – «Wir gehen im Lichte Gottes» – das letzte Lied. Tatsächlich trauen sich Andreas, Markus und Hugi, sich vor die ganze Gemeinde zu stellen und diese geradezu anzufeuern. Die Gemeindeglieder bis hin zu den ältesten Damen klatschen eifrig mit. Ein ca. 60-jähriges Gemeindeglied wird der Pfarrerin später anerkennend sagen: «Dass sie das immer fertig bringen, die Konfirmanden so einzubeziehen.»

In das Ausgangsspiel der Trommeln dürfen die Jugendlichen jetzt – einer nach dem anderen – ihre eigene Expression einbauen.

Spielbesprechung

Auf den ersten Blick scheint es, als ob die Jugendlichen gleich nach dem Gottesdienst wieder zu ihrer eigenen Tagesordnung übergehen – vielleicht schneller als von den Verantwortlichen erhofft: Viel Zeit für ein Interview haben sie jedenfalls nicht, denn für ein anderes Spiel wollen sie unbedingt gleich nach Hause: Roger Federer steht im Final der Australian Open. Sie bleiben dann doch noch eine halbe Stunde und lassen sich intensiv auf die gestellten Fragen ein.

Als sie hinterher gefragt werden, ob sie sich als wichtigen Bestandteil des Gottesdienstes empfunden hätten, bleiben sie zurückhaltend: Flavia sagt, dass sie es einerseits «lässig» fand, andererseits «war es immer das Gleiche». Einer der Konfirmanden sagt im Rückblick: «Es war lässig, aber ich muss es nicht jede Woche machen.» Manche von ihnen sagen, dass sie sich mehr Möglichkeiten zum freien Trommelspiel gewünscht hätten.

Was sie vom Thema des Gottesdienstes selbst in Erinnerung haben, ist eher bescheiden. Das Thema «Salz» und die direkte Anrede sind ihnen noch im Sinn. Ob sie denken, dass sie sich in fünf Jahren noch an dieses Trommeln erinnern werden? Sie sind sich einig, dass ein anderes Projekt, die Höhlenwanderung ins innerschweizerische Hölloch, spannender war: «Da war es nicht so gesteuert.» Deutlich wird, dass gerade spielerisch-freiheitliche Darstellung intensive inhaltliche Vorbereitung, Initiation und Präparation benötigt.

Einige Wochen später sagt Markus in der Konfirmandengruppe, dass das Trommeln das beste Projekt von allen gewesen sei. Die Gruppe vereinbart, dass Markus, Andreas und Hugi im Konfirmationsgottesdienst nochmals «Si ya hamba» singen werden. Am Ende wollen sie wieder applaudieren und sich verbeugen. Sie freuen sich schon jetzt darauf, dann selbst wieder von der ganzen Gemeinde beklatscht zu werden. Als Thema für die abschliessende Gottesdienstfeier hat die Gruppe die Geschichte vom Verlorenen Sohn gewählt.

Literatur

Bieritz, Karl-Heinz, «*Freiheit im Spiel*». Aspekte einer praktisch-theologischen Spieltheorie, in: Berliner Theologische Zeitschrift 10 (1993), 164–174.

Klie, Thomas, *Zeichen und Spiel. Semiotische und spieltheoretische Rekonstruktion der Pastoraltheologie*, Gütersloh 2003.

Kliss, Oliver, *Das Spiel als bildungstheoretische Dimension der Religionspädagogik*, Göttingen 2009.

Schlag, Thomas/Neuberth, Rudi/Kunz, Ralph (Hg.), *Konfirmandenarbeit in der pluralistischen Gesellschaft. Orientierungen – Deutungen – Perspektiven*, Zürich 2009.

Schlag, Thomas/Voirol-Sturzenegger, Rahel (Hg.), *Konfirmationsarbeit im Kanton Zürich. Erkenntnisse – Herausforderungen – Perspektiven*. Zürich 2010.

Schweitzer, Friedrich/Ilg, Wolfgang/Simojoki, Henrik (Eds.), *Confirmation Work in Europe: Empirical Results, Experiences and Challenges. A Comparative Study in Seven Countries*, Gütersloh 2010.

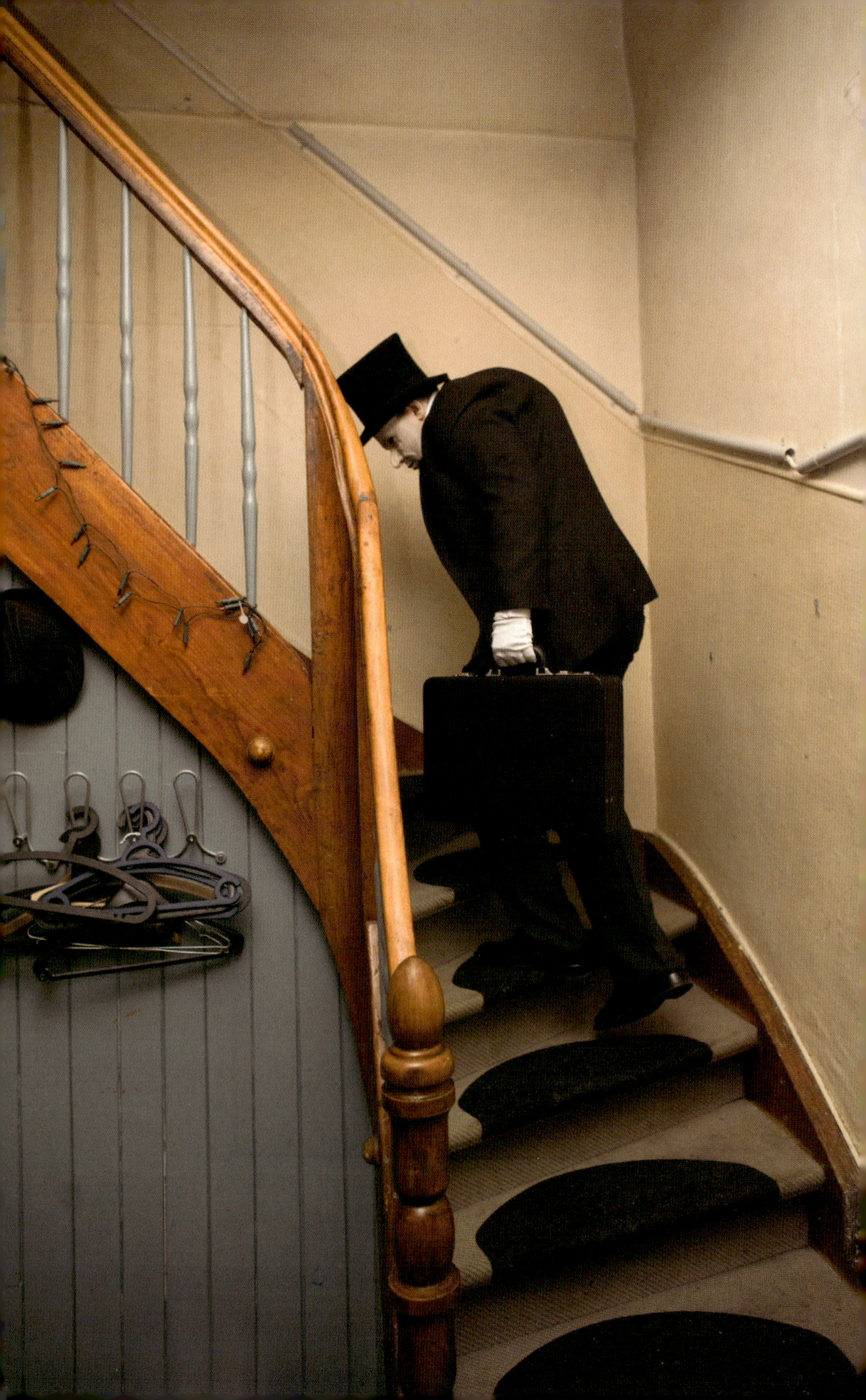

Kainskinder der Nacht
Die Betrachtung eines Live-Rollenspiels bei Tag

Denise Perlini-Pfister

In Baden auf einer viel befahrenen Hauptstrasse lärmen Autos; schwatzende Menschengruppen gehen vor einem mit Graffiti besprühten Haus ihres Wegs. Ein normaler Samstagabend zur Ausgangszeit nimmt dort seinen Gang. Im Haus lassen sich edel gekleidete Herrschaften neben mit Buckeln und Pockennarben gezeichneten Gestalten auf Sitzreihen nieder und schauen erwartungsvoll nach vorn. Auch hier nimmt alles seinen üblichen Lauf, denn es wird Live Action Role Playing (LARP) gespielt. Nur eine blaue Eingangstüre trennt drinnen und draussen. Vor Stunden haben Spieler in Alltagskleidern diese Türe aufgestossen und sind die hölzerne Treppe zum Umkleidezimmer hochgestiegen. Oben haben sie sich die Gesichter weiss geschminkt, Mönchskutten übergeworfen oder sind mittels anderer, liebevoll zusammengesuchter Requisiten und Kostüme in ihre Rollen geschlüpft: Vampire aus der Rollenspielwelt World of Darkness. Eine unter ihnen bin ich.

Ein Plot mit Biss

Die Rollenspielgruppe Domäne Argovia ist zusammengekommen, um *LARP* zu spielen. In dieser Art von Rollenspiel verkörpern Spieler performativ eine Rolle und durchleben auf diese Weise einen Abend voller Rätsel und Spannung. Besonders der Aspekt des aktiven Darstellens fasziniert mich. Ich will erfahren, mit welchen Charakteristika der Vampir in der Spielwelt gekennzeichnet wird und wie diese im Spiel umgesetzt werden. Dieses Interesse hat mich zu Spike geführt, einem der drei Rollenspielleiter der «Domäne». In einem Interview hat mir der angehende Marketingfachmann enthusiastisch das Spiel, dessen Besonderheiten und seine Aufgabe darin erklärt. Gespielt wird nach einem Plot, den er und seine Freunde für den jeweiligen Abend entworfen haben. Darin sind die zentralen Handlungen des Spielabends festgelegt. Spike nennt diese Tätigkeit des Plotschreibens «einen Rahmen für das Spiel definieren». Diesen Rahmen füllen die Spieler in ihrer Rolle mit Improvisationsspiel aus. Die Spielleiter tragen während des Spiels dazu bei, den Handlungsablauf in Gang zu halten, indem sie ihrerseits in eigenen Rollen auf das Spiel der Teilnehmer eingehen und sie so durch den Plot des Abends führen. Dabei dient eine Rollenspielwelt als Hintergrundgeschichte, auf welcher die Spielleiter ihr Abenteuer aufbauen und die Spieler die eigenen Rollen selber entwerfen. World of Darkness – in Spielerkreisen WoD genannt – ist die mit Vampiren und ihren Clans bevölkerte Rollenspielwelt, von der Spike begeistert ist.

Seit Anbeginn der Zeit

«Und nun, verflucht seist du von dem Ackerboden hinweg, der seinen Mund aufgerissen hat, das Blut deines Bruders von deiner Hand zu empfangen!», so steht es in Genesis 4,11 geschrieben. Das Rollenspiel nimmt diese alttestamentliche Bibelstelle über den Brudermord als Inspirationsquelle und entwickelt aus ihr eine Entstehungsgeschichte der Vampire. Folgende Legende liegt dem Rollenspielszenario zugrunde und schafft die schauerliche Atmosphäre des Spiels. Es handelt sich um eine gekürzte Wiedergabe aus dem englischen Originaltext, dessen archaischer Stil beibehalten wurde:

Nach seiner Verfluchung zum Vampir durchwanderte Kain die öde Wildnis, so lange bis er und seine Tat in Vergessenheit geraten waren und er endlich unter die Menschen zurückkehren konnte. Doch blieb er verlassen. Um dieser Einsamkeit zu entrinnen, zeugte Kain die erste Generation von Vampiren; dafür reichte ein Tropfen seines Blutes auf den Lippen seiner fast leergesaugten Opfer. Die erste Generation brachte die zweite, diese ihrerseits die dritte hervor. Sie lebten in Frieden miteinander in der Stadt Henoch, bis die grosse Sintflut diese zerstörte. Im Untergang der Stadt sah Kain die göttliche Strafe für die Erschaffung seiner Nachkommenschaft und aus Reue zog er sich abermals in die Wildnis zurück. Wo er verblieben ist, bleibt ein seit Äonen ungelöstes Rätsel. In Erinnerung an ihren Stammvater nennen sich die Vampire «Kainskinder» oder «Kainiten».

Eine vierte Generation wurde erschaffen. Doch diese erhob sich gegen ihre Erzeuger. Die Überlebenden der dritten Generation, genannt die «Vorsintflutlichen», versteckten sich und schmiedeten blutige Ränke. Als «Dschihad» wird der Feldzug gegen ihre eigene Nachkommenschaft bezeichnet, und bis heute beeinflusst er alle Kinder Kains. Über die genauen Vorkommnisse der nächsten zwei Jahrtausende schweigen sich die vampirischen Quellen aus. Weltmächte erhoben sich im Krieg, im Kampf gingen sie unter. Vielleicht waren diese Gezeiten der Macht nur Spiele der Vorsintflutlichen, niemand kann es sagen. Erst das 15. Jahrhundert ist wieder einer Erwähnung wert. Denn zu jener schicksalsträchtigen Zeit standen die Vampire am Rande ihrer Vernichtung. Die Inquisition zog durch Europa, machte Jagd auf die Kainiten und brennende Scheiterhaufen zeichneten ihren Weg. Angesichts des drohenden Untergangs schlossen sich einige Clans zur «Camarilla», einer die Vampirgesellschaft umspannenden Organisation zusammen. Absolutistisch regiert von Prinzen, sind die einzelnen Mitglieder deren gnadenlosen Willen unterworfen. Nur ein Gesetz herrscht in der «Camarilla», die sogenannte Maskerade: Die Menschen dürfen nie wieder von der Existenz der

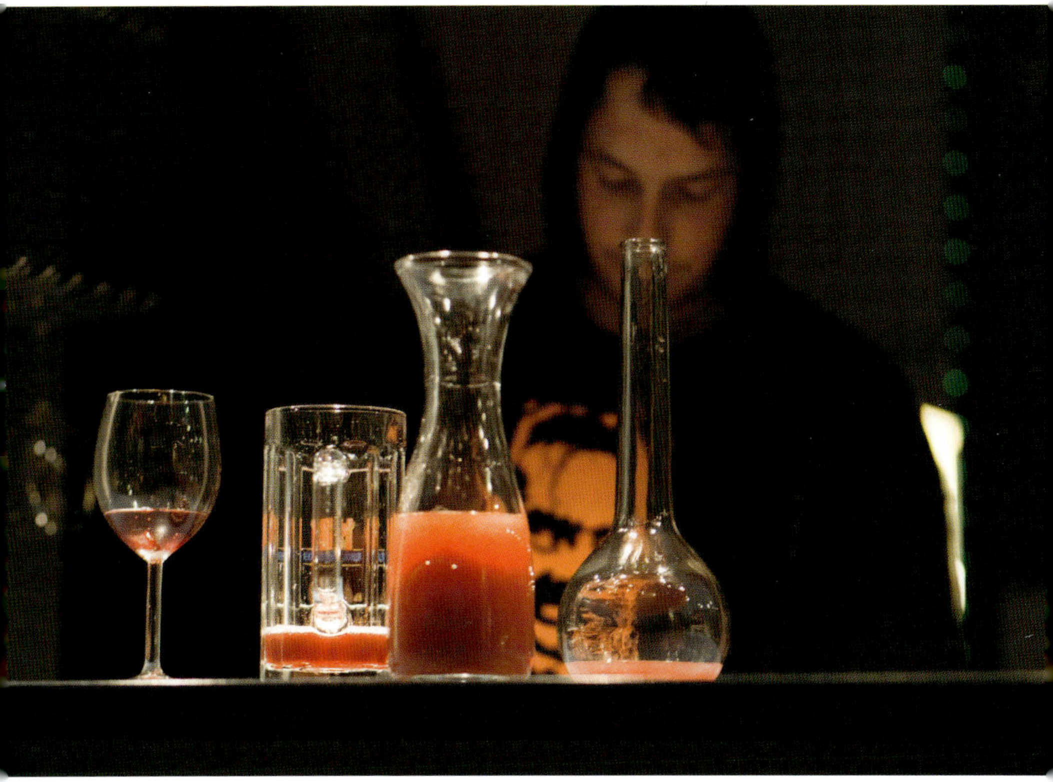

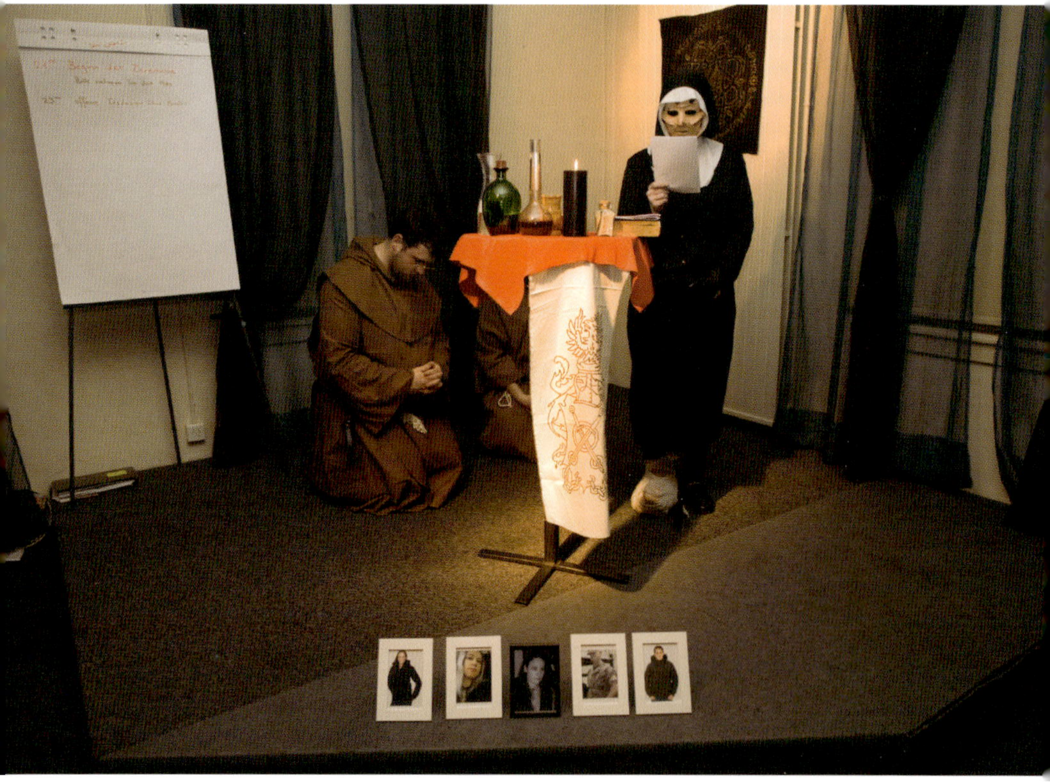

Vampire erfahren. Auf Gesetzesbruch folgt unweigerlich die Vernichtung des Verräters. Weitere Satzungen für das Zusammenleben mit den Menschen brauchen die Vampire nicht. Gefühllos wacht die «Camarilla» über den Gesetzesvollzug und schnell ist sie mit einem Todesurteil bei der Hand.

Die Autoren von WoD greifen für die Ausgestaltung ihrer Legende neben biblischen Texten auch auf die Historie zurück, flechten geschichtliche Ereignisse wie die Verfolgung von Häretikern in ihre erdachte Hintergrundgeschichte ein und deuten sie auf die Welt der Vampire um. So vermischen sich Fiktion und Historie zu einer Rollenspielwelt, an der der Spieler in seiner Rolle als Vampir teilhaben kann.

Der verlorene Kampf ums Menschsein

In WoD bestimmt der Kontrast zwischen Vampir und Mensch die erzählerische Darstellung und somit die verkörperte Rolle. Grundlegende Eigenschaften wie das Aussehen, die Körperfunktionen oder das Verhalten sind im Vampir als Gegenteil derjenigen des Menschen gezeichnet. Die Erzählung beschreibt den Vampir als bleich. Dies rührt von seiner Blutleere und seiner Scheu vor der Sonne her, deren Strahlen ihn verbrennen. Körperfunktionen wie die Atmung oder die Verdauung sind zum Erliegen gekommen. Sein Herz schlägt nicht mehr, es fliesst kein Blut mehr durch seine Adern. Der Vampir ist tot. Den Sauerstoff, den er zur Aufrechterhaltung seines vampirischen Seins braucht, filtert er aus dem Blut seiner Opfer. Deren Blut verhindert zudem das Verrotten seines leblosen Körpers. Der Vampir ist dem Wesen nach ein Jäger. Den Menschen jagt er, um Nahrung zu gewinnen, andere Vampire, um seine Macht zu erweitern. Menschliches Blut und Macht sind seine Lebenselixiere. Je potenter sein vampirisches Opfer, dessen Blut und Seele er aussaugt, desto grösser sein Machtzuwachs. «Diablerie» wird diese vampirische Form von Kannibalismus genannt.

Ein weiterer zentraler Wesenszug der Vampire ist ihr Schicksal, verflucht zu sein. Verdammt sind die Kainskinder für einen Mord vor Jahrtausenden – so die Legende. Ihr Kainsmal ist die Unsterblichkeit. Der Preis dafür ist ein ewiges Töten, um am Blut der Opfer ihren unstillbaren Durst zu lindern. Mit jedem Mord, einerlei ob an Mensch oder Artgenosse, verlieren sie etwas mehr von der in ihnen verbliebenen Menschlichkeit. Mit jeder Nacht werden sie einem tierhaften Monster ähnlicher, und mit aller Kraft stemmen sie sich gegen dieses Schicksal. Diesen fortwährenden Kampf werden sie verlieren, wie jeder Vampir weiss. Ohne Blut übermannt ihn der Hunger und raubt ihm die Kontrolle über seine unnatürliche Kraft, worauf eben dieses Monster in ihm erwacht. «The riddle» nennt WoD lakonisch dieses Paradox, als Unmensch zu handeln, um Mensch zu bleiben und sich damit selbst zu dem zu machen, was der Vampir zu vermeiden sucht: zu einem unmenschlichen Untoten.

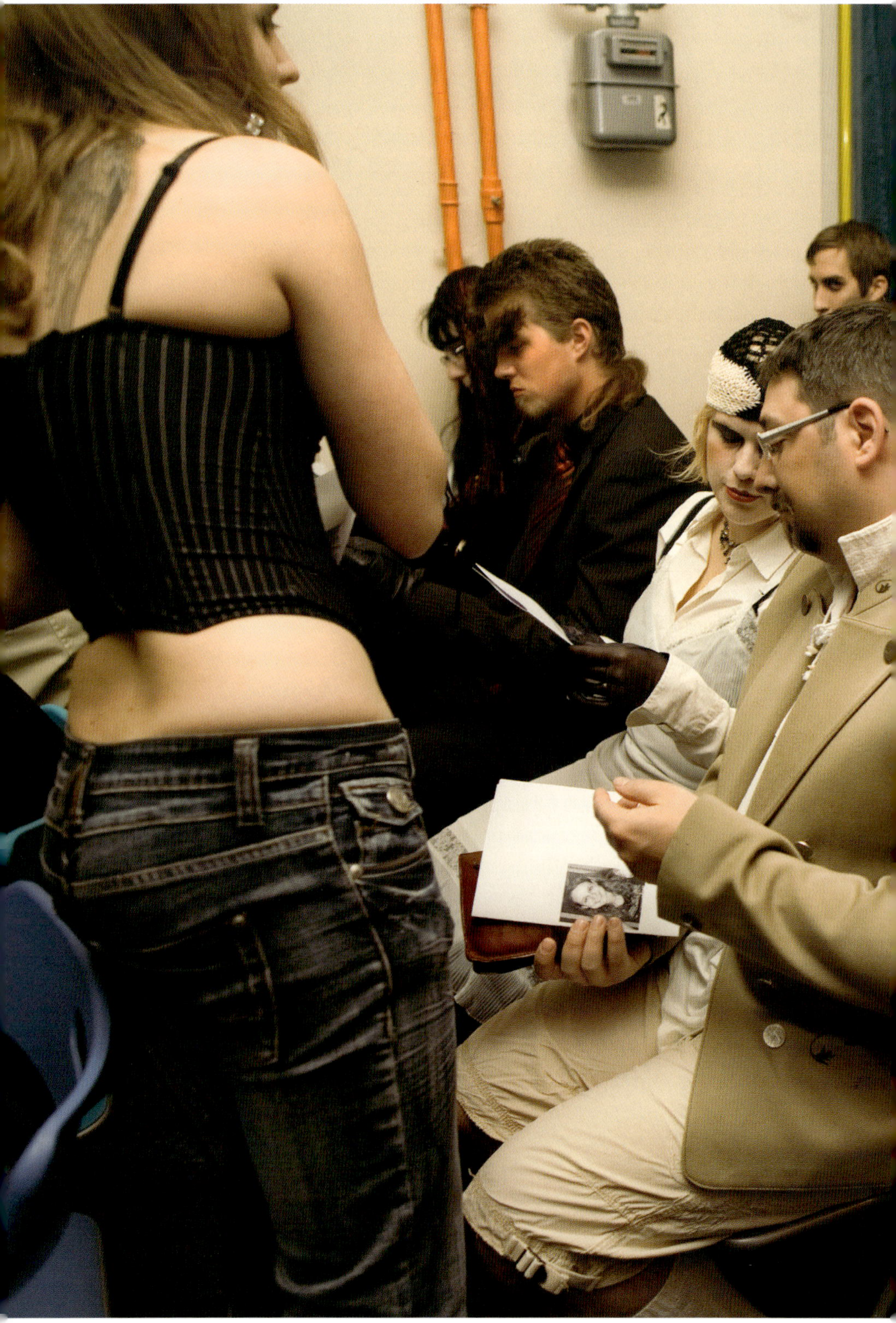

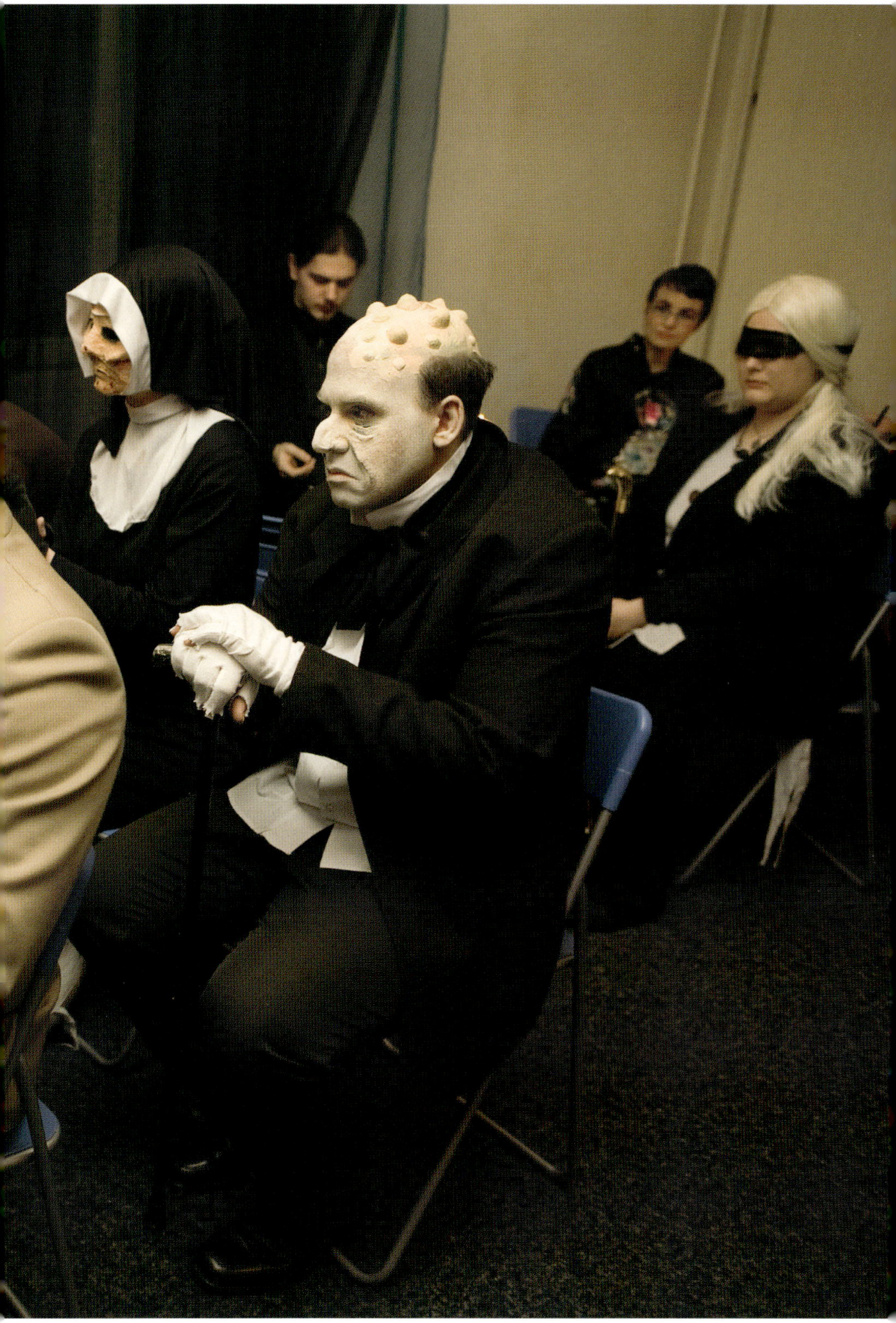

Einen solchen Vampir verkörpert jeder Spieler und schlüpft so während des Spiels in eine Rolle, die als Gegenstück zu seinem Menschsein verstanden werden kann. Mit Hilfe von Theaterschminke, Kontaktlinsen, Masken oder Kissen als Buckel verwandeln sich die Spieler äusserlich in ihre Rolle. Vom Regelwerk vorgegebene und durch den Spieler gewählte Charakterzüge bestimmen sein Verhalten während des Spiels und damit seine Rolle. So kann der Spieler das Monster ganz nach eigener Vorliebe mehr oder weniger ausgeprägt zur Darstellung bringen.

Das innere Spiel

Das Ziel des Rollenspiels sieht Spike nicht im Rätsellösen oder Abenteuer-Erleben. Zwar sind diese Komponenten ein integraler Teil des Plots, doch geht es ihm in erster Linie um das Ausspielen der Rolle. Dabei sollte der Spieler seinen Part so rollentreu und intensiv wie möglich darstellen. «Das Ideal ist, in der Rolle aufzugehen», sagt Spike und erklärt mir seine Vorstellung anhand der Rolle des vampirischen Chronisten, des Geschichtsschreibers: «Es gibt zwei Möglichkeiten, diese simple Rolle zu spielen. Im Grunde genommen sitzt der Spieler den ganzen Abend auf einem Stuhl und schaut den Ereignissen zu. Entweder sitzt er einfach mit einem Block vor sich auf dem Stuhl und tut so, als ob er die Leute beobachtet, oder aber er beobachtet sie wirklich und durchlebt das Geschehen durch seine Handlungen und Beobachtungen als Geschichtsschreiber.» Das zweite ist für Spike ein ideales Rollenspiel, das Atmosphäre schafft. Er nennt dieses Erleben der eigenen Rolle «ein inneres Spiel haben». Dabei erfährt der Spieler die Spielwelt unmittelbar und erhält auf diese Weise Eindrücke von den Facetten der vordefinierten Welt, sodass er sie durch seine eigene Rolle hindurch verstehen kann.

Das Ich im Licht der Rolle

Die Rolle des Vampirs ist geprägt von seinem derzeitigen Vampirsein und seiner ehemaligen Menschlichkeit. Beide Wesenszüge stehen in einem dauernden Widerstreit, was für Spike gerade den Reiz von WoD ausmacht. Jetzt ein nach Blut und Macht hungerndes Monstrum, fähig zu Taten wie Intrigen, Verrat und Mord; einst ein Mensch, geprägt durch Moralvorstellungen und Ethik; diese Zwiespältigkeit zwischen möglicher Handlung und gefühlter Moral will Spike im Spiel dargestellt sehen. Die Ausweglosigkeit des «riddle» soll in der Rolle ausgespielt werden. Diese unversöhnliche Wechselbeziehung empfindet Spike als die Düsterheit von WoD – der World of Darkness – das innere Spiel des Einzelnen soll sie fühlbar machen.

Spike beschreibt die Spielwelt in einer Weise, die sich binär strukturieren lässt. Auf der einen Seite ist die Welt der Menschen, auf der anderen diejenige der Vampire. So steht dem sterblichen Menschen ein untotes Wesen gegenüber, der Menschlichkeit die Kaltblütigkeit der Vampire, dem demo-

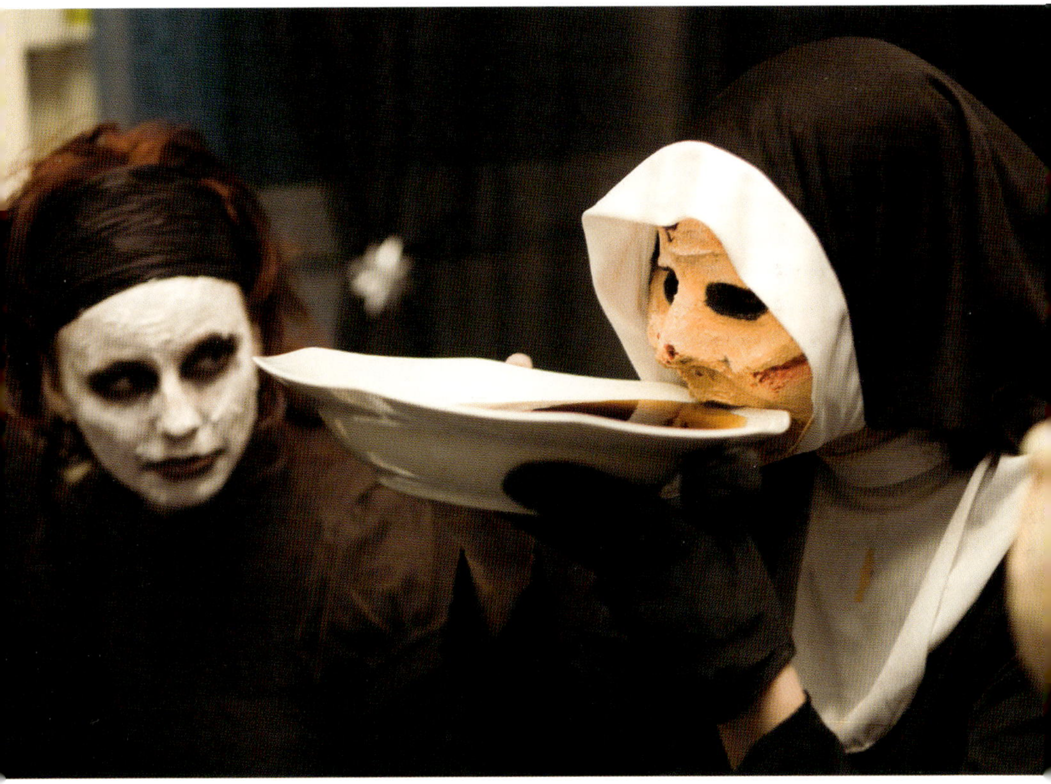

kratischen Staat die monarchisch geführte «Camarilla». Spezifisch an dieser Strukturierung ist die Verkehrung der menschlichen und somit für den Spieler bekannten Welt. Am pointiertesten kommt diese Verkehrung im Wesen des Vampirs und in seinem Gefangensein im «riddle» zum Tragen. Seine Gegensätzlichkeit zum Menschen steht im Zentrum des Spiels. Um seine Rolle glaubhaft zu füllen, muss sich der Spieler mit dieser Gegensätzlichkeit auseinandersetzen. Die Rolle des Vampirs ist auf diese Weise ein im Spiel nachvollzogenes Widerspiel zum täglichen Menschsein. Eine ähnliche zweigliedrige Struktur hat der Zürcher Religionswissenschaftler Fritz Stolz «Welt und Gegenwelt» genannt. Bei der Untersuchung antiker Texte bemerkte er eine Verkehrung der Weltordnung in der Erzählung und stellte die These auf, dass in Mythen bestimmte Merkmale der Welt in Gegenwelten konträr dargestellt werden. Da der Gegenwelt gewisse reale Merkmale fehlen oder diese irreal unter- bzw. überzeichnet dargestellt werden, verdeutlicht der Mythos die Ordnung der normalen Welt. Indem der Welt der Menschen die mythische Gegenwelt gegenübergesetzt wird, kann der Mensch seine eigene Welt in Abgrenzung zur Gegenwelt verstehen lernen. Durch das Nachvollziehen des Mythos erscheint die oftmals chaotische menschliche Welt plausibel und fassbar.

Eine solche Orientierungsleistung lässt sich ansatzweise auch auf LARP übertragen, wo das Verkörpern des Vampirs als «Gegenwesen» im Vordergrund steht. Für Spike gibt es beim Spielen eine klare Grenze: «Was im Spiel passiert, hat nichts mit dem Spieler zu tun, sondern mit seiner Rolle», mahnt er eindringlich. «Diese gilt es, so intensiv und atmosphärisch wie möglich darzustellen. Doch muss dabei der Abstand zur normalen Welt vom Spieler verstanden und gewahrt werden.» In Anlehnung an Stolz' Modell liesse sich sagen, dass der Spieler zwischen Welt und Gegenwelt und seinen Rollen darin unterscheiden sollte. An jenem Abend in Baden ist er ein Rollenspieler in Verkleidung, gleichzeitig ist er aber in WoD ein Vampir, intensiv erfahren über das innere Spiel. Ich meine, dass dieses Unterscheiden gerade die Orientierungsleistung dieses Spiels ausmacht. Denn der einzelne Spieler kann in seiner Rolle nur aufgehen, wenn er zwischen dem Vampir als Rolle und dem Ich als Spieler klar unterscheidet und sich des Unterschieds bewusst ist. Nur durch eine bewusste Differenzierung zwischen der Rolle und dem Ich kann der Spieler Handlungen und Entscheidungen aus dem Verständnis der Rolle während des Spiels umsetzen. Wie abweichend die Entscheidungen und die Einstellung von Spieler und Rolle sein können, habe ich selbst erfahren.

Die Vampirin Inanna Dumuzin

Es ist schon weit nach Mitternacht. Ich bin todmüde und trotzdem hellwach. Mehr als sechs Stunden habe ich LARP gespielt. Zu Beginn habe ich eine menschliche Ethnologin verkörpert, spezialisiert auf matrilineare Kulturen in Asien. Lange Zeit hatte sie im Fernen Osten nach dem ewigen Leben geforscht. Für diese Rolle bietet mein Kleiderschrank alle nötigen Requisiten und Kostüme, mein Japanaufenthalt das Kulturverständnis. Etwas weisse Camouflage, roter Lidschatten und schwarzer Cajal um die Augenlider gaben mir einen Anflug von Madame Butterfly. Es war ein intensives und doch auch anstrengendes Erlebnis, in Inanna Dumuzin, meine Rolle, einzutauchen, in dieser Rolle zu denken, darin zu handeln, durch sie die Welt von WoD und Spikes Plot zu entdecken und daran physisch wie auch emotional teilzuhaben. Die Differenz zwischen Rolle und Person hat sich in dem Moment aufgetan, als sich Inanna im Spiel die Möglichkeit bot, zu einem Vampir verwandelt zu werden. So kam es, dass ich mir die Frage stellen musste, welchen Preis ich für ein unsterbliches Leben zu zahlen bereit wäre: ewiges Leben für dunkle Triebe? Eine – zum Glück hypothetische – ethische Entscheidung, die ich dort zu so später Stunde in meiner Rolle zu treffen hatte.

Spiel
Vampire. The Masquerade, Mark Rein (et al.), Georgia 1991.

Literatur
Stolz, Fritz, *Grundzüge der Religionswissenschaft*, Göttingen ³2001.
Stolz, Fritz, *Paradiese und Gegenwelten*, in: ders., *Religion und Rekonstruktion. Ausgewählte Aufsätze*, hg. v. Daria Pezzoli-Olgiati, Göttingen 2004.

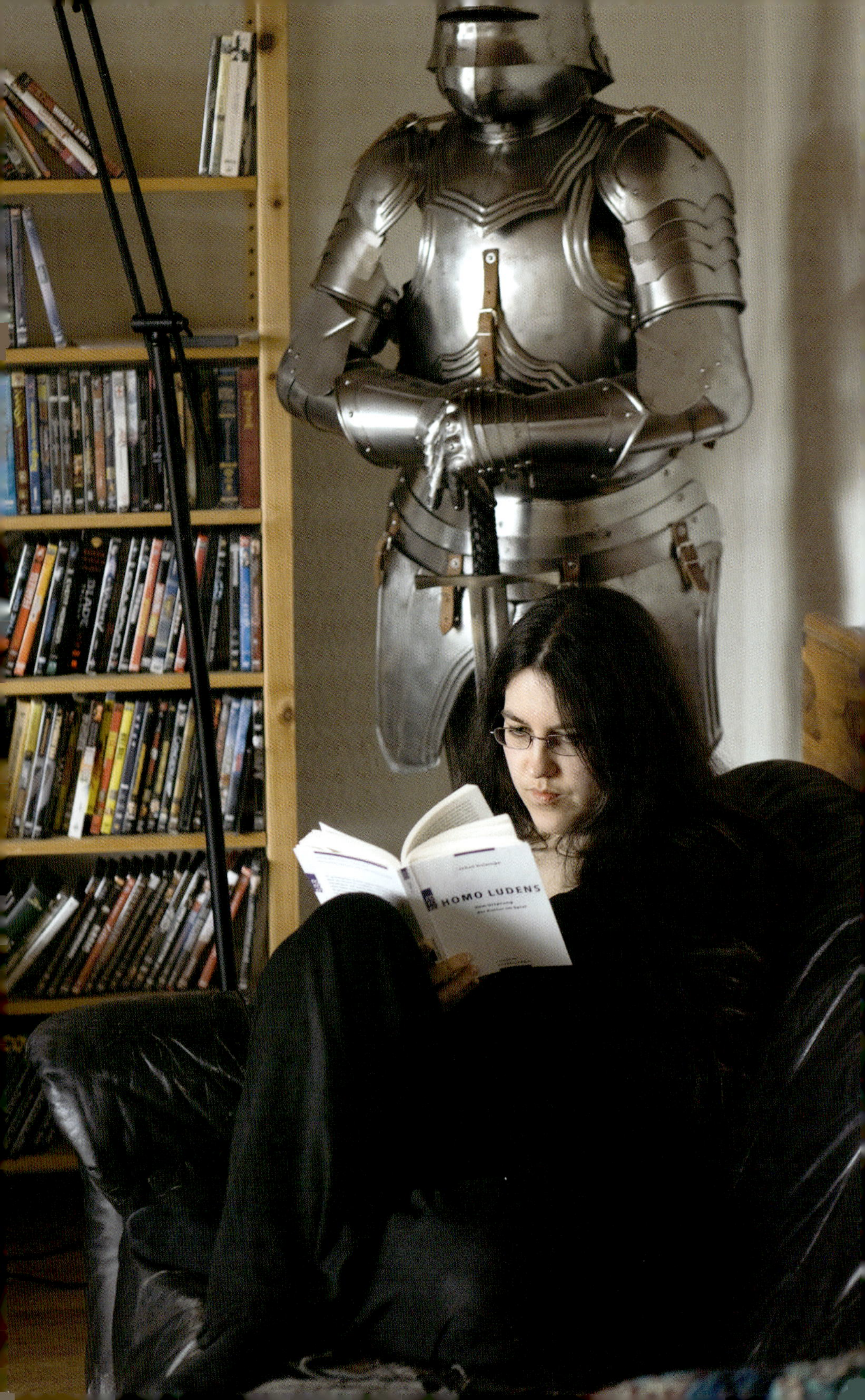
HOMO LUDENS

Spielentwickler
Die Götter von Computerspielwelten?

Anina Veronica Schneider

Geschäftig eilen die Bewohner der Stadt Qeynos durch die Strassen. Wie jeden Tag gehen sie ihren verschiedenen Aufgaben nach, doch auf einmal beginnen erste Personen ihre Geschäfte zu unterbrechen und bleiben auf dem Platz am Hafen stehen. Immer mehr gesellen sich zu ihnen und es bildet sich ein kleiner Menschenauflauf um einen Mann herum, der still an einer Strassenecke steht. Er trägt eine strahlende Rüstung, wie sie noch kaum einer der Umstehenden je gesehen hat, und zu seinen Füssen funkelt ein grünlicher Lichtschein. Geheimnisvolle Runen schweben um seinen Körper und an seiner Seite hängt ein Schwert, welches ebenso machtvoll strahlt wie die Rüstung. «Es ist ein GM!», hört man durch die Reihen raunen, und die Erwartung scheint zu wachsen, dass die Gestalt sich regt oder irgendetwas sagt. Doch das erwartete Ereignis bleibt aus, und langsam zerstreut sich die Menge wieder.

Die hier geschilderte Situation spielte sich im Computerspiel *Everquest II* ab. Sie hält einen Moment fest, in dem ein Mitarbeiter der Produktionsfirma Sony Online Entertainment in der Spielwelt auftaucht und kurz in Kontakt mit den Spielern tritt. Wie lässt sich dieses Ereignis und die Reaktion der Beteiligten darauf in den Kontext einer virtuellen Spielwelt einordnen? Dieser Frage möchte ich in diesem Text nachgehen und einführend erst mal einen Blick auf das untersuchte Spiel werfen. *Everquest II* spiele ich seit den Betatests im Jahr 2004. Die hier vorgelegten Informationen stammen deshalb auch nicht aus konkreten Interviews, sondern sind aus vielen Gesprächen mit Spielern über Jahre zusammengetragen worden. Ich hatte ebenfalls die Chance, das Spielgeschehen ansatzweise aus der Perspektive der Mitarbeiter der Produktionsfirma zu beobachten, da ich seit zwei Jahren als freiwilliger Helfer für Sony Online Entertainment im Spiel unterwegs bin und in ihrem Auftrag Spielern bei Problemen helfe und dynamische Events für sie veranstalte.

Das Spiel

Everquest II ist ein Computerspiel, das von mehreren tausend Spielern und Spielerinnen auf der ganzen Welt gegen eine monatliche Gebühr von etwa 20 Schweizerfranken gleichzeitig über das Internet gespielt werden kann, und gehört in die Sparte der MMORPGs (Massive Multiplayer Online Roleplay Games). Die virtuelle Welt besteht aus einer in 3D-Grafik gestalteten, phantastischen Umgebung. Diese ist an das europäische Mittelalter angelehnt, aber mit Elementen aus Märchen und antiken Mythen vermischt. Jeder Spieler kann sich mit Hilfe der Spielsoftware eine virtuelle Figur, einen Avatar erschaffen. Während der Erstellung kann der Spieler für den Avatar eine Volkszugehörigkeit wählen, dessen Aussehen anpassen, ihm einen Beruf, zum Beispiel Krieger, Zauberer, Priester oder Dieb zuweisen und ihm einen eigenen Namen geben. Wichtig ist die Unterscheidung zwischen Spieler und Avatar. Der Spieler ist der Mensch vor dem Bildschirm. Er steuert den Avatar und entscheidet, was dieser tut. Der Avatar ist die virtuelle Figur in der Spielwelt. Pixel und Polygone gestalten sein Äusseres, Zahlenwerte definieren seine Fähigkeiten und Programmiercodes bestimmen, wie er auf Befehle des Spielers und Ereignisse in der virtuellen Umgebung reagiert. Stirbt der Avatar, geschieht dem Spieler nichts, er ärgert sich höchstens, weil er eine Aufgabe nicht geschafft hat und sein wieder auferstandener Avatar für ein paar Minuten einen Malus in seinen Fähigkeiten erleidet.

Die Avatare sind Helden in ihrer Welt. Sie können Ritter, Schurken, Heiler aber auch Zauberer verkörpern, deren Fähigkeiten sich im Verlauf der Zeit verbessert und die Ansehen in der Spielwelt gewinnen können. Das geschieht, indem sie Aufgaben erledigen und Gegner bekämpfen. Dafür gibt es Gold und Erfahrungspunkte als Belohnung. Mit Ersterem lässt sich für den Avatar bessere Ausrüstung kaufen, und mit den Erfahrungspunkten bekommt er wirkungsvollere Zaubersprüche oder weitere körperliche Fähigkeiten. Sowohl bessere Ausrüstung wie auch neue Fähigkeiten ermöglichen es dem Avatar, unentdeckte Gebiete der Spielwelt zu betreten und gefährlichere Gegner zu besiegen.

Viele Aufgaben lassen sich nur bewältigen, wenn sich mehrere Spieler zusammenschliessen. Untereinander kommunizieren sie mithilfe eines Chatsystems, teilweise via Mikrofon und Kopfhörer und auch manchmal anhand von Gesten wie winken, sich verneigen, sich hinsetzen, verneinen und schimpfen, Bewegungen, die die Avatare ausführen können.

Während das Spielziel für einen Teil der Spieler darin besteht, ihren Avatar möglichst schnell möglichst mächtig werden zu lassen, finden es andere interessanter, sich selbst zeitweise tiefer in die Rolle ihres Avatars hineinzuversetzen. Sie erfinden einen Hintergrund des Avatars, der in die virtuelle Welt passt und lassen ihre Avatare ähnlich wie in einem Improvisationstheater miteinander in Aktion treten. So sitzen die Avatare manchmal gemeinsam in einer Taverne, veranstalten Wettkämpfe, hecken Intrigen gegeneinander aus oder erzählen sich von ihren Abenteuern. Manchmal gehen Avatare auch Beziehungen miteinander ein, die bis zu einer virtuellen Hochzeit führen können.

Die Welt ist allerdings nicht nur von spielergesteuerten Figuren bevölkert, sondern auch von vielen computergesteuerten Figuren, mit denen die Spieler interagieren können. Die meisten Auftraggeber und Gegner im Kampf sind computergesteuert.

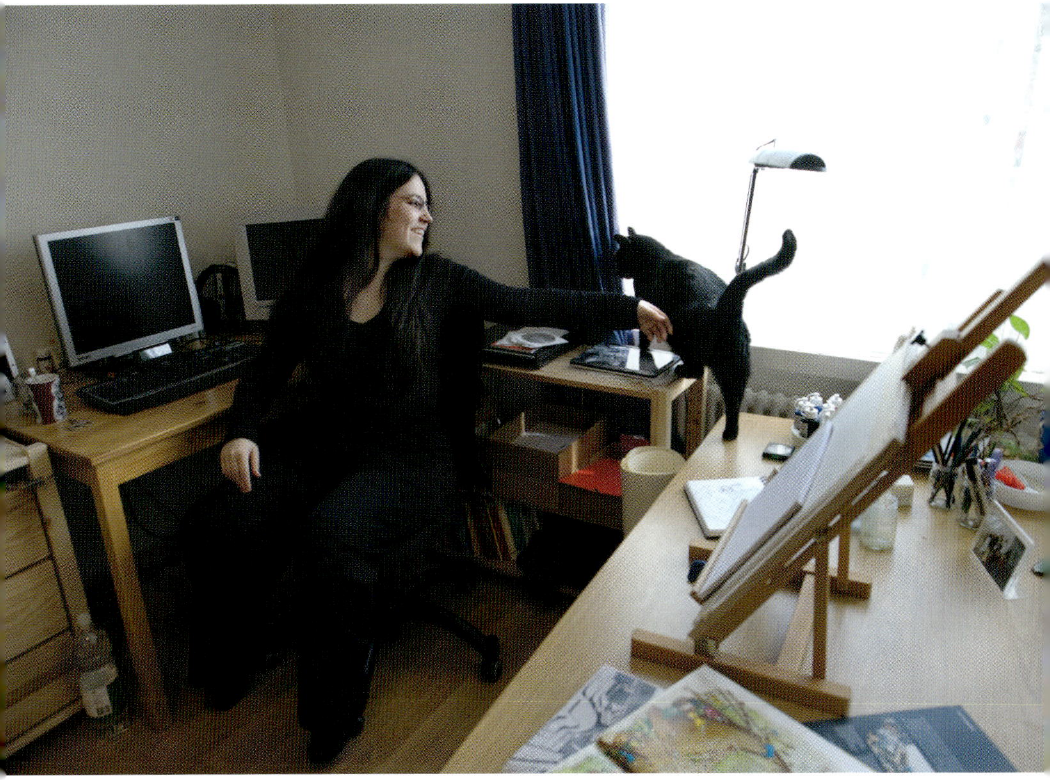

Najun
Raubkatzen

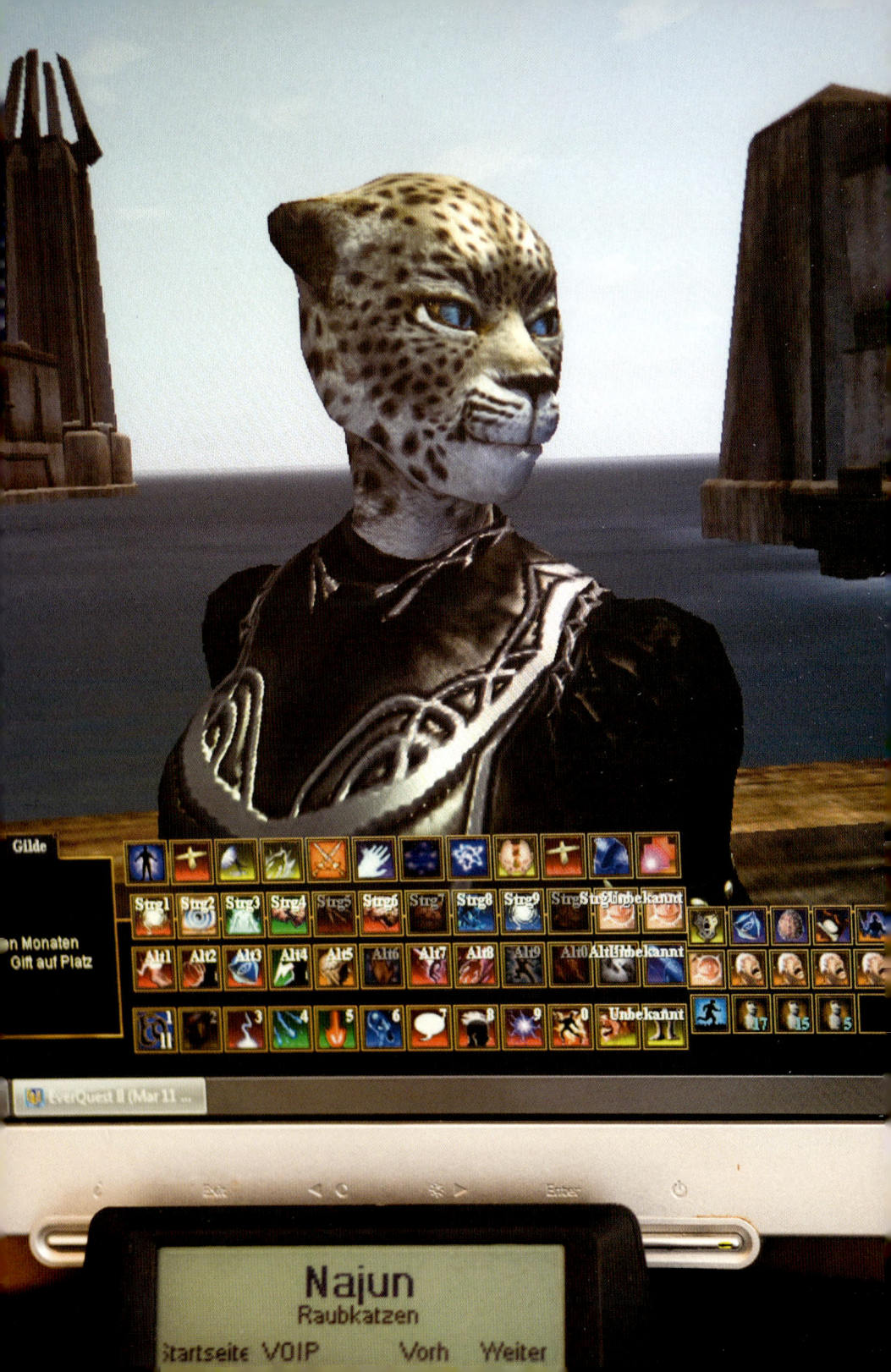

Die Entwickler von Everquest II

Die Spielentwickler von *Everquest II* haben wenig direkten Kontakt mit den Spielern. Es existiert ein Online-Diskussionsforum von Sony Online Entertainment, in dem Spieler und Mitarbeiter der Produktionsfirma miteinander kommunizieren können. Es kommt – wenn auch eher selten – vor, dass Spielentwickler das Spiel selbst mit einem Avatar betreten. Meistens sind es Kundendienstmitarbeiter, die in *Everquest II* oft als Game Master oder kurz als «GM» bezeichnet werden. Man trifft sie dann im Spiel an wie in der eingangs geschilderten Situation. Sie sind zuständig für Probleme und Fehler, die im Spiel auftauchen. Manchmal, zu Testzwecken oder besonderen Anlässen wie Jubiläen, betreten aber auch die Spielentwickler selbst mit einem Avatar das Spiel und unterhalten sich mit den Spielern.

Im Spiel verfügen die Avatare der Spielentwickler über zusätzliche Fähigkeiten und sind nicht so stark an die Gesetze der Spielmechanik gebunden wie die Avatare der Spieler. Ihre Ausrüstung ist einzigartig, sowohl von den Fähigkeiten, die sie dem Avatar verleihen, wie auch vom Aussehen her. Sie sind unangreifbar und beinahe unsterblich. Sie haben auch die Möglichkeit, sich selbst in mächtige Gestalten wie zum Beispiel einen Drachen zu verwandeln. Nach meiner Erfahrung schöpfen Spielentwickler diese Möglichkeiten gern aus und lassen sich in beeindruckenden Verwandlungen bewundern. Manchmal beweisen sie den Spielern auch, dass die für Spieleravatare geltenden räumlichen Grenzen im Spiel für sie keine Gültigkeit haben, indem sie sich selber oder die Avatare der Spieler durch die Gegend teleportieren, was bedeutet, dass ein Avatar sich durch einen Befehl an beliebige Stellen im Spiel versetzen lässt. Normalerweise sind Avatare auf ihre Füsse, ein Pferd, oder ein magisches Portal angewiesen, um von einem Ort an den anderen zu kommen.

Nicht nur durch ihre Verkörperung im Spiel wird ein Machtgefälle gegenüber den Spielern hergestellt, sondern auch ihre Position als Erschaffer der virtuellen Welt hebt sie von den Avataren der Spieler als Bewohnern der Welt ab. Denn zumindest theoretisch haben die Spielentwickler die Möglichkeit, die Welt mitsamt ihren Bewohnern, die sie erschaffen haben, wieder zu vernichten oder, was häufiger geschieht, Teile in der Welt zu ändern, neue Gebiete hinzuzufügen, die die Avatare erforschen können, und nicht zuletzt, neue computergesteuerte Figuren ins Spiel zu bringen oder auch zu entfernen.

Spielentwickler in der Rolle der Götter

Obwohl es bereits Götter in der Hintergrundgeschichte von *Everquest II* gibt, werden Spielentwickler und Götter gelegentlich in einem Atemzug genannt. Teleportiert zum Beispiel ein Spielentwickler einen Spieleravatar zu sich, steht auf dem Bildschirm des Spielers: «Die Götter rufen Euch zu sich!» Auch Spieler nennen die Entwickler manchmal Götter. Am häufigsten tritt dieses Phänomen der Teleportation auf, wenn Spieler versuchen, in der Rolle des Avatars die Spielwelt zu erleben, und aus dieser Perspektive über Veränderungen an ihrer Welt sprechen. Ein Avatar sagt dann beispielsweise zu einem anderen: «Die Götter haben beschlossen, dass wir Zugang zu einem bisher unentdeckten Kontinent erhalten», anstatt «Die Spielentwickler haben ein neues Gebiet gestaltet».

Es würde das Erlebnis einer in sich abgeschlossenen phantastischen Welt reduzieren, wenn auf einmal von Programmierern und Designern die Rede wäre, und so wird der Begriff Spielentwickler manchmal mit Götter ersetzt, da diese Bezeichnung offenbar besser in den Kontext der virtuellen Welt passt. Ausserhalb des Spiels wird für die Spielentwickler die Bezeichnung «Götter» nicht verwendet. Im Diskussionsforum tritt in erster Linie die geschäftliche Beziehung zwischen Entwickler und Spieler hervor. Spieler wollen eine Gegenleistung für ihr Geld erhalten, und die Kommunikation dreht sich aus der Aussenperspektive um die Spielwelt. Man diskutiert über bestehende Probleme oder mögliche Verbesserungen der Welt und der Spielmechanik.

Auf die Frage, ob sie Spielentwickler tatsächlich als übermächtige, vielleicht gar gottähnliche Personen empfinden, antworten viele Spieler, dass dem nicht so sei. Allerdings wird die die Welt beeinflussende Macht der Entwickler wahrgenommen und geschätzt. Hat ein Spieler zum Beispiel häufiger Kontakt mit einem Mitarbeiter von Sony Online Entertainment und kann ihn vielleicht sogar zu seinen Freunden zählen, dann hat diese Bekanntschaft einen gewissen Statuswert. Ich habe öfters im Spiel erlebt, dass ein Spieler stolz berichtet, einer dieser Mitarbeiter unterhalte sich häufiger mit ihm, besuche seine virtuelle Wohnung oder habe ihm sogar Vorteile im Spiel verschafft. Mit einem Mitarbeiter in Kontakt zu stehen, scheint häufig etwas Besonderes zu sein.

Designer als Prominente ihrer Spielwelten

Wie lässt sich das Verhältnis der Erschaffer des Spiels und der Spieler also charakterisieren? Die eingangs geschilderte Situation mag zwar vielleicht auf den ersten Blick an Berichte von Engelserscheinungen erinnern – ein Bote des Schöpfers taucht unvermittelt in der Welt auf und ihre Bewohner scharen sich um die Erscheinung in der Erwartung, dass irgendetwas Besonderes geschieht –, allerdings ist ein Vergleich mit dem Kult um prominente Personen vielleicht näherliegend. In der Welt der Computerspielindustrie sind die Entwickler Berühmtheiten. Es ist für viele Spieler interessant, Details über ihr Leben zu kennen. Viele *Everquest II*-Entwickler führen ein Weblog oder kommunizieren auf anderen Internetplattformen über ihren Alltag und ihre Arbeit. Sie verraten Details aus der Entwicklungsumgebung des geliebten Spiels und geben vielleicht sogar erste Hinweise auf anstehende Veränderungen. Ist man mit einem Entwickler oder Kundendienstmitarbeiter

Weise Weise
Sangiszrak
"Nachtschatten" Sangiszrak
"Nachtschatten" von Alyx

Verschwindet
Den Helfer bitten zur

befreundet, kann man nicht nur auf Insiderinformationen hoffen, sondern hat auch häufig den Status, jemand Wichtiger in der Spielcommunity zu sein.

Warum wird die Bezeichnung Götter trotzdem manchmal für Spielentwickler verwendet? Religion ist ein nicht wegzudenkender Bestandteil vieler fiktiver Welten in der Fantasy-Literatur. Die Hintergrundwelt von *Everquest II* ist stark durch solche Literatur geprägt, und die Spielwelt ist durchzogen von religiösem Vokabular. Zu den Berufen, die ein Avatar ergreifen kann, zählen Mönch, Mystiker, Inquisitor, Druide, Schamane und Kreuzritter. Die Fähigkeiten, die den Avataren zur Verfügung stehen, enthalten in ihren Bezeichnungen Begriffe wie Unterwelt, Geister, verdammt, Erlösung, Heil, Transzendenz, unheilig, Seele, Häresie, Gebet, Glaube, Segen, Sakrament und Blasphemie. In «Heiligtümern» findet man Gegner die mit besonders viel Macht ausgestattet sind. Begriffe, die aus religiösen Situationen entliehen sind, finden sich überall, deshalb passt der Begriff Gott auch stimmiger in den Kontext der Welt als Spielentwickler.

Das Verhältnis zwischen Spieler und Spielentwickler wird also zwar manchmal mit Begriffen aus Religionen umschrieben, dies geschieht jedoch hauptsächlich, um im Vokabular der virtuellen Welt zu bleiben, und nicht, weil die Begriffe die Empfindungen der Spieler, mit denen ich mich unterhalten habe, widerspiegelten. Die Spieler, die ich kenne, unterscheiden meistens zwischen sich und ihrem Avatar und übertragen höchstens ihr Wissen und ihr Vokabular auf diesen, und nicht umgekehrt. So kommt es häufiger vor, dass ein Avatar spricht wie der Spieler, der ihn steuert und die Welt ausserhalb der Spielwelt in diese hineinbringt, als dass ein Spieler ernsthaft Ideale, Vokabular und Gedanken seiner virtuellen Figur aufnimmt. Der spielerische Charakter bleibt also in den meisten mir bekannten Fällen erhalten und die Grenze zwischen Spiel und Alltag wird selten überschritten. Religiöse Begriffe werden häufig verwendet, allerdings nur wenn sie entweder Bestandteil der Spielwelt sind oder dann als Maske, damit die Integrität der virtuellen Welt nicht durch Begriffe von ausserhalb gestört wird. Häufig sind solche maskierenden Begriffe auch von einem Augenzwinkern begleitet, um den spielerischen Kontext deutlich zu machen.

Ein weiterer interessante Aspekt wäre sicher die Sichtweise der Spielentwickler in den Blick zu nehmen, die sich an einzelnen Stellen im Spiel selbst Götter nennen und sich manchmal auch gern als mächtig inszenieren, allerdings würde das den Rahmen dieses Beitrags sprengen.

Spiel

Timmer, John, *Science gleans 60TB of behavior data from Everquest 2 logs*, http://arstechnica.com/science/news/2009/02/aaas-60tb-of-behavioral-data-the-everquest-2-server-logs.ars, 15.02.2009.
Everquest II, http://eq2.station.sony.com/, 13.07.2010.
Everquest II Forums, http://forums.station.sony.com/eq2/, 13.07.2010.

Literatur

Huizinga, Johan, *Homo Ludens. Vom Ursprung der Kultur im Spiel* [1938], Reinbek bei Hamburg 2006.

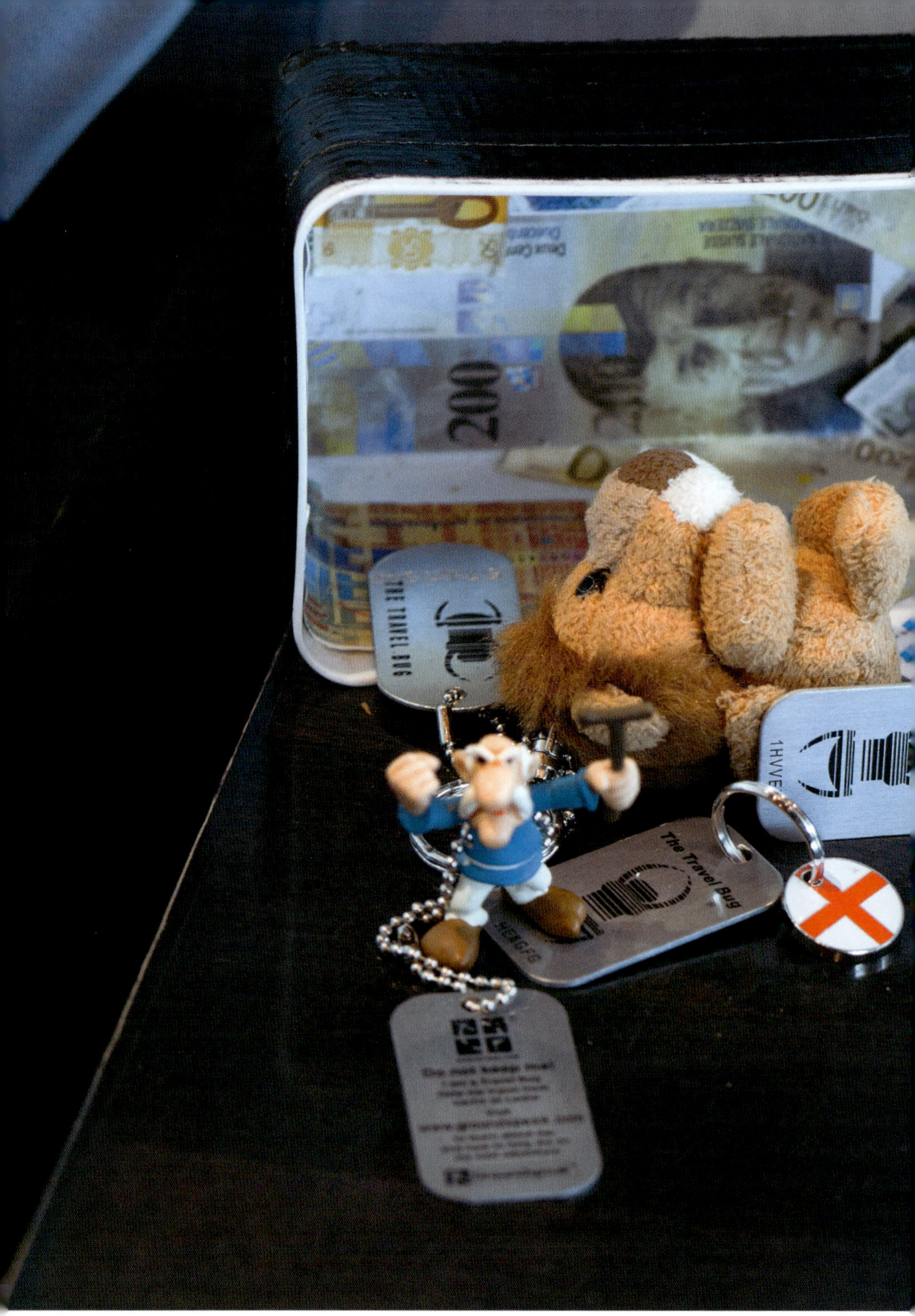
THE TRAVEL BUG
The Travel Bug

Spielräume

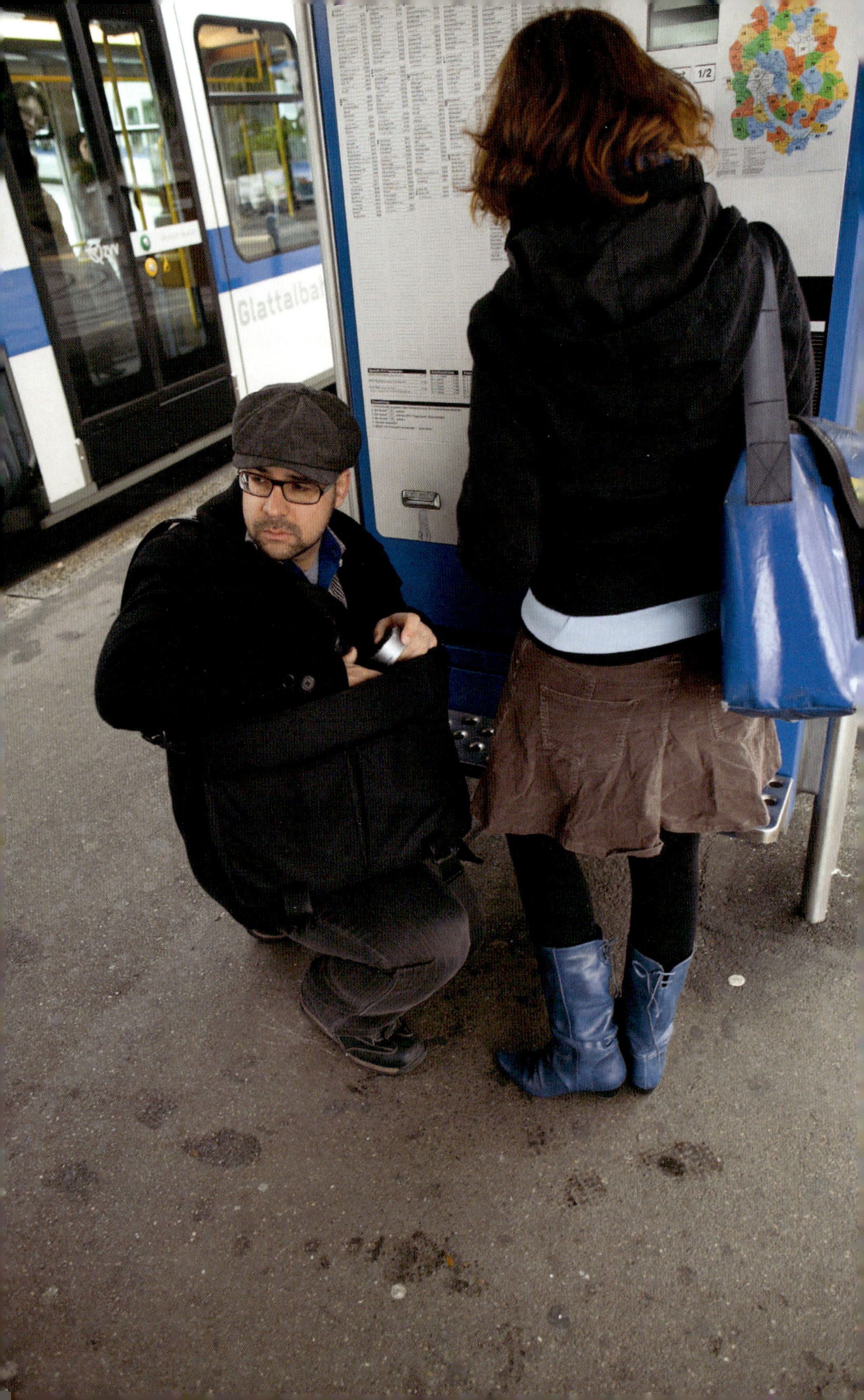
Glattalba
1/2

Geocaching – die moderne Schatzsuche
Ein Spiel lässt uns die Welt neu sehen

Fabian Perlini-Pfister

Vom Zugfenster aus kann ich es sehen, wenn ich morgens in den Bahnhof einfahre. Zwei Bahnarbeiter stehen unmittelbar daneben. Der eine wischt den Steg, der andere wäscht ein Gestänge. Werden sie es finden? Nein, werden sie nicht. Es ist schon lange dort. Es ist das meist besuchte Versteck der Schweiz. Im Durchschnitt sucht fast jeden Tag eine Person erfolgreich danach. Jeweils um 10 nach oder 20 vor, wenn die Züge auf den benachbarten Gleisen gerade abgefahren sind. Dann ist das Risiko am kleinsten, gesehen zu werden. Etwas später sitze ich im Tram und beobachte beim Vorbeifahren, wie jemand Geld in eine Parkuhr lässt. Ich frage mich, wie viele Hände dort wohl täglich nach ein paar Münzen greifen, nichts ahnend von dem Schatz, den sie dabei nur um wenige Zentimeter verpassen. Die letzten Meter meines Arbeitswegs gehe ich zu Fuss. Dabei passiere ich eine Skulptur eines berühmten Bildhauers. Eine Traube Touristen bestaunt die wahrlich faszinierende Plastik. Ich selber sehe heute aber vor allem ein cleveres Versteck. Seit ich begonnen habe, mich mit *Geocaching* auseinanderzusetzen, nehme ich meine alltägliche Umwelt ganz anders wahr. In diesem Beitrag werde ich das Spiel beschreiben und der Frage nachgehen, wie *Geocaching* über das eigentliche Spiel hinaus die Wahrnehmung unserer Welt verändert.

Eine moderne Form der Schatzsuche

Das Spiel funktioniert folgendermassen: Eine Person legt verschiedene kleine Gegenstände wie Spielzeugfiguren oder billigen Schmuck zusammen mit einem kleinen Notizbuch, dem Logbuch, in einen Behälter, den sogenannten Geocache, oder einfach nur Cache. Für diesen muss ein passendes Versteck gefunden werden. Eine Stelle, zu der möglichst nie jemand per Zufall hinschauen wird. Danach werden die Koordinaten des Verstecks mit einem GPS-Gerät bestimmt und im Internet veröffentlicht, damit die anderen Spieler den Cache finden können. Diese geben die Koordinaten in ihr eigenes GPS-Gerät ein und folgen der angegebenen Fährte. Auf den letzten paar Quadratmetern beginnt die eigentliche Suche. Wird der Cache gefunden, trägt man sich ins Logbuch ein, was *loggen* genannt wird, birgt den Schatz und legt einen etwa gleichwertigen Schatz hinein. Danach registriert man seinen Fund im Internet und berichtet über seine Erfahrungen beim Suchen. Ein ziemlich typischer Interneteintrag lautet: «Ich überlegte mir, ob ich klettern, tasten oder schwimmen soll, doch da öffnete ich meine Augen und konnte *loggen*. Speziell versteckter Cache! Danke fürs Verstecken!»

Eine Besonderheit unter den «Schätzen», die sich in den Behältern finden lassen, sind die Trackables. Dabei handelt es sich um mit einem registrierten Code versehene Gegenstände, deren Reiseroute im Internet protokolliert wird, damit sie sich nachverfolgen lässt. Am beliebtesten sind die Travel Bugs. Wer einen Bug aussetzt, gibt ihm eine Aufgabe mit. Der Bug namens Westland will immer westwärts wandern, bis er es einmal um die Welt schafft. Das Plüschtierchen Hidihouwi Love you Bear soll möglichst viele verliebte Pärchen treffen, die dann ins Internet ein Foto mit dem Bärchen stellen, und der Inselschlumpf will nach 60 000 Kilometern nur noch zurück nach Hause. Als Spiel im Spiel sind auch Wettrennen beliebt: Um etwa die Swiss Travel Bug Trophy zu gewinnen, muss ein Bug möglichst schnell durch die ganze Schweiz reisen, und dabei in jedem Schweizer Kanton für mindestens 24 Stunden in einem Cache gelegen haben. Kürzlich habe ich einen eigenen Travel Bug ausgesetzt, der in der Zwischenzeit schon quer durch Europa gereist ist. Es macht Freude, jede Woche seiner Spur auf der Karte zu folgen.

Auch die Geocaches gibt es in verschiedenen Varianten. Neben den «traditionellen Caches», die sich mit ein paar guten Ideen, Geduld und etwas Glück finden lassen, sind auch solche beliebt, deren Position erst enträtselt werden muss. So steht zum Beispiel bei den Angaben zu einem Cache namens Gottfried Keller Folgendes zu lesen: «Den Cache findest Du bei N47 25.uvw, E008 30.xyz.» Für jede Unbekannte muss ein Rätsel gelöst werden, wofür drei Gebäude in Zürich aufgesucht werden müssen, die im Leben des Dichters eine Rolle spielten. Ebenfalls beliebt ist es, anstatt der Koordinaten des Caches die eines Objektes anzugeben, von dem aus die Suche erst beginnt. Beim Cache namens Die 2 Grossen finden wir ein Gesicht an einer Aussenmauer des Zürcher Grossmünsters, von dem aus sich die Position des Behälters mit Hilfe einiger Tipps herausfinden lässt. Als Warnung ist noch vermerkt: «Zeitweise sehr hohes Muggelaufkommen, da kann es viel Geduld oder Geschick benötigen, den Cache zu heben.»

Als «Muggel» werden in den Harry Potter-Romanen die nicht-zauberkundigen Leute bezeichnet, die nichts wissen von der geheimen magischen Parallelwelt, in der sich der grösste Teil der Erzählung abspielt. Dementsprechend werden beim *Geocaching* die Nicht-Spieler als Muggel bezeichnet. Und wie es in den Romanen des Zauberlehrlings verboten ist, sich beim Zaubern von nichtsahnenden Muggel beobachten zu lassen, so gilt dies auch für das Ausheben von Verstecken. In einer Zeit, in der bereits unbewachte Gepäckstücke Panik auslösen können, sind Muggel eine überall lauernde Gefahr, die ungewollt zu Spielverderbern werden können. In Auckland kam es 2008 sogar einmal dazu, dass die Polizei einen Stadtteil absperr-

DAS HAUS ZUR SICHEL
IN DIESEM SEINEM ELTERNHAUSE
VERLEBTE
GOTTFRIED KELLER
SEINE JUGENDZEIT
1821–1848.

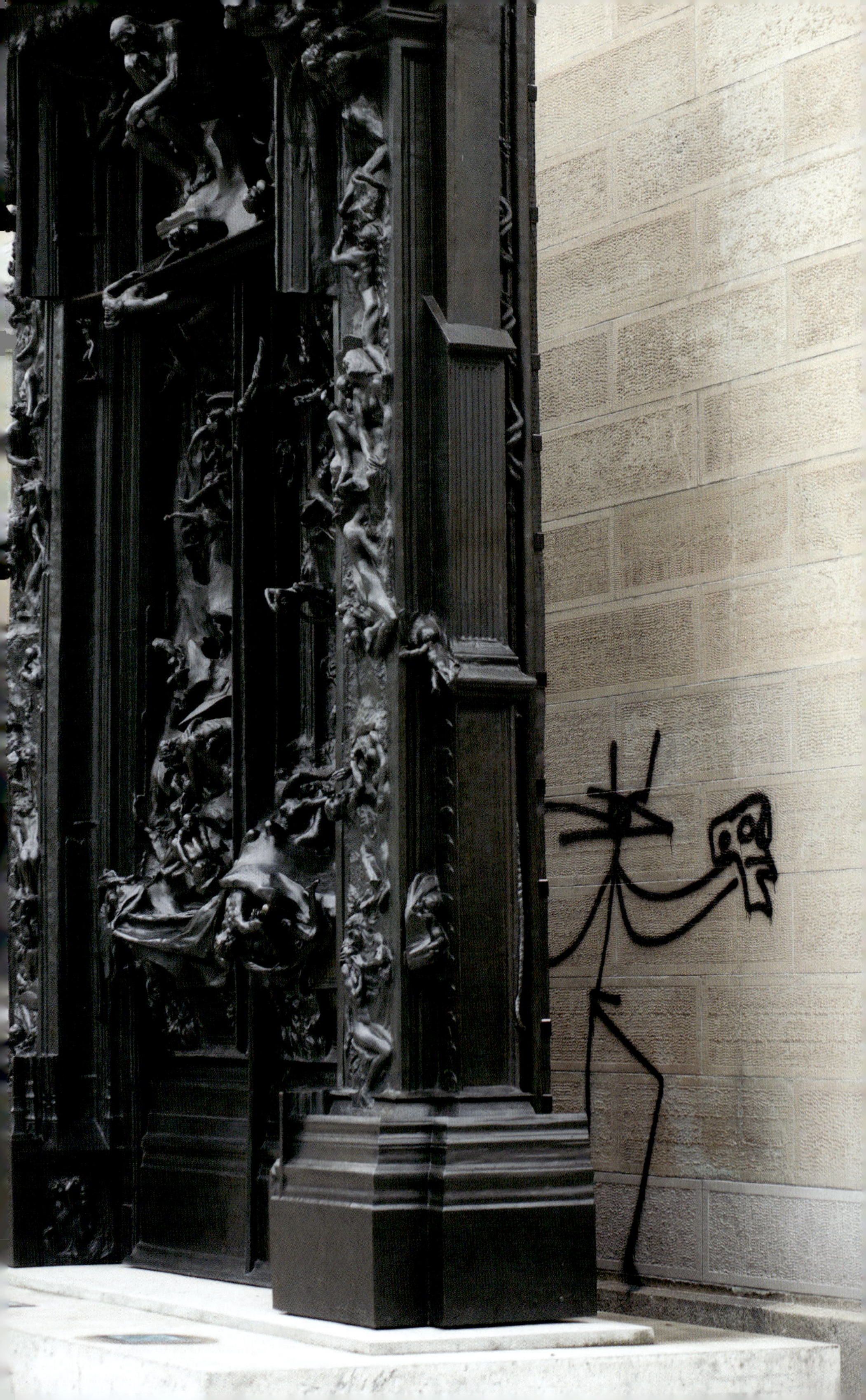

te und mit einem Bombenteam anrückte. Dies alles, weil mit einer Überwachungskamera ein sich verdächtig benehmender *Geocaching*-Spieler beobachtet wurde.

Muggel sind jedoch nicht etwa bloss störende Nicht-Spieler. Oftmals werden sie auch zu einem wichtigen Bestandteil des Spiels umgedeutet. Indem sie eine ständige Gefahr darstellen, welche das Spiel jederzeit verderben könnte, sorgen sie für den Nervenkitzel beim Anlegen oder Ausheben von Verstecken. So sind sie, ohne es zu wissen, ein wesentlicher Spassfaktor innerhalb des Spieles. Ausserdem sind sie notwendig, damit sich der eingeweihte Spieler von ihnen abheben kann. Denn der wahre Wert des Schatzes liegt nicht im billigen Spielzeug, das sich in den Caches befindet, sondern im Wissen um das geheime Versteck. Und was für einen Wert hätten Geheimnisse, müssten sie nicht streng gehütet werden? Deutlich wird diese Funktion von Verstecken auch bei virtuellen Caches. Bei diesen lässt sich bei den angegebenen Koordinaten nichts finden. Um den «Schatz» zu bergen, muss man vor Ort ein Rätsel lösen oder sich an der entsprechenden Stelle fotografieren lassen. Ein gewöhnlicher Betrachter sieht in einem solchen Bild ein gewöhnliches Urlaubsfoto. Seine wahre Bedeutung erkennen nur die eingeweihten Spieler.

Die spielerische Jagd nach Schätzen ist kein neues Phänomen. In der Form des Spiels *Letterboxing* ist es bereits seit Mitte des 19. Jahrhunderts bekannt. Bis vor kurzem wurde jedoch noch mit Karte und Kompass gespielt. Das heutige *Geocaching* entstand im Jahr 2000. Im selben Jahr, als die USA beschlossen, ihr globales Positionierungs-System (GPS) für die zivile Nutzung freizugeben, und die GPS-Technologie daraufhin Einzug in den Alltag hielt. Der Markt bietet bezüglich Datentransfer und Bildschirmauflösung immer leistungsstärkere Geräte an, und gleichzeitig verbreitet sich diese Technologie sehr schnell in allen Schichten der Gesellschaft. Die 2007 aufgekommenen Smartphones sind mit GPS-Technologie, Internetzugang und Digitalkamera ausgerüstet, womit sie alle benötigten Utensilien für das Spiel in einer handlichen Form kombinieren. Mit der rasanten technologischen Entwicklung wuchs auch die *Geocaching*-Community. Heute gibt es weltweit zwischen 4 und 5 Millionen Spieler und 1,2 Millionen aktive Caches, davon zirka 11 000 in der Schweiz In Städten ist es keine Seltenheit, alle 100 Meter ein Versteck zu passieren.

Ein Spiel verändert unsere Wahrnehmung der Welt

Nicht anders als bei anderen Spielen ist auch bei *Geocaching* die Gemeinschaft der Spieler ein wesentliches Element des Erlebnisses. Speziell bei *Geocaching* ist jedoch, dass sich die meisten Spieler nicht persönlich kennen. Es kommt zwar vor, dass sich zwei Spieler beim Suchen begegnen und kennenlernen. Aber mindestens so oft erschweren sich die Spieler ihre Suche, weil sie sich gegenseitig für Muggel halten. Der Austausch findet vielmehr im Internet statt. Dort berichtet man über seine Sucherlebnisse, hilft sich gegenseitig mit Suchtipps und vergleicht die Statistiken mit seinen Sucherfolgen. Hin und wieder gibt es auch gemeinsame Anlässe. Was die Gemeinschaft aber vor allem ausmacht, ist das geteilte Wissen um die verborgenen Verstecke. Während man zu Beginn einer Suche kaum mehr über ein Versteck weiss, als dass es existiert, ist man nach dem erfolgreichen Lösen von Aufgaben im Besitz des Wissens um das Geheimnis, und wird Teil der Gemeinschaft der Eingeweihten. Für Johan Huizinga, den grossen Klassiker der Spielforschung, ist die Gemeinschaft der Spielenden ein zentrales Element des Erlebnisses. Das Gefühl, sich gemeinsam in einer Ausnahmestellung zu befinden und sich dadurch von den anderen Menschen abzuheben, sorge dafür, dass das Spiel seinen Zauber über die Dauer des einzelnen Spiels hinaus behalte. Das Spiel werfe seinen Glanz auf das gewöhnliche Leben und bewirke für die Gruppe der Spieler Ordnung und Sicherheit, bis die «heilige Spielzeit» wieder da sei.

Ebenfalls typisch für das Spiel sei es, dass dabei ein «geweihter Fleck» abgesteckt werde, der die darin erfolgenden Handlungen aus dem gewöhnlichen Leben heraushebe. In diesem Sinne sei eine Rennbahn, ein Schachbrett aber auch ein Tempel der Form nach dasselbe. Huizinga spricht dabei von einer «Welt des Spiels», die sich von der «gewöhnlichen Welt» abhebe. Tatsächlich dürften uns viele Spiele besondere Erlebnisse ermöglichen, die wir nur in diesen Spielwelten, nicht aber in unserem gewöhnlichen Leben erfahren können. Doch beim *Geocaching* verhält es sich anders. Denn bei diesem Spiel wird nicht ein Teil der bestehenden Welt abgegrenzt. Stattdessen wird mit dem gespielt, was bereits gegeben ist. Durch das Spiel werden Elemente der gewöhnlichen Welt wie öffentliche Gebäude und Plätze in der Stadt und in der Natur, aber auch andere Menschen umgedeutet und zu einem Element des Spiels gemacht. Die Spielwelt wird zu einem ständigen Begleiter. Egal wo sich der Spieler befindet – unterwegs, am Arbeitsplatz oder in der Freizeit –, er kann sich jederzeit darüber vergewissern, wo um ihn herum welche Verstecke sind. Dies können gefundene Behälter sein, solche, nach denen er schon lange suchte, die er aber bis jetzt noch nicht entdecken konnte, oder solche, die er selber angelegt hat und bei denen er immer wieder nachschaut, wie viele Leute das Versteck schon gefunden haben.

Geocaching-Spieler betonen, dass ihr Hobby sie an besondere Orte führen soll. Und häufig finden wir bei der Beschreibung des Verstecks im Internet neben den Koordinaten, Rätseln und Tipps für die Suche auch eine touristische Beschreibung des Fundorts. Durch das Spiel kann sich die Bedeutung solcher Orte aber auch ändern. Die Wichtigkeit, die ein Ort für uns hat, ist stark von unserer eigenen Erfahrung beeinflusst. So kann ein räumliches Objekt wie z. B. ein Kirchengebäude für verschiedene Menschen in verschiedenen Situationen Unterschiedliches bedeuten: Es kann die vollendete gotische Baukunst repräsentieren oder einfach ein hoher Bau sein, der

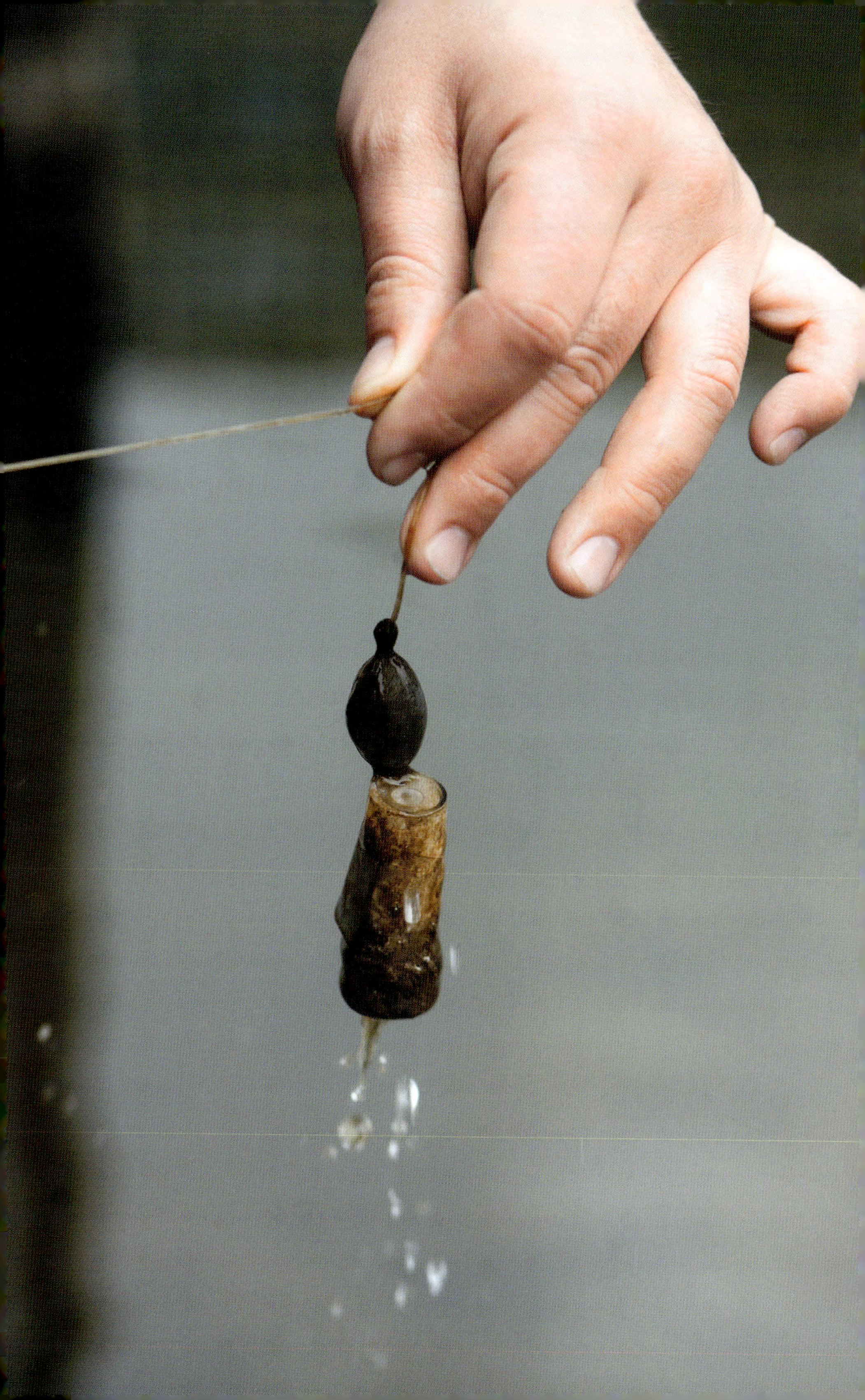

OFFICIAL GEOCACHE
Bitte liegen lassen!
Cache Name: Schanzen-graben

den Blick zum See behindert. Man kann darin einen Ort der Zuflucht zu Gott sehen oder eine Versammlungsstätte traditionell eingestellter Menschen. Wenn wir aber wissen, dass im selben Gebäude auch ein GeoCache versteckt ist, können die anderen Bedeutungen dadurch zumindest zeitweise in den Hintergrund gedrängt werden. Denn indem *Geocaching* die Dinge um uns herum mit einem zusätzlichen Sinn ausstattet, sorgt es nicht nur dafür, dass das Spiel seine Wirkung auch ausserhalb der eigentlichen Spielhandlung behält, es verwebt damit auch die Spielwelt mit unserer gewöhnlichen Welt und verändert dadurch nachhaltig, wie wir unsere Umwelt wahrnehmen.

Zu betonen ist, dass es nicht etwa eine beabsichtigte Entscheidung ist, die Welt durch die Perspektive des Spiels wahrzunehmen, sondern es scheint nicht anders zu gehen. So beginnen *Geocaching*-Spieler, die mit der Zeit ein Gespür für Verstecke entwickelt haben, auch spontan und ohne Anhaltspunkte in dunklen Ecken ein Versteck zu vermuten. Allein das Bewusstsein der Möglichkeit, dass an einem Ort etwas versteckt sein könnte, verändert die Wahrnehmung der Umwelt. Und dies gilt nicht nur für diejenigen, die aktiv diesem Hobby frönen. Viele Leute werden allein durch die Vorstellung emotional bewegt, dass ein Ort ihres Lebens von unbekannten Personen für ein Versteckspiel benutzt werden könnte. So meinte ein Bekannter von mir neulich, dass die Kenntnis um *Geocaching* ihm die Illusion genommen habe, beim Radfahren oder Wandern in der unberührten Natur unterwegs zu sein. Heute sei ihm bewusst, dass die meisten schönen Flecken ständig auch als Spielplätze fungierten. Obwohl er selber kein *Geocaching*-Spieler ist und weder die Caches noch die Spieler wahrnimmt, hat er ein Verlangen danach, die Verstecke in seiner Umgebung zu kennen und manche Orte von ihnen frei zu halten.

Dass sich die durch das Spiel bewirkte Veränderung der Wahrnehmung der Umwelt regelrecht aufdrängt, scheint besonders bei solchen Orten einleuchtend, die von der Gesellschaft bereits mit einer religiösen oder ideologischen Bedeutung ausgestattet wurden. Denn Geocaches befinden sich nicht nur bei einigen Kirchen, wie etwa in der Erde neben der Friedhofskapelle in Einsiedeln, sondern auch zwischen losen Steinen in Angkor Wat, bei allen Toren zur Altstadt von Jerusalem, unter einem Steinhügel in Mekka und in den Mauern des Vatikans, innerhalb des Rohrs eines Geländers auf dem roten Platz in Moskau und in Peking mitten auf dem Tiananmen-Platz.

Die Verflechtung der Spielwelt mit anderen Lebensbereichen führt dazu, dass wir in unserem gewöhnlichen Leben Dinge wahrnehmen, die zum Spiel gehören und für andere Beschäftigungen eigentlich keine Rolle spielen. Ausserdem sind wir uns der Elemente des Spiels auch dann bewusst, wenn wir nicht am Spielen sind. Ähnlich wie Huizinga ordnet auch der Religionssoziologe Peter Berger unsere Erlebnisse verschiedenen «Welten» oder «Realitäten» zu. Die Eigenschaft eines Realitätsbereichs, die normale Welt zu umfangen und sich dem Bewusstsein aufzudrängen, bezeichnet er als typische Eigenschaft der «Welt des Übernatürlichen», in der auch die Religion ihre Wurzel habe. Ähnlich sieht dies der Anthropologe Clifford Geertz: Die Betrachtung der Welt durch einen anderen Wirklichkeitsbereich hindurch bezeichnet er als «religiöse Perspektive». Er beschreibt, wie Rituale eine solche Veränderung der Wahrnehmung der Welt bewirken und unsere gewöhnliche Sichtweise korrigieren und ergänzen. Durch die Beschäftigung mit *Geocaching* bin ich zur Einsicht gelangt, dass auch gewisse Spiele unsere Wahrnehmung der Welt, wenn vielleicht nicht grundlegend, so doch entscheidend beeinflussen.

Die Überschneidung der Spielwelt mit anderen Lebensbereichen muss diese freilich nicht zwingend stören. Für viele Familien sind die Schätze eine willkommene Bereicherung ihrer Spaziergänge. Gaststätten in der Nähe von Verstecken erfreuen sich zusätzlicher Kundschaft, und es ist keine Seltenheit, in GeoCaches Flyer und Werbebroschüren von religiösen Gruppierungen zu finden. Ein befreundeter Pfarrer und *Geocaching*-Spieler erzählte mir jedoch, dass er solche «Schätze» jeweils gleich entferne, da er gegen diese Art von Mission sei.

Geocaching entstand zu Beginn des 21. Jahrhunderts aufgrund erweiterter technischer Möglichkeiten. Es erlangte sehr schnell breite Bekanntheit und ist heute ein wesentliches Element der westlichen Freizeitkultur. Indem sich das Spiel Elementen des öffentlichen Lebens bedient und dieses mit einem Geheimnis umgibt, verändert es die Art und Weise, wie Menschen ihre Umwelt wahrnehmen.

Literatur
Berger, Peter, *Der Zwang zur Häresie. Religion in der pluralistischen Gesellschaft*, Freiburg im Breisgau 1992.
Geertz, Clifford, *Religion als kulturelles System*, in: ders., *Dichte Beschreibung. Beiträge zum Verstehen kultureller Systeme*, Frankfurt am Main 1987.
Huizinga, Johan, *Homo Ludens. Vom Ursprung der Kultur im Spiel* [1938], Reinbek bei Hamburg 2006.

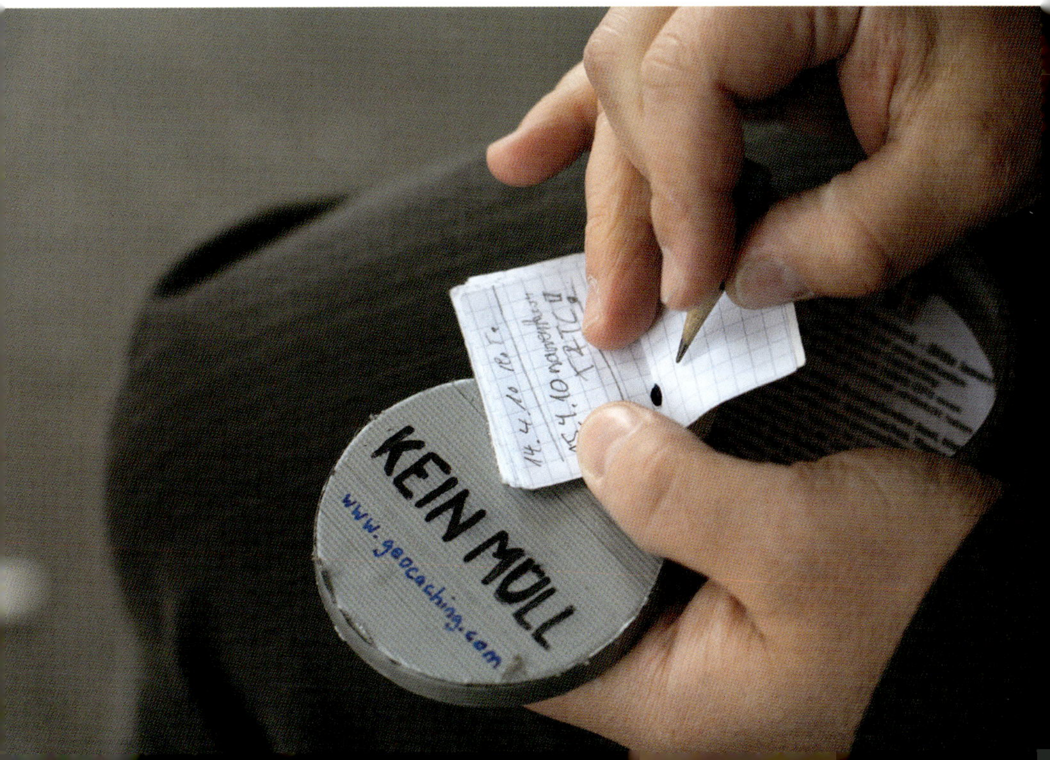
KEIN MÜLL
www.geocaching.com

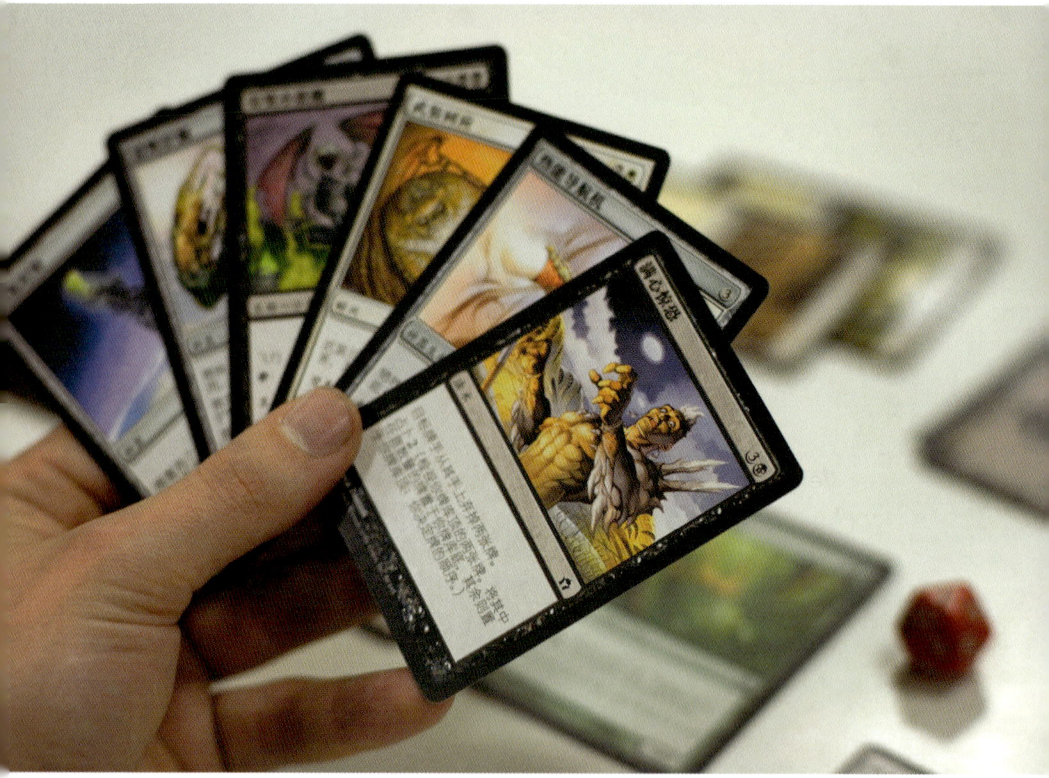

Der Mythos schafft die Wirklichkeit des Spiels
Mythen in Magic: The Gathering

Christoph A. Staub

Ein blauer Blitz erhellt die Nacht, zuckt in der Luft und streckt einen grün gekleideten Reiter nieder. Vom grellen Licht getroffen, verbrennt der Körper des berittenen Elfen. Zurück bleibt sein verstörtes Reittier. Am Ursprungsort des Blitzes wendet sich ein schwarz gekleideter Mönch um und verschwindet im dichten Unterholz.

So könnte eine Spielsequenz im Kartenspiel *Magic: The Gathering* in der Fantasie eines Spielers ablaufen. Seine Vorstellung wird dabei massgeblich durch das Sammelkartenspiel beeinflusst, denn die Karten enthalten Darstellungen und Texte, die sich auf Begleitgeschichten beziehen. Doch in welcher Beziehung stehen diese mythischen Geschichten zum Spiel?

Beim Versuch der Beantwortung dieser Frage soll im Folgenden der Fokus auf der Darstellung der mit dem Spiel *Magic* verbundenen Bücher liegen. Nach einer kurzen Beschreibung des Spiels wird exemplarisch eine Spielwelt anhand ihrer Begleitgeschichte betrachtet. Dabei soll versucht werden, eine darin enthaltene Struktur nachzuzeichnen und analysierbar zu machen.

Ein Sammelkartenspiel

Magic gilt als erstes und erfolgreichstes Sammelkartenspiel, denn bis heute wurden über 10 000 verschiedene Karten editiert. Das 1993 durch den Amerikaner Richard Garfield erfundene Spiel vereint, wie ich glaube, zwei urmenschliche Tätigkeiten: das Sammeln und das Spielen. So werden alle drei bis vier Monate neue Karten herausgegeben, welche gekauft, gesammelt und getauscht werden können. Dies fördert die Sammelleidenschaft des Einzelnen. Durch das Tauschen entstehen Kontakte zu anderen Spielern. Bevor es zwischen mindestens zwei Spielern zum Duell kommt, stellt jeder aus seiner Kartensammlung eine Auswahl von 45 bis 60 Karten zusammen, mit der er dann zum Spiel antritt. Da in einer Partie mehrere Faktoren über einen Sieg entscheiden, gilt es Kartenglück und Taktik mit dem richtigen Timing zu verknüpfen.

Die Duelle können überall stattfinden, wo genügend Platz vorhanden ist, um die bebilderten Spielkarten hinzulegen. Meistens genügt bereits ein kleiner Tisch. Die meisten Spiele finden in privatem Rahmen statt, daneben messen sich mehr als sechs Millionen registrierte Spieler mit ihren Decks an offiziellen Turnieren. Diese werden von der eigens dafür gegründeten Firma Duelists' Convocation International Ltd. (DCI) koordiniert. Dabei hält die Firma DCI die Ergebnisse aller offiziellen Turniere in einer weltweiten Internetrangliste fest. Die Palette der Veranstaltungen reicht vom regionalen Abendturnier bis hin zur professionellen Welttour mit Preissummen in der Höhe von 250 000 Dollar.

Die Karten aller Editionen können miteinander kombiniert werden, da sie seit der ersten Ausgabe über eine identisch gestaltete Rückseite verfügen. Die Vorderseite jeder Spielkarte ist hingegen individuell gestaltet. Sie enthält neben einer bildlichen Darstellung den Namen der Karte sowie eine Beschreibung ihrer Spielfunktionen. Zusätzlich findet man auf vielen Karten kurze Textzitate, welche die Spielkarte näher beschreiben und sie mit der dazugehörigen Begleitgeschichte verbinden.

Mythische Geschichten als Grundlage der Spieleditionen

Die Begleitgeschichten erscheinen als Bücher zeitgleich mit den jeweiligen Karteneditionen und situieren diese in der Fantasiewelt des Spiels. Sie spielen während des Kartenspiels zwischen zwei Spielern keine direkte Rolle, sondern bilden die Hintergrundgeschichte für neue Editionen und die Darstellungen auf den Karten. Obwohl *Magic* ohne Kenntnisse dieser Erzählungen gespielt werden kann, steht es dennoch in enger Beziehung zu ihnen. Die Karten verweisen durch Bild, Namen und Textzitat auf die Begleitgeschichte. Der Spieler wird durch das Betrachten der Karten direkt mit Ereignissen und Personen der Erzählungen konfrontiert. Meiner Beobachtung nach kann dies dazu führen, dass sich Spieler zunehmend für andere, mit dem Spiel verbundene Medien interessieren. Die Vielfalt von Produkten neben dem eigentlichen Spiel zeigt die Intermedialität von *Magic* auf. So gibt es neben den bereits erwähnten Erzählungen diverse Fanartikel, wie z. B. assortierte Kartensets, digitale Comics, Kalender und mehrere Computerspiele.

Das Spiel *Magic* handelt in einem «Multiversum», einer Spielwelt mit mehreren Ebenen, welche als unterschiedliche, von einander getrennte Welten bestehen. Jede Welt zeichnet sich durch spezifische Eigenschaften aus. Neben fünf klassischen Fantasy-Welten mit Elfen, Rittern und Zwergen wurden bisher in den unterschiedlichen Editionen folgende Welten eingeführt: eine Metallwelt, eine die ganze Welt umspannende Stadt sowie eine Welt, die Japan während der Sengoku-Zeit gleicht. Dieses Multiversum war beim Erscheinen des Spiels noch nicht geplant und wurde erst im Zuge des grossen Erfolgs bei späteren Editionen eingeführt. Während die ersten Erzählungen zum Spiel unregelmässig erschienen, pendelte sich ab 1998 ein Zyklensystem ein, welches die parallele Erscheinung von Büchern und Karten gewährleistet. Die Erzählungen ermöglichen es dem Spieler, die Darstellungen und Texte seiner Karten in der Spielwelt von *Magic* einzuordnen.

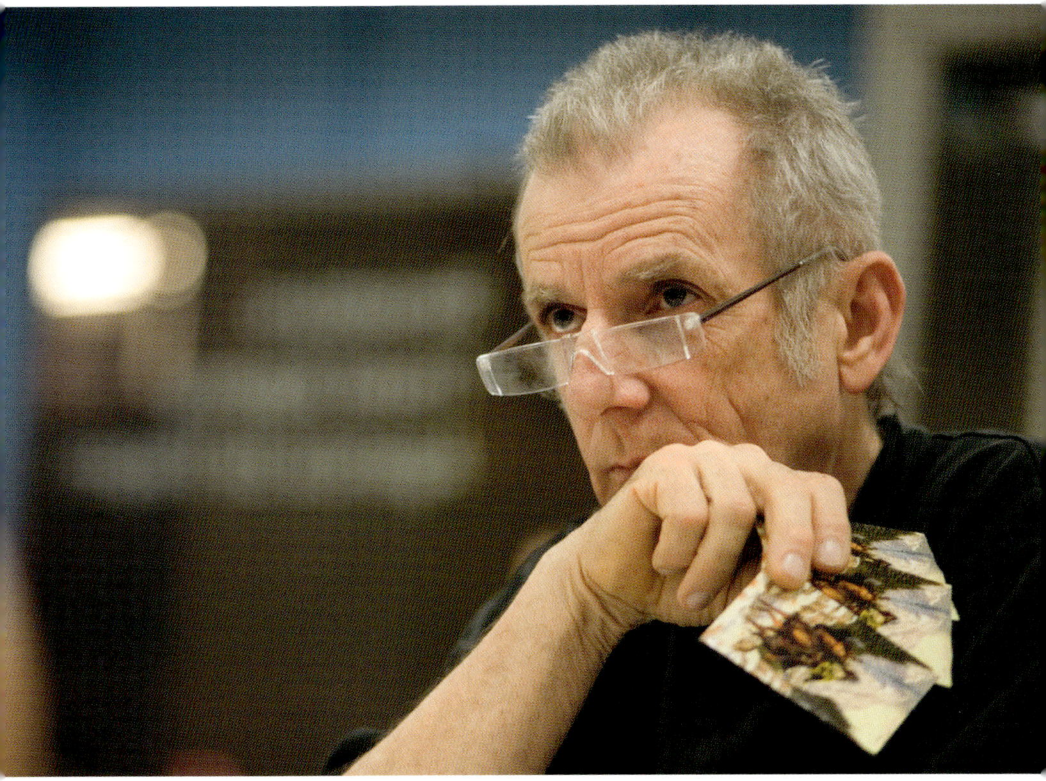

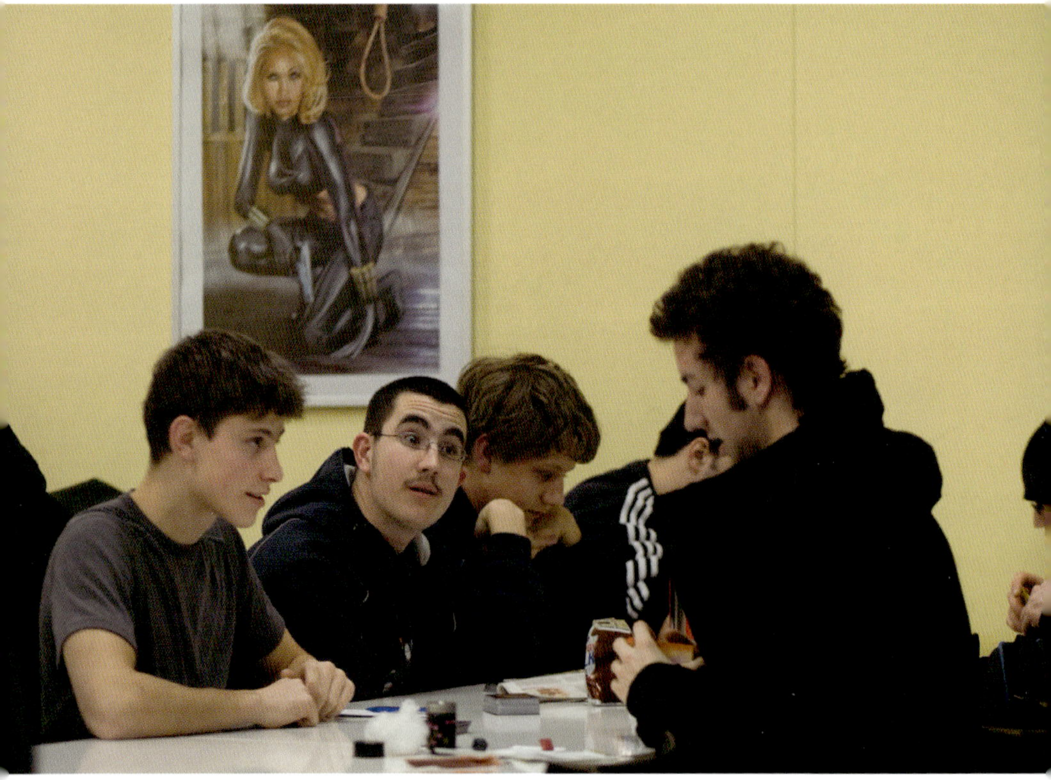

Aus diesem Multiversum soll im Folgenden eine Welt namens «Lorwyn» näher beschrieben werden. In ihr spielt die Begleitgeschichte von insgesamt vier Karteneditionen.

Die Verwandlung Lorwyns

Zu Beginn der Geschichte ist Lorwyn eine paradiesische Welt, in der die Sonne nie untergeht und ein ständiger Mittsommer herrscht. Doch die Idylle trügt, denn obwohl die herrschenden Elfen allen Völkern Lorwyns eigene Gebiete zugeteilt haben, kommt es immer wieder zu Konflikten. So müssen zum Beispiel die menschenähnlichen Kithkin ihre Siedlungen gegen umherziehende Flammenwesen verteidigen. Diese Gestalten aus Feuer und Stein verlassen einmal im Leben ihre Siedlungen in der Nähe von Vulkanen, um als Pilger die Welt zu bereisen.

Die mächtigen Elfen bewohnen Städte, die in riesigen Wäldern versteckt liegen. Dort leben sie in Kasten, geordnet nach ihrer äusserlichen Schönheit. Der König und die Königin werden aus der höchsten Kaste gewählt und verstehen sich als Herrscher der ganzen Welt. Um ihre Herrschaft zu sichern, streifen elfische Armeen auf der Suche nach Abtrünnigen durch ganz Lorwyn. Die Elfen bemerken nicht, dass die überall herumfliegenden Feen die wahren Herrscher Lorwyns sind. Ihre Feenkönigin Oona kontrolliert die Welt von einem geheimen Tal aus. Durch magische Kraft manipuliert sie den Verlauf der Zeit und hält so Lorwyn in einem ständigen Tag gefangen. Dieser hält an, bis auf einen mehrere Jahrzehnte dauernden Zyklus plötzlich ein Lichtereignis am Himmel folgt – die Aurora. In ihr verwandelt sich die Welt des Tages in eine Welt der Nacht. Aus Lorwyn wird Schattenmoor, eine Welt in nicht endender Dunkelheit, in der die Sonne nie aufgeht.

Mit der Welt verändern sich auch die Bewohner. Während früher gemeinsam gehandelt wurde, und Verträge zwischen den Völkern galten, kämpft in Schattenmoor jeder um sein eigenes Überleben. Die Landwirtschaft der Kithkin kommt zum Erliegen, und so verschanzen sie sich in ihren Städten, um wenigstens die letzten Vorräte zu verteidigen. Die einst mächtigen Elfen verlieren die Kontrolle über die anderen Völker und müssen mit ansehen, wie ihre Welt der Schönheit zerstört wird. Sie ziehen sich in ihre Waldfestungen zurück und versuchen, einen Rest ihrer Schönheit zu wahren. Die Flammenwesen erlöschen und ziehen in riesigen Horden als Russwesen durch Schattenmoor. Sie sind rastlos auf der Suche nach einem magischen Feuer, welches sie wieder neu entflammen könnte.

Einzig die Feen bleiben in Schattenmoor, wie sie zuvor in Lorwyn waren. Dank der Magie ihrer Königin Oona wurden sie von der Aurora nicht verändert. In Oonas Magie liegt der Grund für die hereinbrechende Finsternis. Sie versuchte, ihre Macht über den ewigen Tag Lorwyns weiter auszubauen und verlor dabei die Kontrolle, worauf die Veränderung einsetzte. Mit Aus-

TERMINAL1.CH

Paris

KABOOOM

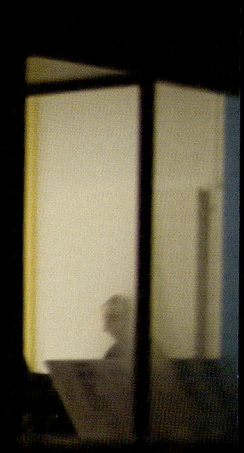

Comics
Trading-Card-Games

KABOOOM

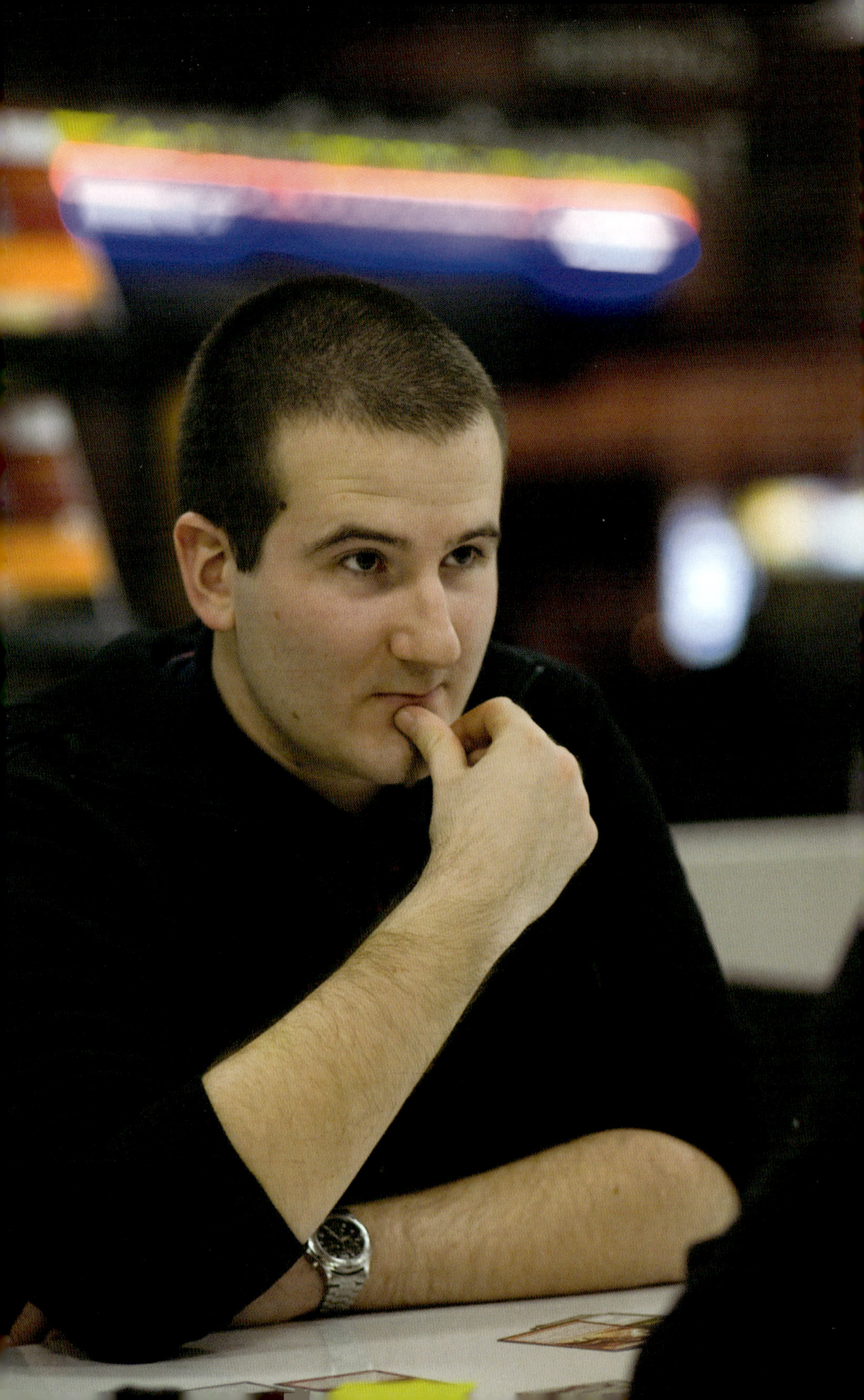

nahme von Oona und ihren Feen verloren alle Lebewesen bei der Umwandlung ihr Gedächtnis, so dass niemand mehr in Schattenmoor die alte Welt Lorwyn kennt.

Lediglich ein Baum kann sich dank seines hohen Alters an die vorangegangenen Zyklen erinnern. Durch geschickte Manipulation schafft er es, die eigentlichen Helden der Erzählung vor der Aurora zu retten. Diese Auserwählten der einzelnen Völker suchen gemeinsam das verborgene Feental, in welchem sie Oona finden und töten. Durch ihren Tod verschwinden die unnatürlichen Zeitzyklen und es entsteht eine neue Welt Lorwyn, in welcher sich Tag und Nacht wieder regelmässig ablösen.

Auffällig an der Beschreibung Lorwyns ist der Gegensatz zwischen schöner Tagwelt und furchterregender Nachtwelt. Diese Dualität schlägt sich in den Spielkarten nieder. Die Helden der Geschichte kommen jeweils auf zwei Karten von unterschiedlichen Editionen vor. Die eine zeigt ihre Existenz vor der Aurora, die andere Karte jene danach. Namensattribute, Spielfunktionen und Darstellungen auf den Karten verändern sich zwischen den Editionen. Der junge Elf Rhys zum Beispiel ist auf der Lorwynkarte als schöner Elfenkommandant dargestellt. Auf der Schattenmoorkarte hingegen ist er ein Deserteur, er ist dabei in seiner Spielfunktion stärker und hat ein anderes Äusseres.

Alle Karten der Editionen zu Lorwyn und Schattenmoor können durch die Texte und Darstellungen einer der beiden Welten zugeordnet werden. Diese Dualität der Spielkarten entspricht aber nicht der Realität des Spiels, in welcher alle Karten nebeneinander vorkommen und gleichzeitig gespielt werden können. Die beiden Welten Lorwyn und Schattenmoor stehen in einer Spannung zur Realität des Spiels.

Mythos im Spiel

Die mythische Geschichte Lorwyns beginnt mit einem paradiesischen Zustand, in dem das Positive stark überwiegt. Ordnung und Sicherheit sind gewährleistet und die Welt fruchtbar und beinahe ohne Sorgen. Dieser unnatürliche Zustand wird durch die Manipulation der Feenkönigin Oona in sein Gegenteil verwandelt. In der negativen Welt Schattenmoor herrscht das Chaos und sämtliches Leben ist bedroht. Erst durch den Mord an Oona gelingt es einer Heldengruppe, die Abfolge von Tag und Nacht zu normalisieren.

Der Religionswissenschaftler Fritz Stolz stiess bei der Untersuchung von antiken Erzählungen auf ein Merkmal zur Beschreibung der Transformation einer paradiesischen Utopie in die reale Welt. Die Transformation läuft über mehrere, instabile Stationen auf einen stabilen Endzustand zu. Die Zwischenstationen haben dabei einen Mangel, der überwunden werden muss. Im Falle Lorwyns sind dies der positive, fruchtbare Mittsommer und die negative, lebensbedrohende Dunkelheit. Erst durch die Tat der Helden kehrt die Normalität wieder ein. Eine Erzählung, die einem solchen Transformationsprozess folgt, nannte Stolz einen «Mythos». Im Falle Lorwyns erklärt der Mythos die Entstehung der regelmässigen Abfolge von Tag und Nacht. Er kann mit anderen Mythen verglichen werden, wie z. B. mit dem bekannten Schöpfungsbericht im Buch Genesis. Dort wird zuerst die Welt erschaffen, welche aber zunächst noch wüst und leer ist. Durch göttliches Scheiden von Licht und Dunkelheit entstehen die Tageszeiten. Anschliessend nennt der biblische Mythos die weiteren Verbesserungen, bis alle Mängel überwunden und die Erde als gut betrachtet wird. Beim Vergleich der beiden Mythen wird deutlich, dass sie beide den gleichen Sachverhalt erklären, aber dabei unterschiedliche Akteure und Voraussetzungen nennen. Im Schöpfungsbericht ist der biblische Gott der Handelnde, welcher aus dem Nichts die Welt erschafft. In der Erzählung Lorwyns hingegen ist es zunächst die Feenkönigin und danach die Heldengruppe, welche mit ihren begrenzten Fähigkeiten Einfluss auf den Tag-Nacht-Zyklus nehmen.

Beiden Mythen ist eine ordnende Funktion für die reale Welt gemeinsam. Während die biblische Erzählung die Einzelheiten der Welt ordnet, ermöglicht der Mythos Lorwyns dem Spieler die Verortung seiner Karten. Denn obwohl im Spiel sämtliche Karten nebeneinander vorkommen, verweisen die Darstellungen der Karten entweder auf Lorwyn oder Schattenmoor. Erst durch Kenntnis des Mythos ist der Spieler in der Lage, sie einer der beiden Stationen zuzuordnen.

Die Spieler von *Magic* werden folglich nicht nur mit mythischen Darstellungen konfrontiert, sondern benötigen auch Kenntnis der jeweiligen Mythen, um die Bilder und Texte verstehen und deuten zu können. Im Hinblick auf den weiteren religionswissenschaftlichen Umgang mit Spielen sollte diese enge Beziehung zwischen Mythen und Spielwelten beachtet werden.

Spiel
Garfield, Richard, *Magic: The Gathering*. Renton (Washington) 1993.

Literatur
Herndon, Cory/McGough, Scott, *Lorwyn Zyklus*, Stuttgart 2008.
Stolz, Fritz, *Paradiese und Gegenwelten*, in: ders., *Religion und Rekonstruktion. Ausgewählte Aufsätze*, hg. v. Daria Pezzoli-Olgiati, Göttingen 2004.

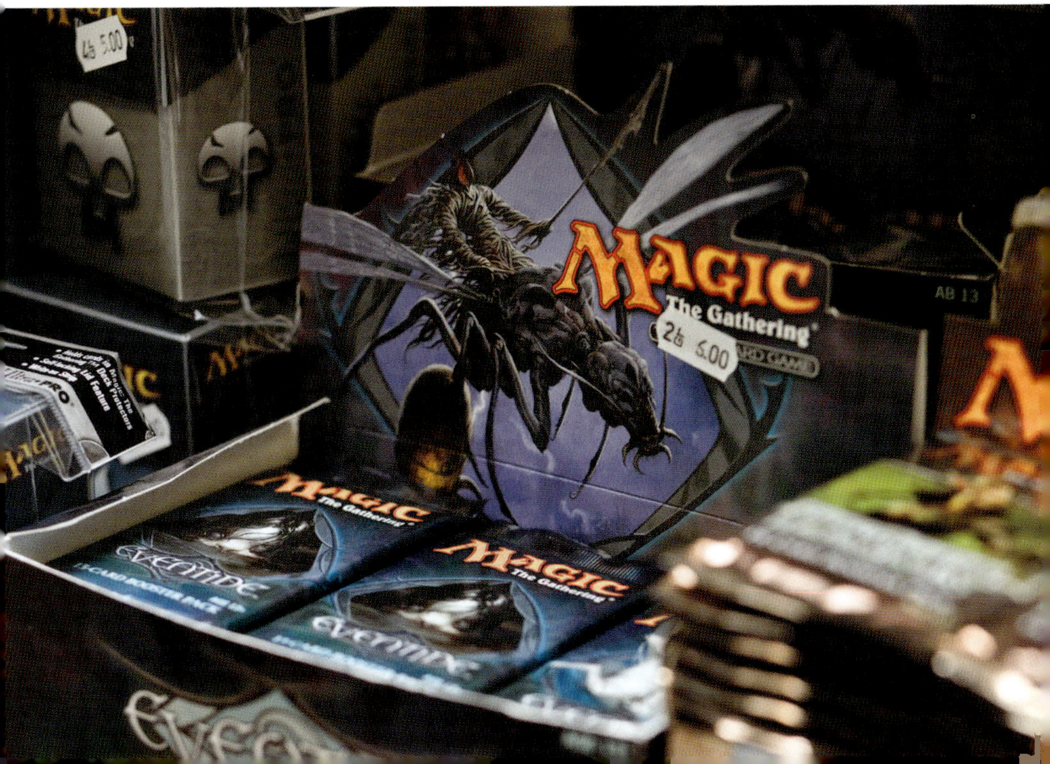
MAGIC
The Gathering
AB 13

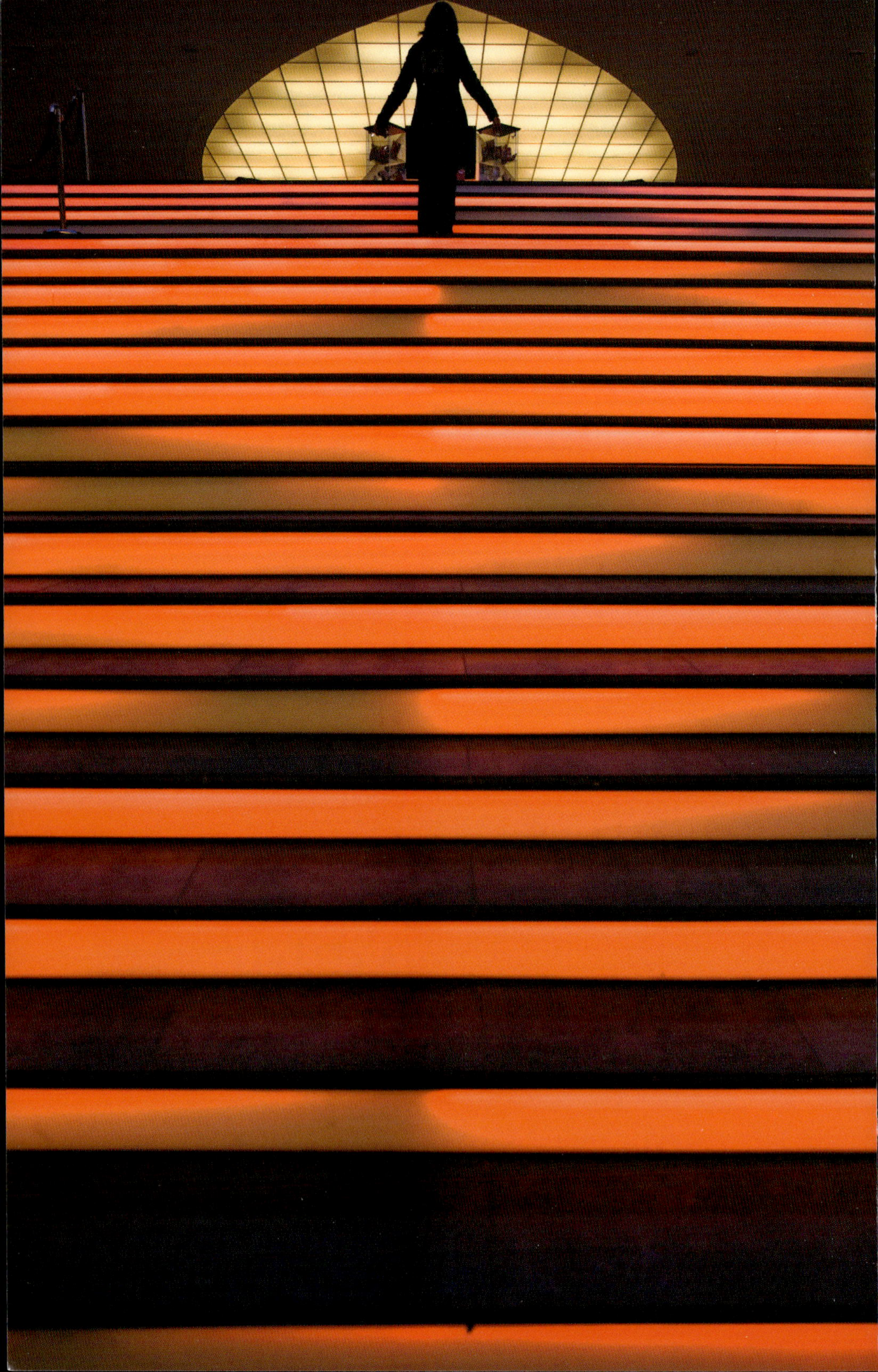

Suchende Spieler und verwirrte Zuschauer
Parallelwelten im filmischen Labyrinth

Daria Pezzoli-Olgiati

Sowohl in der Filmgeschichte als auch in der zeitgenössischen Produktion finden sich enge Verbindungen zwischen Spiel und Religion. Ich möchte deshalb in diesem Beitrag anhand von einigen Beispielen die Vielfalt aufzeigen, die die Wechselbeziehung zwischen Spiel, Religion und Film erzeugt. Dabei stehen vor allem Spielfilme im Zentrum, in denen der Umgang mit Computergames thematisiert wird. Zur Einleitung möchte ich ein filmgeschichtliches Beispiel thematisieren, in dem Spiel und Religion auf subtile Weise verkettet werden und das uns den Einstieg in neuere Werke eröffnen soll.

Vom Schachspiel mit dem Tod zur Apokalypse

In DAS SIEBENTE SIEGEL des schwedischen Regisseurs Ingmar Bergman von 1956 wird das Verhältnis zwischen Religion und Spiel facettenreich auf verschiedenen Ebenen inszeniert. Beispielsweise dient eine Schachpartie zwischen dem personifizierten Tod und einem heimkehrenden, von existentieller Bedrückung geplagten Kreuzritter als Leitmotiv für die gesamte Erzählung. Der Protagonist spielt mit dem personifizierten Tod Schach, der als schlauer, beharrlicher und überlegener Gegner dargestellt wird. (Abb.1)

Abb.1: DAS SIEBENTE SIEGEL

Darüber hinaus wird das Verhältnis zwischen Religion und Spiel mit dem Theater verbunden: Eine glückliche, solidarische Familie von Komödianten zieht durch das von Pest, Not und Hexenverbrennungen heimgesuchte Land und versucht, mit Aufführungen das Volk zu erheitern. Die Schauspieler Mia und Jof mit ihrem kleinen Kind, die auf ihrem Wanderweg ein einfaches, erfülltes Leben führen, werden filmisch mit der heiligen Familie assoziiert. (Abb.2 und 3)

Abb.2: Das Siebente Siegel

Abb.3: Das Siebente Siegel

Der ganze Film wird bereits durch den Titel und die allerletzte Sequenz mit der Apokalypse und der Erwartung des Endes verbunden. Er stellt eine Welt dar, die durch ein bedrückendes Endzeitgefühl geprägt ist. Zahlreiche Zitate aus dem letzten Buch der Bibel prägen den Film und vermitteln ein starkes Gefühl von Angst und Ausweglosigkeit. Der Totentanz in der Schlussszene macht das von Anfang an angekündigte Ende sichtbar und löst somit die starke Spannung auf, die im Film aufgebaut wird. (Abb.4)

Abb.4: Das Siebente Siegel

Das sind nur einige wenige Hinweise auf mögliche Verkettungen zwischen Spiel und Religion in einem Meisterwerk, das eine eigene Analyse verdienen würde. Dennoch sollen sie hier genügen, um die vielfältigen Möglichkeiten aufzuzeigen, Spiel und Religion mit Film und Kino zu verbinden: Der Film kann Motive und Symbole aufnehmen, die unmittelbar einer bestimmten religiösen Tradition zuzuordnen sind, wie hier die Anspielungen auf die heilige Familie oder das Schachspiel als Motiv der Begrenztheit des Lebens. Religiöse Erzählungen können aber auch als Elemente des Aufbaus in der filmischen Erzählung eingesetzt werden. Die Verbindung zwischen Schachpartie und der Öffnung des letzten apokalyptischen Siegels als Grundgerüst des Films ist eine passende Illustration dazu. Schliesslich gilt der *Spiel*-Film als Möglichkeit, spielerisch, in Fiktionen, Religion zum Thema zu machen.

Diese drei Arten, die Beziehung zwischen Film, Religion und Spiel zu inszenieren, können anhand zahlreicher Produktionen belegt und erforscht werden. Im Kontext dieses Buchs ist es aufschlussreich, auf Filme aufmerksam zu machen, die in einer kurzen Zeitspanne um die Jahrtausendwende erschienen sind: Nirvana (1997), Existenz (1999) oder die Matrix-Trilogie (1999, 2003). Gemeinsam sind diesen Produktionen der Science-Fiction-Charakter, der starke Bezug zu religiösen Motiven und Traditionen sowie die Themen der virtuellen Welten und des Computerspiels. Letzteres bietet sich als Dimension an, in der sich unterschiedliche Ebenen des Lebens vermischen. Aus religionswissenschaftlicher Sicht fallen diese gemeinsamen Aspekte von Produktionen aus unterschiedlichen Ländern und Sparten filmischen Schaffens auf. Es stellt sich die Frage, weshalb Computerspielwelten mit religiösen Elementen so prominent zum Thema gemacht werden.

Das Verwischen von Grenzen

Die genannten Filme spielen mit dem Verwischen der Grenzen zwischen unterschiedlichen Realitätsebenen. In Nirvana und Existenz geht es um die Spannung zwischen Computerspielentwerfern und Spielern, die in die Spielrealität eintauchen und dabei nicht mehr wissen, wo die Grenzen zwischen realem und virtuellem Leben verlaufen. Die Desorientierung der Figuren wird auf die Zuschauer übertragen, die selbst nicht mehr wissen, wie sich die «reale» und die «virtuelle» Welt im Film zueinander verhalten.

Die Eingangs- und Schlussszenen von Existenz illustrieren das Sich-Auflösen von Grenzen auf sehr deutliche Weise: Die Eingangsszene wird als Event inszeniert, in dem eine berühmte Game-Designerin namens Allegra Geller ihr neustes Produkt, das Spiel Existenz, einem Kreis von ausgewählten Fans und Kunden vorführt. Der Werbeanlass findet in einer Kirche statt. Eine Gruppe steigt ins Spiel ein, das sehr extreme Erlebnisse ermöglicht. Ganz am Schluss der Spielsession befindet sich die Gruppe wiederum in einer Kirche, die jedoch anders aussieht als die zu Beginn des Spiels. Weiterhin fällt auf, dass in der Eingangs- und Schlussszene zwar die gleichen Personen vorkommen, jedoch in ganz unterschiedlichen Rollen. Sogar der Name des Spiels hat sich geändert: das vorgestellte Spiel heisst nun *Transzendenz*. (Abb. 5 und 6)

Abb.5: Existenz

Abb.6: Existenz

Die Erzählung und die Art der Inszenierung am Schluss lassen sich nicht mehr mit der Eingangsszene verbinden, so dass die Zuschauer mit vielen Fragen aus dem Kino entlassen werden: War die Eingangssequenz bereits ein Teil des Spiels? Oder ist die Schlusssequenz noch Teil des virtuellen Spiels? Oder spielen sich beide Szenen, und somit der gesamte Film, im Spiel ab? Die Fiktion des Computerspiels und jene des Spielfilmes werden vermischt, die Grenzen zwischen filmischer und virtueller Realität im Film lassen sich nicht mehr erkennen.

Diese Desorientierung wird in Nirvana noch stärker betont, denn hier verlieren nicht nur die Zuschauer den Überblick über die verschiedenen Ebenen von Realität und Virtualität, sondern auch die Spielfiguren. Die Erzählung hebt die Spannung zwischen einem traurigen und enttäuschten Designer und den Figuren seines Games hervor, das den Titel Nirvana trägt. Solo, eine der Spielfiguren, hat gemerkt, dass er bloss eine Spielfigur und kein «echtes» menschliches Wesen ist und dass er sich jenseits der Realität des Lebens befindet. Dieser existentielle Zweifel ist ihm durch das ständige Getötet-Werden im Spiel – vielleicht die Auswirkung eines Computervirus – suggeriert worden. Da er seinen elenden Zustand als Spielfigur nicht mehr erträgt, bemüht er sich, seinen Designer zu kontaktieren. Er fleht ihn an, ihn aus dem Speicher der Produktionsfirma des Spiels zu löschen, um seinem virtuellem Leben ein Ende zu setzen. (Abb. 7 und 8)

Abb.7: Nirvana

Abb.8: Nirvana

Das Verwischen der Grenzen zwischen den unterschiedlichen fiktiven Realitäts- und Spielwelten kann in einem Medium wie dem Film, der Geschichten mit audiovisuellen Mitteln erzählt, auf allen Ebenen inszeniert werden. Beispielsweise wechseln die Figuren Kleidung und Frisur unmittelbar und ohne ersichtlichen Grund. Die Kohärenz der Raum-, Zeit- und Handlungsstrukturen wird aufgelöst. Als Ergebnis erscheint die gesamte filmische Welt als reine Spielfiktion, als schillerndes Computergame. (Abb.9 und 10)

Abb.9: Nirvana

It's all real.

Abb.10: Nirvana

Das Motiv der Welt als Spiel, das von einem Designer erschaffen wird, charakterisiert auch die Matrix-Trilogie. Das, was wir als Welt und Leben empfinden, wird in diesem dreiteiligen Werk als die Erfindung eines ausgeklügelten Programms, der Matrix, entlarvt. Dieses Programm bewegt die Menschen wie Spielsteine auf dem Spielbrett der filmischen Realität. Die Befreiung der Menschen aus der Fremdbestimmung der Matrix erfordert einen Helden, der fähig ist, die Welt in ihrer Eigenschaft als Spielprogramm eines Bösewichtes zu erkennen, gegen ihn anzutreten und ihn zu beseitigen. In diesem Sinne ist Neo, der Protagonist der Trilogie, eine heilsbringende Gestalt, die mit dem eigenen Tod die Welt rettet. (Abb.11 und 12)

Abb.11: Matrix

Abb.12: Matrix Revolutions

Religiöse Motive und ihre Funktionen

Es fällt auf, dass alle erwähnten Filmbeispiele explizite Verweise auf religiöse Traditionen verwenden: Der Film von Cronenberg entfaltet sich in der Spannung zwischen Existenz und Transzendenz, was auch die Namen der erwähnten Computerspieltitel sind. Die Reise in die Welt der Games beginnt und endet in Kirchen. Salvatores' Werk lehnt sich mit dem Begriff Nirvana an indische Traditionen an. *Nirvana* thematisiert das Verhältnis von Designer und Computerfreaks, die längst die Grenze zwischen Körper, Gehirn und Elektronik hinter sich gelassen haben und das Leben mit neuen, futuristischen Körpern bestreiten. Die Verbindungen zwischen Maschinen und Körpern erlauben emotionale und physische Erfahrungen, die nur in der filmischen Grossstadt denkbar sind. In dieser Zukunftswelt können Menschen das Gedächtnis von Verstorbenen in sich selbst aufladen und sie geistig und emotional wiederbeleben. Denn das Gedächtnis ist nur ein Programm, das man auf *memory sticks* speichert, die man durch einen entsprechenden Anschluss im Kopf zum Laufen bringt. Menschen sind als Hardware-Gerüste dargestellt, die mit entsprechenden Programmen die Erinnerungs-, Wissens- und Gefühlswelt anderer Menschen verkörpern können. Indem sie sich direkt in Computerspiele einklinken, werden sie zu Spielfiguren. Gewinnen sie, haben sie etwas Ausserordentliches erlebt, verlieren sie, wird ihr Gehirn verbrannt. (Abb. 13)

Abb.13: Nivarna

Die Science-Fiction-Stadt, in der sich all das abspielt, heisst Agglomeration Nord und umfasst die gesamte Welt. Die grosszügig eingesetzten religiösen Symbole, welche die Ästhetik des Films stark dominieren, dienen unter anderem dazu, die räumliche Orientierung in der Metropole zu gewährleisten. Die globale Metropole ist deutlich in Viertel aufgeteilt, die durch religiöse Traditionen erkennbar gemacht werden: Die gefährliche, durch Kriminalität und Gewalt gekennzeichnete Stadt, Marrakesch, trägt auf plakative Weise muslimische Züge. Die Unterstadt, Bombay City, in der mit spirituellen Erlebnissen und veränderten Bewusstseinszuständen experimentiert wird, ist ganz in indische Religionen eingebettet. Sie vereint allerlei Elemente aus buddhistischen und älteren Traditionen. Vereinfachte und pauschalisierende religiöse Zuschreibungen bezeichnen die Stadtbereiche, in denen sich das Leben grosszügig und im Überschuss abspielt. Die zentralen Wohlstandsviertel vermitteln hingegen durch die reduzierte Architektur, die allgegenwärtige Robotik sowie Elektronik, Hygiene und Ordnung eine kalte, gefühlsarme Atmosphäre.

In MATRIX wird eine andere Form religiöser Bezüge verwendet. Auch hier werden religiöse Symbole und Plots prominent in Szene gesetzt. Man findet religiöse Verweise auf die christliche Heilslehre, buddhistische Befreiungstechniken, orientalische Kampfkünste und Elemente aus dem Judentum sowie Anspielungen auf die römisch-griechische Antike: Je nach religiöser Sozialisation und Lebensumfeld können Zuschauer aus der ganzen (industrialisierten) Welt Symbole aus Religionen und Weltanschauungen in diesem Produkt einer Filmindustrie erkennen.

Die religiösen Elemente in den genannten Science-Fiction-Werken übernehmen somit im jeweiligen filmischen Kontext unterschiedliche Funktionen und Bedeutungen. Ihr expliziter Charakter und die Nähe zu geschichtlichen und gegenwärtigen Traditionen fällt durch den Kontrast mit der inszenierten technologisch innovativen und futurischen Welt noch mehr auf.

In imaginären Gesellschaften, in denen die Menschen das Leben durch technische und wissenschaftliche Erfindungen bequem und effizient kontrollieren, erscheinen Symbole aus den Religionen wie ein Relikt aus einer primitiven, jedoch gefühlvolleren und paradoxerweise «besseren» Welt. Religiöse Symbole werden mit traditionellen Weisheiten assoziiert, die dem Leben einen Sinn verleihen. Gleichzeitig verweist die Thematik von Spiel und Designer auch auf das Verhältnis zwischen Mensch und Gott als dem Schöpfer. In den betrachteten Filmen gibt es jedoch keinen Gott mehr. Der ursprüngliche Designer der Welt durch die Software-Ingenieure ersetzt worden, die durch ihre schöpferische Arbeit neue Realitäten und Menschen im Spiel erschaffen.

Die Unsicherheit vieler Parallelwelten

Die Spannung zwischen Film und Elementen aus unterschiedlichen religiösen Traditionen erweist sich als komplex und durchdacht. Denn neben den Symbolen auf der Ebene der Filmästhetik und der Erzählung schwingen Verweise auf Grundthemen mit wie beispielsweise die Erlösung durch eine Retterfigur, die Erschaffung der Welt durch einen Schöpfergott oder die kosmische Bedrohung der Welt durch das Böse.

Diese filmischen Auseinandersetzungen mit Spiel und Realität als Dimensionen, die sich durchdringen, zeigen schliesslich noch eine weitere Ebene auf, die ebenfalls mit religiösem Gedankengut verbunden werden kann. Es geht um die existentielle Frage nach den Grenzen zwischen Wahrnehmung und Realität, um die Frage nach der Wahrheit des Lebens und der Existenz.

Ist die Welt nur Trug und Schein? Ist menschliche Existenz nur das Spiel eines transzendenten Wesens oder eines Designers? Sind wir real oder nur durch elektrische Impulse erzeugte Erscheinungen?

Indem die betrachteten Spielfilme menschliche Existenz im Licht von Computergames beleuchten, konfrontieren sie die Zuschauer mit Fragen, die auch theologische Traditionen und religiöse Rituale zu behandeln pflegen. Die inszenierte Unsicherheit zwischen virtuellen Realitäten wird in aller Breite durchdekliniert. Denn der Film, das Spiel, das Spiel im Film, der Film als Spiel sind alles fiktive Welten, die sich paradoxerweise durchdringen und unterscheiden. All diese virtuellen Welten, die im Film als parallel inszeniert und verstrickt werden, machen das Betrachten des Films zur existentiellen Herauforderung. Auf dieser Linie werden der Film und das Kino selbst zum Spiel, in dem die «reale» Welt der Zuschauer hinterfragt wird.

Filme
DAS SIEBENTE SIEGEL (Originaltitel: DET SJUNDE INSEGLET, Ingmar Bergman, Schweden 1956).
NIRVANA (Gabriele Salvatores, Italien 1996).
MATRIX (Andy Wachowski/Larry Wachowski, USA 1999).
THE MATRIX RELOADED (Andy Wachowski/Larry Wachowski, USA 2003).
THE MATRIX REVOLUTION (Andy Wachowski/Larry Wachowski, USA 2003).
EXISTENZ (David Cronenberg, USA/Kanada/Grossbritannien 1998).

Literatur
Martig, Charles/Pezzoli-Olgiati, Daria (Hg.), *Outer Space. Reisen in Gegenwelten. Film und Theologie*, Bd. 13, Marburg 2009.
Bohrmann, Thomas/Veith, Werner/Zöller, Stephan (Hg.), *Handbuch Theologie und populärer Film*, Bd. 1 und 2, Paderborn/München/Wien/Zürich 2007–2009.
Beinhauer-Köhler, Bärbel/Pezzoli-Olgiati, Daria/Valentin, Joachim (Hg.), *Religiöse Blicke – Blicke auf das Religiöse. Visualität und Religion*, Zürich 2010.

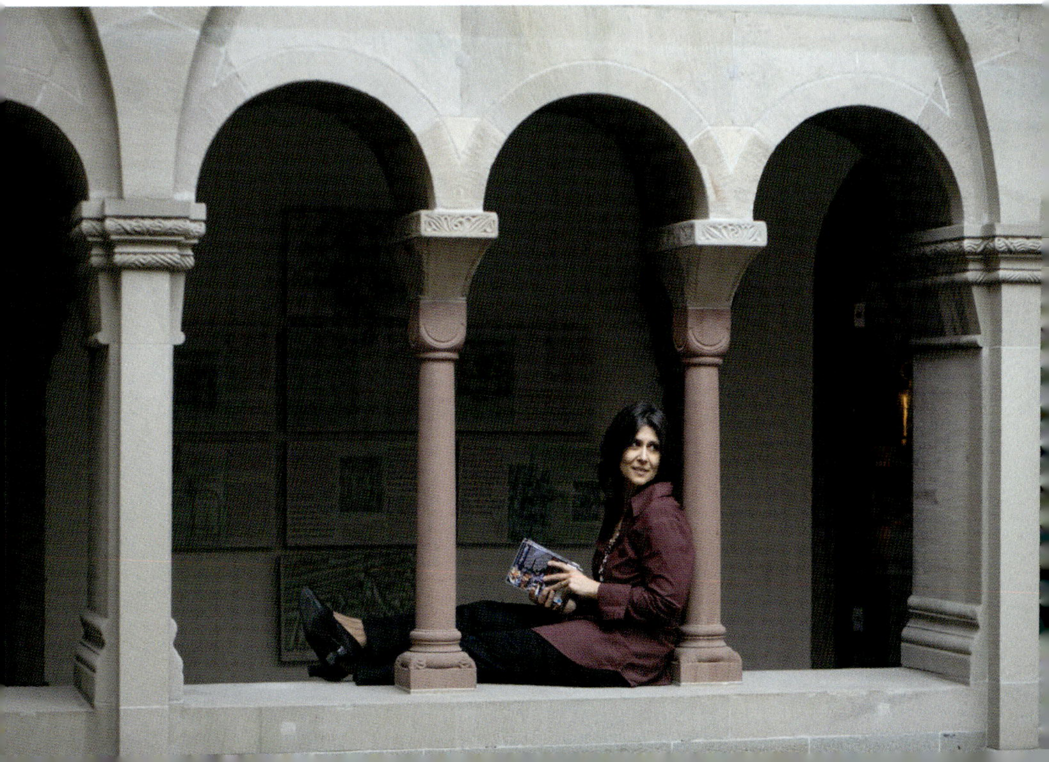

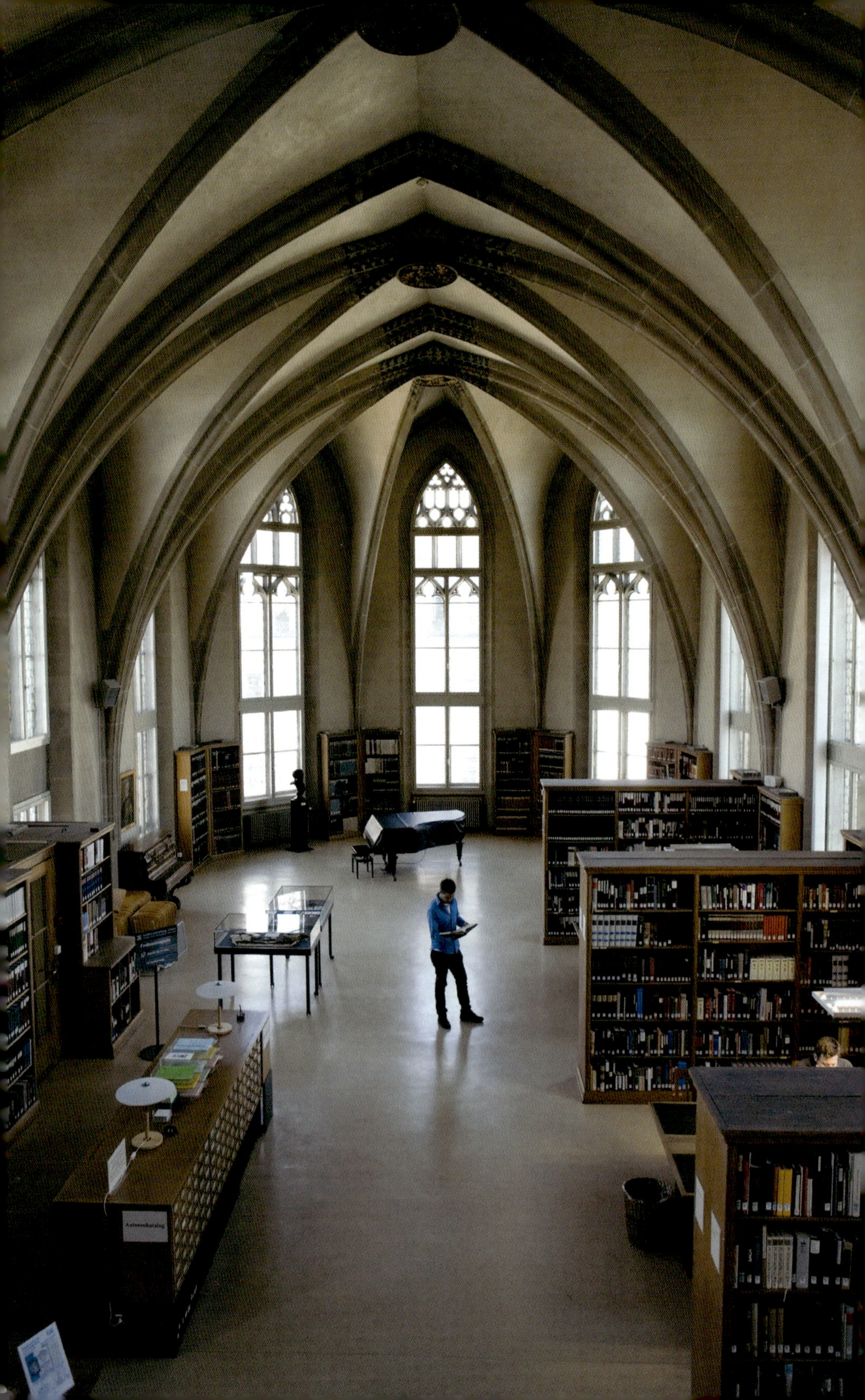

Der Professor spielt Jesus am Fluss
Religiöse Inszenierungen im Film
Centochiodi von Ermanno Olmi

Baldassare Scolari

In diesem Aufsatz steht ein Spielfilm im Mittelpunkt, in dem religiöse Inszenierungen auf verschiedenen Ebenen vorkommen. Diesen religiösen Dimensionen von Centochiodi möchte ich mich aus einer hermeneutischen Perspektive annähern. In Anlehnung an Hans-Georg Gadamer gehe ich von der Annahme aus, dass Kunst – und somit der Autorenfilm – als Spiel betrachtet werden kann und soll.

Eine hermeneutische Annäherung an den Film als Kunstwerk

Gadamer bringt diesen Gedanken mit folgenden Worten zum Ausdruck: «Das Kultspiel und das Schauspiel stellen offenkundig nicht in demselben Sinne dar, wie das spielende Kind darstellt. Sie gehen darin, dass sie darstellen, nicht auf, sondern weisen zugleich über sich hinaus auf diejenigen, die zuschauend daran teilhaben. [...] Die Darstellung des Gottes im Kult, die Darstellungen des Mythos im Spiel sind also nicht nur in der Weise Spiele, dass die teilnehmenden Spieler im darstellenden Spiel sozusagen aufgehen und darin ihre gesteigerte Selbstdarstellung finden, sondern sie gehen von sich aus dahin über, dass die Spielenden für die Zuschauer ein Sinnganzes darstellen. [...] Es ist eine totale Wendung, die dem Spiel als Spiel geschieht, wenn es Schauspiel wird. Sie bringt den Zuschauer an die Stelle des Spielers. [...] Er erfährt das Spiel als eine ihn übertreffende Wirklichkeit.»

Nach dem deutschen Philosophen besteht der eigentümliche Charakter der Kunst aus einer die Erfahrung übertreffenden Wirklichkeit, die sich dem Menschen als Sinnganzes zeigt. Wenn wir ein Bild, ein Theaterstück oder einen Film betrachten, existiert unsere Alltagswelt für eine gewisse Zeitdauer nicht mehr; wir erfahren eine andere, in sich geschlossene Welt. Diese ist jedoch nicht einfach die Fortsetzung oder Nachbildung der ersten Welt, sondern das, was sich in der Kunst zeigt, ist eine andersartige, in sich geschlossene Wirklichkeit.

Diese Verwandlung zu etwas Neuem ist für Gadamer nur dann möglich, wenn man Kunst als ein Spielen, oder besser gesagt, ein Gespielt-Werden bestimmt. Spielen ist, anders als Arbeit, eine Handlung, die keinen Zweck ausserhalb ihrer selbst hat.

Aus dieser hermeneutischen Perspektive ist Spiel stets Selbstzweck. Im Spielen geht der Spieler komplett auf. Im Augenblick des Spiels ist die Spiel-

Welt für ihn die einzige Welt, die Bedeutung hat. Das Kunstwerk, als Spiel-Welt verstanden, setzt immer einen Betrachter, einen Spielenden voraus. Nicht nur der Künstler ist deshalb der Spieler seiner Kunst, sondern jeder einzelne Zuschauer ist Spieler im Spiel Kunst. Diesem hermeneutischen Gedankengang folgend, möchte ich mich nun dem Film von Ermanno Olmi annähern.

Christliche Symbole im Film

Was entdeckt man, wenn man sich ausgehend von diesen Gedanken dem Film von Ermanno Olmi nähert? Auffallend ist zunächst, dass der Film CENTOCHIODI zahlreiche Bilder und Symbole, die explizit der christlichen Tradition entnommen sind, verwendet. Diese Verweise aus einer den Zuschauern vertrauten religiösen Tradition haben eine mehrschichtige Funktion: Einerseits teilen sie etwas mit den Zuschauenden; Bekanntes wird erkannt. Andererseits entdeckt man darin etwas Neues, das durch die einzigartige Kontextualisierung der religiösen Bilder und Symbole im Film entsteht. Damit vollzieht sich im Interpretationsprozess das, was Gadamer die «Verwandlung im Gebilde» nennt.

Ich gehe davon aus, dass der Film diese Symbole benutzt, um bestimmte Lebensweisen in ihrer Widersprüchlichkeit zu inszenieren. Denn CENTOCHIODI fragt nach der Rolle von Tradition, Kultur und Geschichte für den einzelnen Menschen. Der Einsatz von religiösen Symbolen verleiht dem Film als Werk, in dem Grundlegendes zur Diskussion gestellt wird, einen plausiblen Charakter. Zusammenfassend kann man somit festhalten, dass dieser Film – als eine Spiel-Welt verstanden – sich religiöser Verweise und Symbole bedient, um existentielle Fragen zu thematisieren und hervorzuheben. Der Bezug dieses Werks zum Spiel ist ein doppelter: Denn durch den Film wird nicht nur eine Spielwelt konstruiert, sondern der Film thematisiert das Spielen auch explizit. In CENTOCHIODI werden Arbeit und Spiel als zwei gegensätzliche Lebensweisen charakterisiert. Sie werden als unterschiedliche Orientierungen und Haltungen inszeniert, als unterschiedliche Verhaltensweisen des Menschen gegenüber der Natur, der Kultur und der Tradition und gegenüber Mitmenschen. In der inszenierten Spannung zwischen Spiel und Arbeit spielen religiöse Elemente eine wesentliche Rolle.

Der Professor spielt Jesus

CENTOCHIODI erzählt von einem Dozenten der Religionsphilosophie, der mit einer aufsehenerregenden Geste von seiner Lebensweise Abschied nimmt und nach einer neuen Orientierung sucht. (Abb.1)

Abb.1: CENTOCHIODI

Der ehemalige Professor einer italienischen, katholischen Universität nagelt kurz vor dem Ende des Semesters hundert antike und wertvolle Bücher am Boden der Bibliothek fest, wobei er an einer Stelle des Films seine Geste als eine moralische Pflicht interpretiert. (Abb.2 und 3)

Abb.2 und 3: Centochiodi

Danach sucht er Zuflucht auf dem offenen Land, wo er am Ufer des Po ein altes, zur Hälfte eingestürztes Haus findet. Er lässt sich dort nieder und beginnt, das Haus zu renovieren. (Abb.4)

Abb.4: Centochiodi

Mit der Zeit freundet er sich mit einer kleinen Gemeinschaft von Leuten an, die in Wohnwagen und Zelten am Fluss lebt. Die meisten sind einfache Menschen, pensionierte Arbeiter, die den Sommer in der Nähe des Po verbringen. (Abb.5)

Abb.5: Centochiodi

Die Freundschaft zwischen dem Professor und dieser Gruppe ist von Anfang an eigenartig. Die ruhige und gleichzeitig seltsame Sprechweise sowie

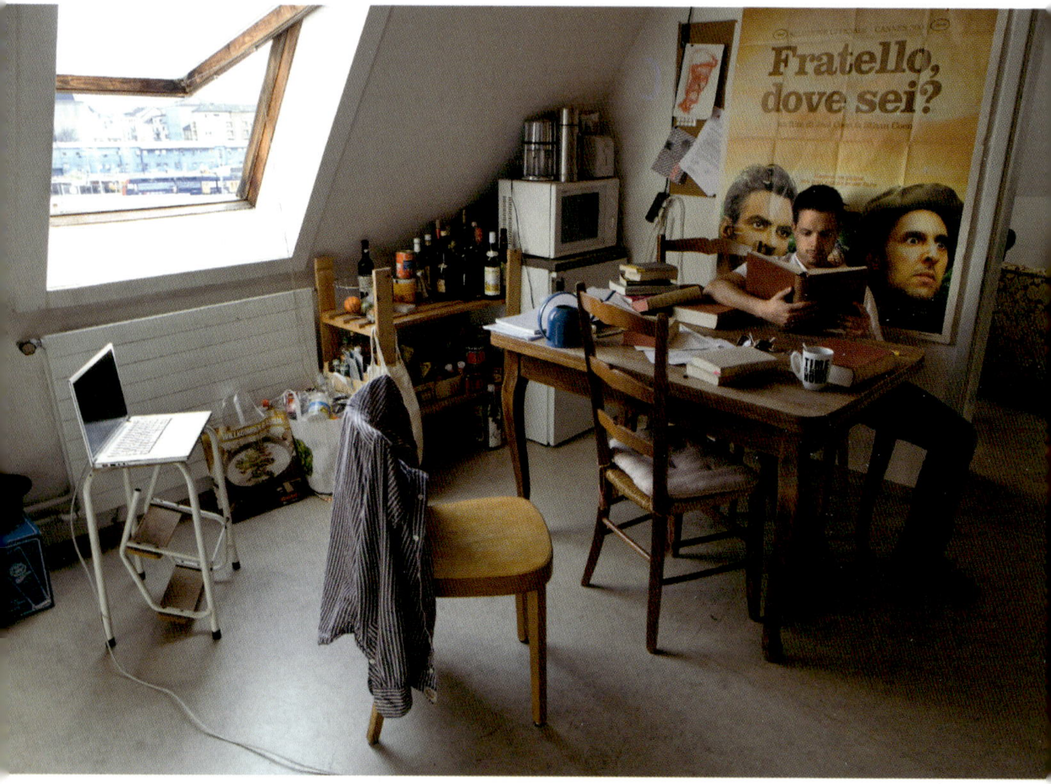
Fratello,
dove sei?

die äussere Erscheinung des Professors verschaffen ihm sofort den Spitznamen «Jesus». Mehrmals erzählt er Geschichten aus den Evangelien und Gleichnisse, was eine starke Wirkung auf seine Zuhörer ausübt. Ihr Zusammenleben mit dem Professor ist fröhlich und einfach; es wird getanzt und gespielt, gesungen und gut gegessen. Sie helfen dem Professor ausserdem bei der Renovierung des alten Hauses. All dies zeigt, dass eine glückliche Gemeinschaft entstanden ist.

Diese ist jedoch nicht von langer Dauer, denn die Gemeindeverwaltung erhebt Anspruch auf das Land, auf dem sich die Gruppe niedergelassen hat. Ein Konflikt entfacht sich, der Professor-Jesus schaltet sich ein. Er wird von der Justiz erkannt und zur Rechenschaft für seine Untaten an der Universität gezogen. Der Schlusssatz gibt Auskunft über den Ausgang der Geschichte: «Tag für Tag kam der Herbst und schon deutete sich der Winter an, aber von dieser Gestalt, die alle Jesus Christus nannten, gab es keine Spur mehr.»

Gekreuzigte Bücher und gespielte Jesus-Darstellung

Der Film stellt dar, wie der Professor versucht, seinem Leben eine neue, spezifisch religiöse Orientierung zu geben. Auch sein früheres Leben, sein Leben als Professor, war von religiösen Elementen geprägt. Als Dozent der Religionsphilosophie arbeitete er mit Texten aus der christlichen Tradition, doch sein Bezug zur religiösen Tradition war ein reflektierender. Nach der Lebenswende verspürt er das Bedürfnis, die religiöse Dimension im Alltag persönlich zu erfahren. In einer der ersten Szenen sehen wir den Professor bei der letzten Vorlesung des Semesters. Dabei hören wir ein Zitat von Karl Jaspers: «Wir leben in einer Epoche, in der jedes Geistige sich in Profit verwandelt; alles wird in Hinblick auf Gewinn gemacht. Es ist eine Epoche, in der das Leben zu einer Maske und das Lebensglück zu einer Verfälschung werden, wie die Kunst, die sie darstellen. In einer solchen Epoche von verlorener Geistigkeit soll vielleicht der Wahnsinn die Lösung für unsere Existenz sein?» Dieses Zitat bringt die existentielle Krise des Professors zum Ausdruck. Es markiert sowohl zeitlich als auch thematisch eine Schwelle zwischen zwei Lebensweisen und Weltanschauungen.

Den definitiven Bruch mit der alten Lebensweise drückt die Szene mit den gekreuzigten Büchern aus. Sie stellt symbolisch die Kreuzigung der Kultur, des bloss reflektierten, entfremdeten Lebens dar. Nach diesem symbolischen Bruch ist der Professor frei. Und wie viele andere Menschen vor ihm findet er am Ufer eines Flusses, was er sucht. Der Fluss ist nicht nur der Ort, an dem das Leben wieder zu sich selbst findet, sondern auch eine Metapher für dieses neue Leben.

Am Ufer des Po lernt der Professor die kleine Gemeinschaft kennen. Ihre Mitglieder leben auf ganz andere Art und Weise als der Gelehrte in seinem früheren Leben. Ihr Leben ist nicht von Zwecken und Zielen bestimmt. Sie nehmen das Leben, wie es kommt, sie leben sorglos; ihre Existenz ist wie der Fluss, in dessen Nähe sie wohnen. Gleichermassen unkonventionell ist auch ihr Verhältnis zu Tradition und Religion. Beispielsweise bittet einmal ein alter Mann den Professor, ihm das biblische Gleichnis der zwei Brüder zu erzählen. Der Film suggeriert, dass diese Geschichte für den alten Mann eine existentielle Bedeutung hat: Er hat selbst einen Sohn, der von zu Hause geflohen ist. Die Evangelien-Erzählung ist für ihn offensichtlich wichtig; sie gibt ihm Hoffnung und Geborgenheit. Der alte Mann legt das Gleichnis aber nicht aus, sondern er rezipiert es aus seiner eigenen Erfahrung heraus. Die Geschichte ist für ihn wahr und wirklich, weil sie ihn direkt anspricht, weil er sie vergegenwärtigt und in einen Bezug zu seiner eigenen Geschichte stellt.

Eine filmische Religion, die Spiel und Inszenierung braucht

Was für eine Rolle hat der Professor für die kleine Gemeinschaft? Er inszeniert sich als Jesus und wird als solcher anerkannt. Aus dieser Perspektive gesehen, kommt der Bücher-Kreuzigung, die selbst eine Inszenierung ist, eine neue Bedeutung zu: Nicht die Bücher werden gekreuzigt, sondern mit dieser Handlung wird veranschaulicht, dass die Bücher die wahre Religion kreuzigen, sie töten und zerstören. Das Kreuz der Religion ist die theologische Gelehrsamkeit. Es findet eine Resakralisierung durch Entsakralisierung statt.

Dieser Film geht unter anderem der Frage nach, welche Rolle das Spiel in der Religion spielt. Der Professor will Religion wieder beleben, er möchte, dass Religion wieder zu konkreter, erfahrener Wahrheit des Alltags wird. Der Spieltrieb, in Form von Inszenierung und Übernehmen einer Rolle, ermöglicht ihm diese Belebung. So spielt er den religiösen Erneuerer mit der Bücher-Kreuzigung. Er übernimmt spielerisch die Rolle von Jesus oder eines Heiligen wie Franz von Assisi bei der Gemeinschaft der Leute am Fluss. Der Film vermittelt somit ein Bild von Religion, die sowohl in individueller als auch in kollektiver Hinsicht ohne Spiel und Inszenierung nicht auskommt.

Film
CENTOCHIODI (Ermanno Olmi, Italien 2007).

Literatur
Gadamer, Hans-Georg, *Wahrheit und Methode. Grundzüge einer philosophischen Hermeneutik*, Tübingen 1990.

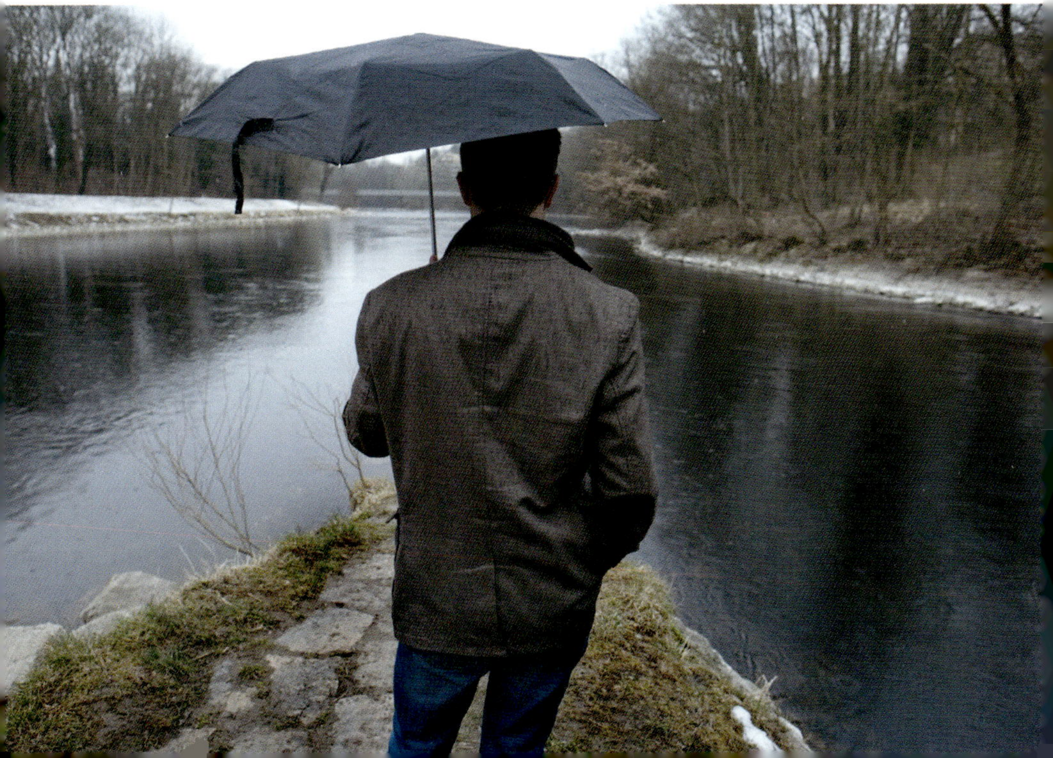

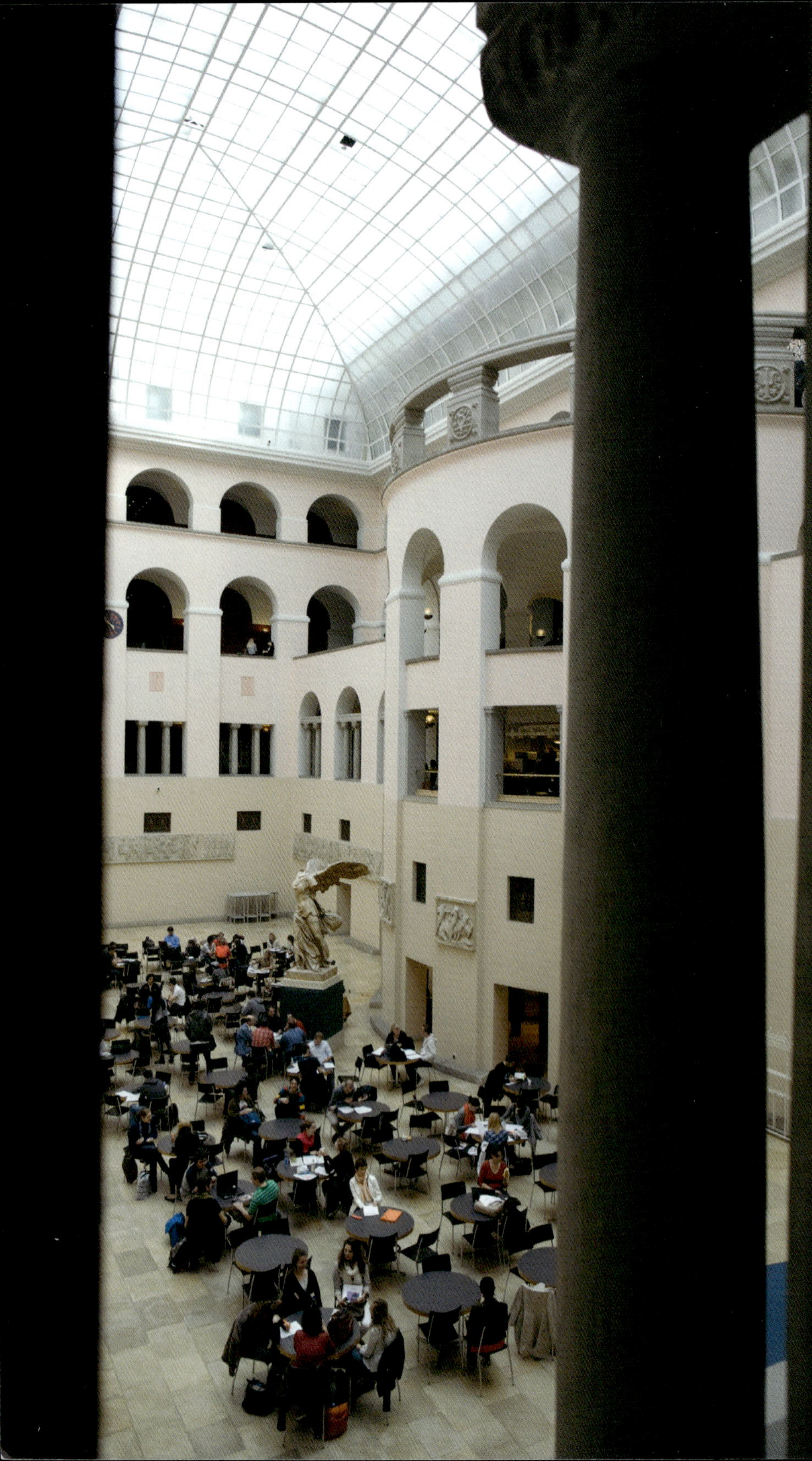

Sprache als Spiel
Zur Spannung zwischen Wissenschaft und Religion

Carina Kirsch

In seiner jüngst erschienenen Autobiographie mit dem Titel *Meine spirituelle Biographie* berichtet der derzeit amtierende 14. Dalai Lama, wie eine buddhistische Delegation ihn als Reinkarnation des 13. Dalai Lama erkannte und als rechtmässigen Nachfolger einsetzte. Er schreibt:

«[...] Da ich diese Prüfungen alle erfolgreich bestand, kamen die Mitglieder der Delegation zum Schluss, dass sie die gesuchte Reinkarnation gefunden hatten. Es war außerdem ein gutes Zeichen, dass der dreizehnte Dalai Lama sich in einem benachbarten Kloster aufgehalten hatte [...]. Der Chef des Suchtrupps erinnerte daran, dass der dreizehnte Dalai Lama im Kloster ein Paar gelbe Stiefel vergessen hatte – ein Zeichen dafür, dass er wiederkommen wollte.»

Als Leserin stelle ich mir die Frage, wie diese Delegation zur Gewissheit gelangte, dass genau er der Gesuchte war? In der deutschen Übersetzung der Autobiographie ist dabei von Indizien, Prüfungen und Beweisen die Rede. All dies sind Ausdrücke, welche auch die methodische Grundlage der abendländischen Wissenschaftstradition bilden. Doch welcher Art sind diese Beweise? Das Finden des Dalai Lama beruht seiner Darstellung nach auf Visionen und Deutungen buddhistischer Würdenträger, aber das, was er als Beweise anführt, fällt für eine wissenschaftliche Betrachtungsweise – so wie ich sie als Studentin der Religionswissenschaft wahrnehme – eher in den Bereich des möglichen Zufalls. Doch ist es überhaupt sinnvoll, unsere wissenschaftlichen Beweismethoden in einem buddhistischen Kontext zu fordern und ihr Ausbleiben zu verurteilen? Und darf man aufgrund dieses Ausbleibens sagen, Tenzin Gyatso, so der bürgerliche Name des Dalai Lama, sei wohl eher nicht die Reinkarnation seines Vorgängers?

Wittgensteins Sprachspiele

Folgt man dem Philosophen Ludwig Wittgenstein, so sollten wir uns vor solchen Urteilen hüten. In seinen *Vorlesungen über den religiösen Glauben* legt er dar, dass es sich bei Wissenschaft und Religion um zwei verschiedene Sprachspiele handle, und man nicht die Grundlagen und Regeln des einen für das andere einfordern könne. Die an den üblichen Beweisverfahren ausgerichtete Wissenschaft kann daher nicht die religiöse Beweiskraft in Frage stellen, die der Dalai Lama geltend macht.

Was versteht Wittgenstein dabei unter «Sprachspiel»? Wer spricht, so seine Grundüberlegung, tut dies gemäss bestimmter erlernter Regeln, je nachdem, in welcher Art von Unterredung er sich befindet. Ein Mediziner erklärt seinem Kollegen eine Krankheit anders als einem Patienten, und für das Sprachspiel der Wissenschaft gelten andere Regeln als für das der Alltagssprache. Was uns im Alltag evident erscheint und «einleuchtet», gilt in der Wissenschaft meist nur als denkbar oder wahrscheinlich. Die Bedeutungen, Massstäbe und Regeln sind somit je nach Sprachspiel verschieden. Konstituiert sich ein Sprachspiel durch seine jeweils eigenen Regeln, dienen diese letztlich auch als Massstab für wahre oder zuverlässige Aussagen.

Wittgensteins Überlegung zu religiösen Kontexten ist nun, dass man sich entweder auf dieses Sprachspiel einlassen kann oder nicht. Dabei muss man allerdings die Regeln anderer Sprachspiele aufgeben. Es sei nicht sinnvoll, das religiöse Sprachspiel nach Regeln des wissenschaftlichen Sprachspiels verstehen und bewerten zu wollen.

Die Unmöglichkeit von Widerspruch

Der Dalai Lama berichtet, das Haupt des Leichnams seines Vorgängers sei zunächst nach Süden gerichtet gewesen, eines Tages aber nach Nordosten:

«Eines Tages entdeckten die Mönche erstaunt, dass sich sein Kopf, der ursprünglich nach Süden blickte, nach Nordosten gedreht hatte. Diese ungewöhnliche Bewegung wurde als untrüglicher Hinweis auf die Region seiner neuen Inkarnation interpretiert.»

Sollte man glauben, das Gesagte sei tatsächlich ein eindeutiges Indiz? Wie gehe ich in meiner Rolle als Wissenschaftlerin mit einer solchen Behauptung um? Wittgenstein zum Beispiel setzt sich in Dialogform mit genau solch einer Frage auseinander:

«Wenn jemand sagte: ‹Wittgenstein, glaubst du das?› würde ich sagen: ‹Nein.› – ‹Widersprichst du dem Mann?› Ich würde sagen: ‹Nein›.»

Aus wissenschaftlicher Perspektive will und kann man der Darstellung des Dalai Lama nicht widersprechen, da man auch für das Gegenteil nach wissenschaftlichen Massstäben nicht argumentieren kann. Man bleibt unentschieden, weil die Regeln des eigenen Sprachspiels in einem solchen Fall nicht anwendbar sind.

Ähnliches gilt für die Aussagen des Dalai Lama über die Vision des Regenten, nach der deutlich wurde, wo die gesuchte Reinkarnation zu finden sei. Diese Vision bestätigte den Hinweis, dass sich der Nachfolger im Nordosten Tibets reinkarniert hatte. In ihr sah er ein exaktes Bild jenes Hauses mit

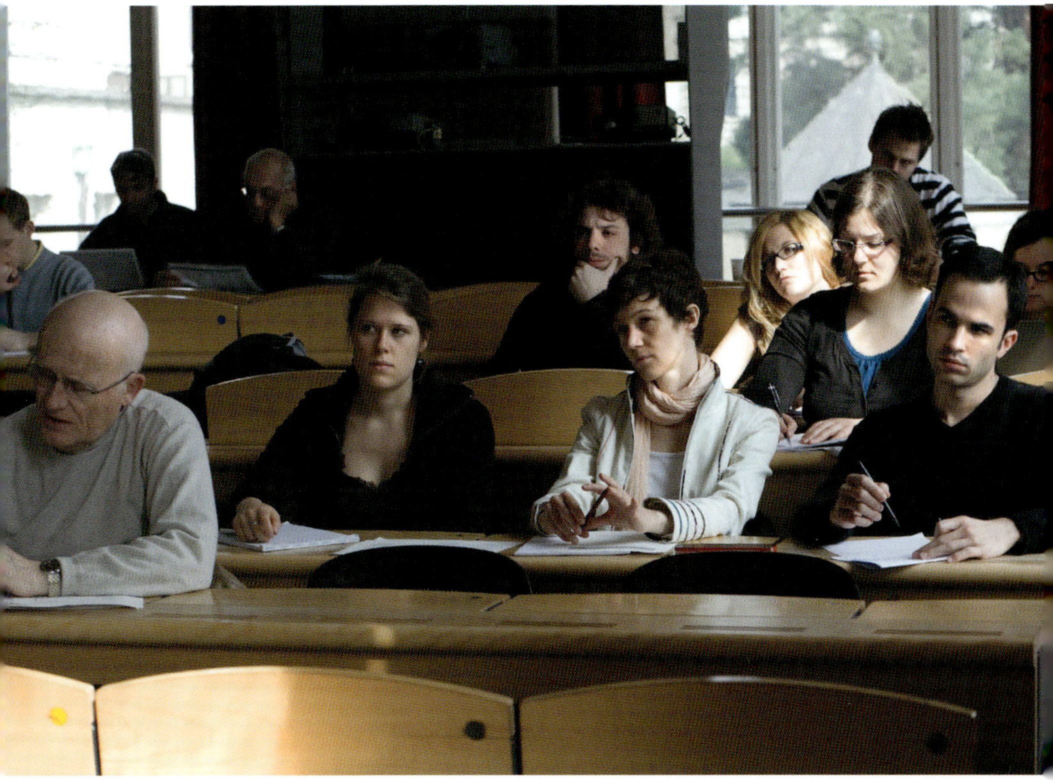

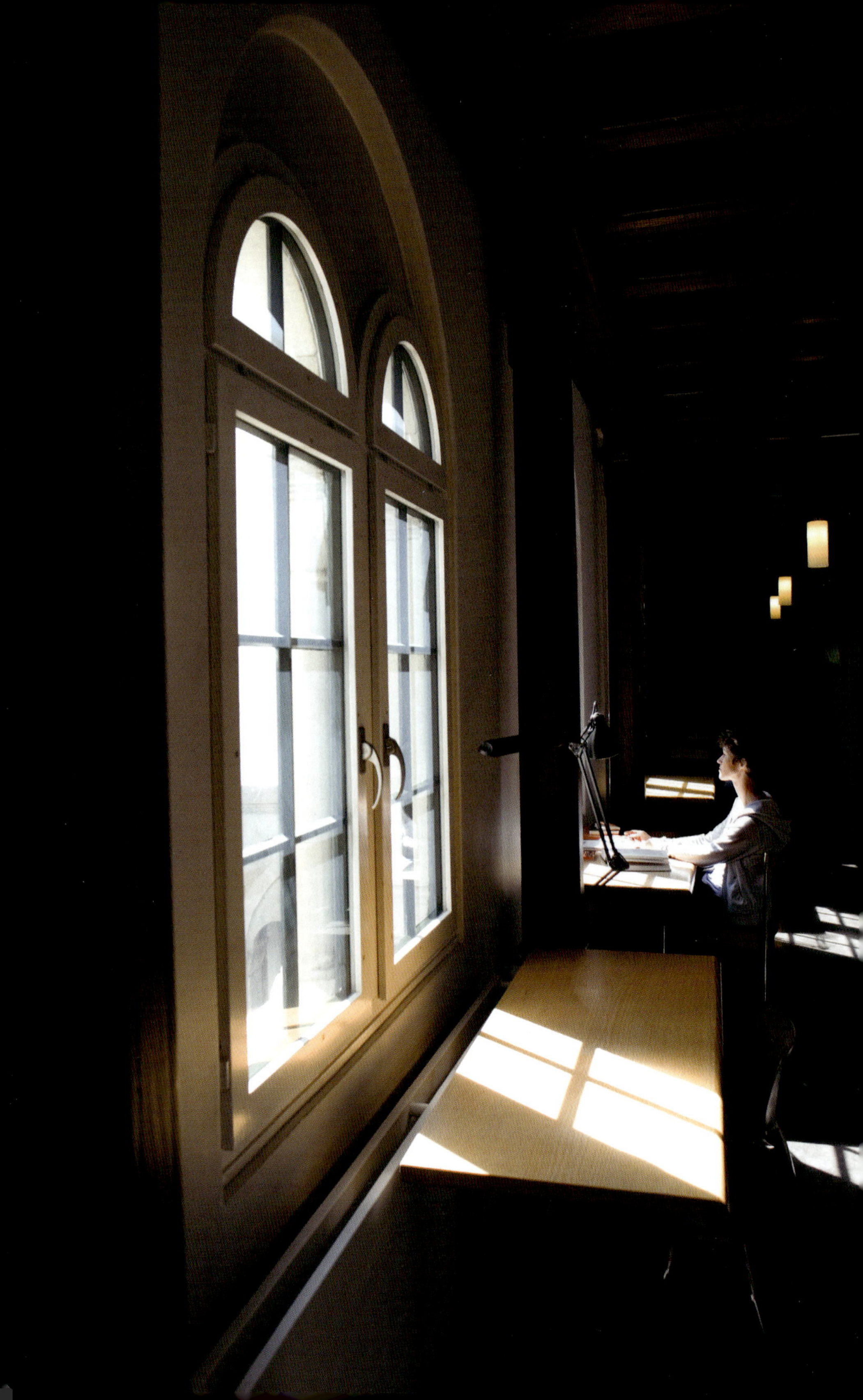

aussergewöhnlichen Regenrinnen, in dem der kleine Tenzin Gyatso lebte, und zudem eine Abbildung eines berühmten, nahe dem Haus gelegenen Klosters:

«*[Es] bildete sich [in der Vision] das Bild eines dreistöckigen Klosters heraus, dessen Dach türkis und golden geschmückt war. Anschließend erschien ein kleines Haus. Es hatte ungewöhnliche Regenrinnen aus knotigem Holz. [...] Man musste also [...] das kleine Haus mit den seltsamen Regenrinnen finden.*»

Auch hier gilt: Wer nicht glauben will, dass dies zuverlässige Indizien sind, mag dennoch nicht ausdrücklich widersprechen. Denn im Grunde kann man mit einem wissenschaftlichen Sprachspiel und seinen Regeln überhaupt nichts dazu sagen.

Beweis und Zufall

Anhand welchen Sprachspiels will man bewerten, was wirklich vorliegt und gegeben ist? Wie Wittgenstein geltend macht, wird in verschiedenen Sprachspielen dasselbe Ereignis verschieden bewertet. Und auch der Umstand, dass dieselben Ausdrücke – in der Autobiographie des Dalai Lama «Indizien», «Prüfungen» und «Beweise», die auch typische Begriffe wissenschaftlicher Sprache sind – verwendet werden, lässt nicht darauf schliessen, dass damit dasselbe gemeint ist. So berichtet der Dalai Lama, er habe als Kind unter Gegenständen wie zum Beispiel Gebetsketten und Trommeln, die ihm die Delegation religiöser Würdenträger vorlegte, sofort diejenigen an sich genommen, die seinem Vorgänger gehörten. Er beschreibt diesen Sachverhalt als das erfolgreiche Bestehen von Prüfungen und als «Beweis» dafür, dass er die gesuchte Reinkarnation sei:

«*[...] Schließlich ließ man mich auch zwischen zwei Trommeln wählen: einer ganz einfachen kleinen, die der Dalai Lama benutzt hatte, um seine Diener zu rufen, und einer zweiten, die größer und mit goldenen Bändern verziert war. Ich entschied mich für die kleinere und begann sie zu schlagen, wie es im Ritual üblich war.*

Da ich diese Prüfungen alle erfolgreich bestand, kamen die Mitglieder der Delegation zum Schluss, dass sie die gesuchte Reinkarnation gefunden hatten.»

Innerhalb des wissenschaftlichen Sprachspiels gilt dies nicht als Beweis, sondern allenfalls als vager Wahrscheinlichkeitsschluss. Der Fall, dass hier nur zufällig das Richtige gewählt wurde, ist nicht ausgeschlossen, und damit liegt auch kein wissenschaftlicher Beweis vor. Doch dies sind eben Massstäbe und Regeln eines anderen Sprachspiels. Es geht in den Schilderungen des Dalai Lama um religiöse Prüfungen und «Erfahrungsbeweise», wie Wittgenstein solches nennt, und man kann gar nicht sagen, wie ein wissenschaftlicher Beweis in diesem Falle aussehen sollte. Die Regeln einer wissenschaftlichen Argumentationsweise scheitern, da gleiche Begriffe in verschiedenen Sprachspielen auf unterschiedliche Art verwendet werden.

Die Mehrdeutigkeit von «glauben»

Das hier beispielhaft Dargelegte zeigt allgemein, wie schwierig, wenn nicht gar sinnlos es ist, mit dem wissenschaftlichen Sprachspiel religiösen Glauben zu bewerten. Wenn man sagt, es gibt Menschen, die an die genannten Beweise und daher an die Rechtmässigkeit der Nachfolge glauben, dann warnt uns Wittgenstein davor, das Wort ‹glauben› hier in wissenschaftlichem Sinne zu verstehen. Es bedeutet vielmehr je nach Sprachspiel Verschiedenes. Das zeigt sich bereits anhand der Gegenfrage, ob man denn glaube, dass Tenzin Gyatso nicht die Reinkarnation seines Vorgängers sei. Als Wissenschaftlerin glaube ich in diesem Sinne nichts, da ‹glauben› in diesem Zusammenhang lediglich ‹vermuten› heisst; es geht mir aus wissenschaftlicher Sicht allein um Wissen. In religiösen Kontexten hingegen meint ‹glauben› gerade den grösstmöglichen Grad an Gewissheit. Religiöser Glaube ist somit nichts, womit die Wissenschaft operiert. In diesem Sinne ist der religiöse Glaube zwar Gegenstand der Religionswissenschaft, aber für die Methode der Wissenschaft, so wie sie mir vertraut ist, meint ‹glauben› etwas anderes, eben das ‹noch nicht wissen›.

Folgt man diesen Überlegungen, muss die Eingangsfrage, inwiefern es sinnvoll ist, mit wissenschaftlicher Methode religiöse Aussagen wie die des Dalai Lama zu beurteilen, so beantwortet werden: Da sich die Wissenschaft auch nur eines von vielen (denkbaren) Sprachspielen bedient, gibt es kein letztgültiges Sprachspiel, das andere Sprachspiele bewerten und kritisieren kann. Daher ist es für die Wissenschaft auch nicht möglich, Aussagen aus religiösen Kontexten als wahr oder falsch zu bewerten, denn was ‹wahr› ist, wird sowohl in der Wissenschaft als auch in der Religion verschieden geregelt, gleichsam als jeweilige Spielregel. Folglich ist es auch nicht gerechtfertigt, das eine mit den Regeln des anderen zu beurteilen. Eine solche Bewertung kann jeweils nur innerhalb eines Sprachspiels geschehen. Die Wissenschaft kann daher gar nichts zu solchen religiösen Überzeugungen sagen, da sie nicht dasselbe Spiel spielt wie die Religion.

Literatur
Dalai Lama, *Meine spirituelle Autobiographie*, Zürich 2009.
Wittgenstein, Ludwig, *Vorlesungen über den religiösen Glauben*, Frankfurt am Main 2005.
Wittgenstein, Ludwig, *Philosophische Untersuchungen*, Werkausgabe Bd. 1, Frankfurt am Main 1984.
Wittgenstein, Ludwig, *Philosophische Bemerkungen*, Werkausgabe Bd. 2, Frankfurt am Main 1984.

Das Quintett der Religionen
Ein Zusammenspiel

Anleitung und Glossar

Nachwort
Die Wissenschaft zwischen Spiel und Religion

Natalie Pieper

War Descartes ein Spieler? Hatte er sich entschlossen, ein Spiel zu spielen, als er sich eines Abends in seinem Lehnstuhl aufmachte, «alles von Grund aus um[zu]stossen und von den ersten Grundlagen an neu [zu] beginnen [...], [um] für etwas Unerschütterliches und Bleibendes in den Wissenschaften festen Halt [zu] schaffen»?

In den hier versammelten Aufsätzen wird das Spiel in Verbindung mit der Erschaffung von Gegen- oder Parallelwelten gebracht, wie sie auch in Religionen bestehen: Spiele ermöglichen den Zugang zu anderen Welten, seien diese gut oder schlecht; oder sie konstituieren neue Welten und erzeugen so Möglichkeiten jenseits der erfahrenen Wirklichkeit.

Auf den folgenden wenigen Seiten möchte ich im Anschluss daran der Frage nachgehen, in welchem Zusammenhang die Wissenschaft mit Spiel und Religion steht. Dafür betrachte ich zuerst das Verhältnis von Spiel und Wissenschaft, danach dasjenige von Wissenschaft und Religion betrachte. Am Schluss wird eine mögliche Verhältnisbestimmung von Wissenschaft, Spiel und Religion aufgezeigt und daraus eine bestimmte Aufgabe für die Wissenschaft abgeleitet.

Spiel und Wissenschaft

Der Wissenschaftler ist bisweilen tatsächlich eine Art Spieler. Wenn die Chemikerin verschiedene Substanzen zu einem Cocktail zusammenmischt, um herauszufinden, welche Reaktionen sich daraus ergeben, kann das als Spiel betrachtet werden. Wenn der Religionswissenschaftler eine teilnehmende Beobachtung durchführt, lässt er sich auf das Spiel ein, sich selbst in eine Religionsgemeinschaft einzugliedern, bevor er wieder einen Schritt zurück tut und beschreibt, was er erlebt hat. Wenn die Philosophin so tut, als wüsste sie nichts, oder überlegt, was es bedeuten würde, in der Welt der Matrix zu leben, vollzieht sie ein Gedankenspiel. Es braucht bestimmt eine gehörige Portion Spieltrieb, um sich der Wissenschaft zu verschreiben und Reiz daran zu finden, mit Zahlen oder Worten zu jonglieren, in den Dickichten der Geschichte auf Schatzsuche zu gehen oder sich alle möglichen und unmöglichen Zukunftsszenarien und ihre Folgen auszudenken.

Ist die Wissenschaft deshalb ein Spiel? In der Philosophiegeschichte wird der Begriff des *Spiels* ganz unterschiedlich verstanden und angewendet. Die etymologische Herkunft von *Spiel* liegt ebenfalls im Dunkeln. Es wird allerdings vermutet, dass seine Ausgangsbedeutung *Tanz* bzw. *tanzen* ist und im weiteren vor allem *Unterhaltung, Kurzweil* und *Vergnügen* bedeutet. Darüber hinaus schafft ein Spiel gemeinhin eine andere Welt, in der eigene Regeln – eben Spielregeln – gelten. Wenn man bedenkt, dass alle wissenschaftlichen Disziplinen gewissen Spielregeln zu gehorchen haben, seien dies nun logische, physikalische, sprachliche oder ethische, könnte man versucht sein, die Frage mit Ja zu beantworten. Aber wenden wir uns nochmals Descartes zu:

Dass er Gefallen daran fand, methodisch zu zweifeln, zeugt vielleicht von einer Neigung zum Gedankenexperiment, die mit der Lust am Spiel vergleichbar ist. Dennoch bin ich der Meinung, dass Descartes' methodischer Zweifel aus mindestens zwei Gründen kein Spiel war: *Erstens* bringen ihn seine Gedankengänge bis zum Infrage-Stellen der eigenen Person. Kann ein Spiel, das an den Rand der Verneinung der eigenen Existenz führt, noch als Spiel, das Vergnügen bereitet, bezeichnet werden? Ich glaube nicht. *Zweitens* schafft Descartes nicht nur den Zugang zu einer neuen Welt, von der aus wir stets wieder in die alte zurückkehren könnten. Er erzeugt nicht einfach eine neue Möglichkeit neben seiner Wirklichkeit, sondern läutet ein neues Wirklichkeitsverständnis ein: Seit seinen Meditationen steht nicht mehr Gott, sondern der Mensch im Zentrum und am Anfang aller Überlegungen. Die Wahrnehmung der Welt hat sich verändert und damit die Welt selbst. Da ist das Spiel zu Ende.

Ich möchte hier – stärker als Gadamer, der das Spiel als Schlüssel für das Verständnis der Wirklichkeit etabliert und es so schlussendlich in die Wirklichkeit einfliessen lässt – dafür argumentieren, dass ein Spiel nur dann Spiel bleiben kann, wenn der Spielende fähig ist, zumindest im Nachhinein vom Spiel Abstand zu nehmen und zwischen ihm als möglicher und der als wirklich erfahrenen Welt zu unterscheiden. So kann ein Fussballspieler *während* eines Spiels durchaus sehr ernst bei der Sache sein. Er wird sich aber gemeinhin *nach* dem Spiel bewusst, dass er nun wieder mit einer anderen Konsequenz als einer gelben Karte rechnen muss, wenn er beispielsweise auf der Strasse einem Fremden ein Bein stellt. Geschieht diese Bewusstwerdung nicht, kann der Spieler nicht mehr zwischen dem Spiel als möglicher im Unterschied zur Alltagswelt unterscheiden. Diese Notwendigkeit der Unterscheidung greift nicht nur beim Spieler, sondern auch beim Zuschauer: Auch der Zuschauer eines Fussballspiels kann in ein Spiel hineingezogen werden und das Spiel somit sehr ernst nehmen. Ist dies der Fall, fiebert er mit seinem Spieler oder einer Mannschaft mit, leidet und freut sich mit ihm beziehungsweise ihr und taucht zuweilen so sehr in die Welt des Spiels ein, dass er fähig wird, den Gegenspieler, die Gegenmannschaft oder gar die Zuschauer der anderen Partei zu beschimpfen oder ihnen den Kampf anzusagen. Nach dem Spiel legt sich diese Erhitzung aber normalerweise wieder. Ist dies nicht der Fall, würden wir auch sagen, dass er nicht mehr fähig ist, aus der Welt des Spiels in die Alltagswelt zurückzukehren.

Die hier formulierte Notwendigkeit der Unterscheidung greift meines Erachtens nicht nur bei Spielarten wie dem Fussball oder anderen Sportarten. Ohne es hier entwickeln zu können, bin ich der Meinung, dass sie auch für alle anderen Spielarten wie zum Beispiel ein Musik- oder ein Gesellschaftsspiel gilt.

Am Beispiel Descartes' erkennen wir also, dass die Wissenschaft zwar mit einem Spiel beginnen kann, nie aber nur Spiel bleibt. Wissenschaft schafft nicht nur Möglichkeiten neben der Wirklichkeit, in der wir leben, sondern verändert diese auch. Mehr Wissen verändert die Sicht auf die Welt und so schlussendlich die Welt als solche.

Für Emmanuel Levinas ist das Spiel «Freiheit, die keine Verantwortung nach sich zieht». Folgen wir diesem Verständnis, wäre es verheerend, die Wissenschaft als Spiel und den Wissenschaftler als Spieler zu betrachten. Weil er sich nicht bewusst wäre, dass seine Tätigkeit nicht nur eine Spielerei ist, sondern Auswirkungen auf die Lebenswelt hat, würde er verantwortungslos handeln.

Aber kann man nicht auch verantwortlich spielen, im Bewusstsein, dass aus Spiel Ernst werden kann? Vielleicht wäre das ein guter Umgang mit dem Spiel in den Wissenschaften.

Wissenschaft und Religion

Wie steht es mit der Religion? Denn das vorliegende Buch handelt ja vom Spiel im Zusammenhang mit der Religion: Strukturelle Ähnlichkeiten zwischen Spiel und Religion oder zwischen Spielentwicklern und Göttern werden diskutiert, Spiele werden als Möglichkeit bezeichnet, Zugang zu Religionen oder religiösen Botschaften zu erhalten, es wird nach der Rolle des Spiels im Gottesdienst oder in der Religion als solcher gefragt. Dabei werden sowohl unterschiedliche Arten von Spielen betrachtet als auch verschiedene Begriffe von Religion verwendet.

Vor allem die Frage, was genau unter Religion zu verstehen sei, ist seit langem Gegenstand umfangreicher Diskussionen, die hier nicht abgeschlossen werden können und sollen. Deshalb darf das Religionsverständnis, das ich im Folgenden etwas genauer betrachten möchte, auch nicht als das einzig richtige oder taugliche verstanden werden. Es kommt vielmehr einfach deshalb hier zum Zug, weil es der Frage nach dem Verhältnis von Wissenschaft, Spiel und Religion, das hier zur Debatte steht, eine interessante Wendung gibt.

Verschiedene Denker verstehen Religion gerade nicht im Zusammenhang, sondern in Entgegensetzung zum Spiel: Nach Levinas ist Religion nicht verantwortungslose Freiheit wie das Spiel, sondern höchste Verantwortlichkeit und damit der Ort, an dem es ernst wird, der ernste Ort par excellence. Nach Kierkegaard offenbart sich das Innerste eines Menschen dort, wo es ihm ernst wird. Und ein Ausspruch Luthers besagt: «Worauf du nun (sage ich) Dein Herz hängest und verlässest, das ist eigentlich dein Gott.» Levinas', Kierkegaards und Luthers Aussagen zusammengedacht bedeuten, dass das, woran ich mein Herz hänge, gerade dasjenige ist, wobei ich ernst werde und nicht bereit bin, auf Spiele einzugehen. Dabei kann Gott ein jenseitiges Wesen oder ein menschliches Gegenüber, eine politische Einstellung oder moralische Überzeugung, der Sportwagen vor meinem Haus oder eben auch die Fussballmannschaft sein, der ich angehöre oder deren Anhänger ich bin.

Ein solches Religionsverständnis ist zugegebenermassen sehr breit. Aber es hat den Vorteil, dass es vom Menschen ausgeht und stets auf ihn bezogen bleibt. Und von wo sonst könnten wir ausgehen, wenn nicht von uns selbst?

Betrachten wir nun das Verhältnis von Wissenschaft und Religion: Wissen und Glaube werden oft als Gegensätze verstanden. Wer weiss, glaubt nicht, und wer glaubt, weiss nicht, so eine gängige Auffassung. Wäre die Wissenschaft ein Spiel, müssten wir nach der Bestimmung der Religion als ernste Angelegenheit par excellence dieser Entgegensetzung zustimmen. Nun haben wir aber doch gesehen, dass Wissenschaft nie nur Spiel ist und sein darf. Wissenschaft kann mit einem Spiel beginnen, kann spielerisch sein; aber der verantwortliche Umgang mit ihren Möglichkeiten ist essentiell. Mit der oft vorgenommenen Gegenüberstellung von Wissen und Glauben beziehungsweise Wissenschaft und Religion scheint es also doch nicht so weit her zu sein. Wissenschaft steht hier nicht der Religion gegenüber, sondern die Religion dem verantwortungslosen Spiel.

Spiel, Wissenschaft und Religion

Was bedeutet das für die Wissenschaft? Wo ist ihr Platz, wo könnte er zumindest sein? Vielleicht im Raum zwischen Spiel und Religion? Wissenschaft wäre dann der Ort, an dem auf spielerische Art und Weise verschiedene Möglichkeiten ausprobiert und neue Welten geschaffen werden. Dies soll jedoch immer im Bewusstsein geschehen, dass diese Möglichkeiten zu einer unwiederbringlichen Veränderung der Lebenswelt führen können, dass aus Spiel stets Ernst werden kann. Wissenschaft wäre gleichzeitig aber auch der Ort, an dem Religionen, Weltanschauungen und ihre Anhänger spielerisch auf ihre je eigenen Ernsthaftigkeiten hin befragt und hinterfragt werden. Aufgabe der Wissenschaft in dieser Hinsicht wäre es dann, sowohl den Fussballfan als auch den Christen, den Muslim sowie den Atheisten daran zu erinnern, dass das, wobei es ihm ernst wird, nicht immer dasjenige ist, woran auch die anderen ihr Herz hängen. So könnte die Wissenschaft eine Vermittlerfunktion einnehmen: dahingehend nämlich, dass sie die einen daran erinnert, dass das, was sie als Spielerei betrachten, für andere das Ernsteste überhaupt ist; und dass sie die anderen dazu anhält, ihre Weltsicht – ihren Ernst – auch einmal spielerisch und aus der Distanz zu betrachten und so zu erkennen, dass die Anhänger der anderen Mannschaft nicht nur Gegner, sondern auch befreundete Bekannte und die in eine Burka gekleidete Frau nicht nur Muslima, sondern auch eine Person aus der eigenen Nachbarschaft ist.

Literatur
Corbineau-Hoffmann, Angelika, *Spiel*, in: Ritter, Joachim/Gründer, Karlfried (Hg.), *Historisches Wörterbuch der Philosophie*, Bd. 9, Basel 1995, 1389–1390.
Descartes, René, *Meditationes de prima philosophia*, Lateinisch-Deutsch, Hamburg 1992.
Gadamer, Hans-Georg, *Wahrheit und Methode. Grundzüge einer philosophischen Hermeneutik*, Tübingen 1990.
Kierkegaard, Søren, *Der Begriff Angst*, Stuttgart 1992.
Levinas, Emmanuel, *Die Spur des Anderen. Untersuchungen zur Phänomenologie und Sozialphilosophie*, Freiburg/München 2007.
Luther, Martin, *Der Grosse Katechismus 1529*, in: Aland, Kurt (Hg.), *Luther Deutsch. Die Werke Martin Luthers in neuer Auswahl für die Gegenwart*, Bd. 3, Stuttgart/Göttingen, 11–150.

Autorinnen und Autoren

Raoul Abea, 1984, studiert in Zürich Germanistik, Religionswissenschaft und Kunstgeschichte. Neben seinem Interesse für die deutsche Sprache, Religion und Kunst hegt er eine Leidenschaft für Spiele jeglicher Art – angefangen vom Hüpfspiel «Himmel-und-Hölle» bis hin zu ernsten Jass-Runden. Er lebt seit gut zehn Jahren in Zürich, ist neben seinem Studium journalistisch tätig und am Zürcher Universitätsspital als Schlaflaborant angestellt.

Tatjana Cárpino, 1969, studiert im Zweitstudium Theologie zum Pfarramt an der Theologischen Fakultät in Zürich. Ihr Hauptinteresse gilt dem Menschen und seinem kreativen Ausdruck in Kunst und Kultur. Ehrenamtlich engagiert sie sich in ihrer Heimatkirche, der Eglise évangélique réformée zurichoise de langue française, um den Kindern durch Wort und Spiel die Inhalte der Bibel zu vermitteln.

Jürg Hauswirth, 1971, hat die altsprachliche Matur am Realgymnasium Rämibühl in Zürich absolviert und lebte danach seinen Spieltrieb als Betriebsdisponent bei den Schweizerischen Bundesbahnen in verschiedenen Bahnhöfen der Schweiz aus. Parallel dazu studierte er in Zürich Religionswissenschaft mit Schwerpunkt auf dem Christentum. Sein besonderes Interesse gilt dem Verhältnis zwischen Bild, Text und Handlung in religiösen Traditionen sowie dem Protestantismus.

Anna-Katharina Höpflinger, 1976, hat in Zürich Religionswissenschaft studiert und in diesem Fach über den Kampf von Gottheiten gegen Drachen in der Antike promoviert. Neben antiken Religionen interessiert sie sich für die Themen Gender und Religion sowie Kleidung und Religion. Sie wohnt mit Partner und zwei Söhnen im Kanton Zürich und besucht in ihrer Freizeit nicht nur Spielplätze mit den Kindern, sondern widmet sich manchmal auch dem Computerspiel *World of Warcraft*.

Carina Kirsch, 1977, studiert in Zürich im 3. Semester Religionswissenschaft. Von besonderem Interesse sind für sie systematische Fragen, vor allem solche der Sprach- und Religionsphilosophie. Dabei beschäftigt sie sich bevorzugt mit antiken und zeitgenössischen Texten. Sie spielt gern mit Gedanken in Sprachlandschaften.

Ursula Markus, 1941, in Kolumbien geboren und in Trinidad, Iran und der Schweiz aufgewachsen, ist Mutter von zwei Töchtern und freie Fotografin. Unter ihren Ausstellungen finden sich *Israel nach dem 6-Tage-Krieg, Harlem, Kleine Kinder, Lust und Last. Strassenkinder in Bukarest, La Suisse plurielle*. Sie hat zahlreiche Fotobücher veröffentlicht, darunter *Australien, Bhutan, Zürcher Töne im Reich der Mitte, Unter Kindern, Zärtliche Eltern, Morgen ist alles anders. Leben mit Alzheimer, Mensch Langstrasse, Schöne Aussichten! Über Lebenskunst im hohen Alter* und *Ja – und? Menschen mit Behinderung erzählen*. Sie spielt kein Spiel.

Christian Metzenthin, 1970, studierte Theologie in Zürich und Bern und war von 2004 bis 2009 wissenschaftlicher Assistent am Lehrstuhl für Altes Testament und frühjüdische Religionsgeschichte. Neben religionsgeschichtlichen und religionspädagogischen Fragestellungen interessiert ihn die Verwendung von neuen Medien in der Lehre (E-Learning). Zurzeit unterrichtet er Religion an der Kantonschule Oerlikon (Zürich). Er lebt in Winterthur, ist verheiratet, hat zwei Kinder und spielt gerne *Eile mit Weile*.

Denise Perlini-Pfister, 1971, hat bis zu ihrem Eintritt in die Universität Zürich im Jahr 2005 als Marketingfachfrau in verschiedenen Firmen gearbeitet. Sie studiert Religionswissenschaft mit Schwerpunkt auf dem Christentum und mit besonderem Interesse für die Religionsgeschichte. Neben ihrem Studium arbeitet sie im Zürcher Forum der Religionen. Sie wohnt mit ihrem Mann im Kanton Aargau und ist selbst eine begeisterte Rollenspielerin.

Fabian Perlini-Pfister, 1977, absolvierte eine Treuhandlehre, arbeitete als kaufmännischer Angestellter und verkaufte Spiele. Berufsbegleitend holte er 2003 die Matura nach und studierte anschliessend in Zürich Religionswissenschaft. Seit 2009 ist er Assistent am Zentrum für Religion, Wirtschaft und Politik (ZRWP) in Zürich, unterrichtet an der Kantonsschule Zug Religionskunde und arbeitet an einer Dissertation im Bereich Spiel und Religion. Er wohnt mit seiner Frau im Kanton Aargau.

Daria Pezzoli-Olgiati, 1966, ist Professorin für Religionswissenschaft an der Universität Zürich und seit 2010 Leiterin des Zentrums für Religion, Wirtschaft und Politik (ZRWP), eines Netzwerks für Forschung und Lehre der Universitäten Basel, Lausanne, Luzern und Zürich sowie des Collegium Helveticum. Ihre Forschungsschwerpunkte liegen im Bereich der vergleichenden Religionswissenschaft mit besonderem Interesse für das Verhältnis zwischen Medien und Religion, Visualität und Religion, Genderfragen und die Europäische Religionsgeschichte. Sie ist Familienmeisterin in *Monopoly* und *Scrabble* und spielt mit Leidenschaft Tischfussball mit ihren zwei Söhnen.

Natalie Pieper, 1979, hat in Zürich Philosophie, Kunstgeschichte und Religionswissenschaft studiert. Seit 2008 ist sie Doktorandin der Philosophie. Ihr Interesse liegt vor allem in der Religionsphilosophie des 19., 20. und 21. Jahrhunderts im Bereich der Hermeneutik, der Phänomenologie und des Existentialismus. Sie spielt gern Karten.

Anina Veronica Schneider, 1981, ist Multimedia Producer und studiert zur Zeit in Zürich Religionswissenschaft. Sie interessiert sich für die Themen Religion und Kulturen in fiktiven und virtuellen Welten und beschäftigt sich auch gern mit der praktischen Umsetzung dieser Themen in eigenen Film- und Computerspielprojekten. Sie wohnt mit Partner und zwei Katzen im Zürcher Oberland.

Baldassare Scolari, 1985, studiert seit 2005 Religionswissenschaft an der Universität Zürich. Er interessiert sich insbesondere für Themen der Religionsphilosophie, der Geschichtsphilosophie, der Hermeneutik und der philosophischen Ästhetik. Innerhalb dieses Interessenbereiches liegt sein Fokus auf die Interpretation von Darstellungen biblischer Motive in der modernen Kunst und in den (post-)modernen Medien. Er spielt sehr gerne *Scopa*, ein norditalienisches Kartenspiel, oder *Risiko*.

Thomas Schlag, 1965, Theologe und Politikwissenschaftler, ist Professor für Praktische Theologie mit den Schwerpunkten Religionspädagogik und Kybernetik an der Theologischen Fakultät der Universität Zürich und Leiter des Zentrums für Kirchenentwicklung (ZKE). Er wohnt mit seiner Frau Christl und den Söhnen Christian und Hendrik in Zürich und in Calw (D). Als familiäres Lieblingsspiel gilt immer noch der Klassiker *Mensch, ärgere Dich nicht* und zur Zeit *Dominion*, daneben ist er passionierter und manchmal leidender Beobachter des VfB-Stuttgart-Fussball-Spiels.

Christoph A. Staub, 1985, studiert seit 2005 Theologie in Zürich. Er hat ein Semester an der Universität Göttingen absolviert. Sein gegenwärtiges Interesse gilt der Kirchengeschichte und der Theologie der Religionen. Wenn es die Zeit zulässt, ist er rund um seinen Wohnort Zürich auf der Suche nach Geocaches.

Nils Wachter, 1985, studiert seit 2007 Allgemeine Geschichte und Religionswissenschaft an der Universität Zürich. Er interessiert sich für Fragen und Probleme in Zusammenhang mit Religion und Gegenwart, sowie derer historischer Herleitung. Er lebt in Winterthur. Eines seiner Lieblingsspiele ist Schach. Ihn reizt die strategische Spielweise, die in keinem Moment von Glück beeinflusst werden kann, da es sich um die reine Konfrontation zweier Spieler und deren Intellekte handelt. Damit ist Schach nicht nur ein strategisches, sondern auch ein psychologisches Spiel, was es sehr interessant und spannend macht.

Rebekka Wild, 1961, ist Ethnologin. Sie beschäftigt sich seit vielen Jahren mit Themen der Migration. Seit kurzem forscht sie zu transnationalen Beziehungen hindu-tamilischer Migrantinnen und Migranten. Ihr Beitrag zum vorliegenden Band ist im Rahmen ihres Studiums zum Lehrdiplom für Maturitätsschulen an der Universität Zürich entstanden. Seit ihrer Kindheit faszinieren Rebekka Wild Akrobatik, Luftartistik und Tanz. Auch wenn der Bharata Natyam nicht im engeren Sinne zu den Spielen zu zählen ist, enthält er zahlreiche Spielelemente. Sie lebt mit ihrem Mann und ihren drei Kindern in der Nähe von Zürich.

Regula Zwicky, 1984, studiert seit 2004 Religionswissenschaft in Zürich und hat ein Semester an der Universität Utrecht absolviert. Neben der Religionsgeschichte interessiert sie sich besonders für Rituale, Pilgertum sowie Körper und Religion. Sie wohnt in Zürich. In ihrer Freizeit widmet sie sich gern dem Geigenspiel.